LA MUERTE
HACE POSIBLE LA
VIDA

Si este libro le ha interesado y desea que lo mantengamos
informado de nuestras publicaciones, puede escribirnos a
comunicacion@editorialsirio.com,
o bien suscribirse a nuestro boletín de novedades en:
www.editorialsirio.com

Título original: DEATH MAKES LIFE POSSIBLE
Traducido del inglés por Pedro Ruíz de Luna González
Diseño de portada: Editorial Sirio, S.A.

EDITORIAL SIRIO, S.A.	NIRVANA LIBROS S.A. DE C.V.	DISTRIBUCIONES DEL FUTURO
C/ Rosa de los Vientos, 64	Camino a Minas, 501	Paseo Colón 221, piso 6
Pol. Ind. El Viso	Bodega nº 8,	C1063ACC
29006-Málaga	Col. Lomas de Becerra	Buenos Aires
España	Del.: Alvaro Obregón	(Argentina)
	México D.F., 01280	

www.editorialsirio.com
sirio@editorialsirio.com

I.S.B.N.: 978-84-16579-23-5
Depósito Legal: MA-518-2016

Impreso en Imagraf Impresores, S. A.
c/ Nabucco, 14 D - Pol. Alameda
29006 - Málaga

Impreso en España

Puedes seguirnos en Facebook, Twitter, YouTube e Instagram.

MARILYN SCHLITZ

LA MUERTE
—— HACE POSIBLE LA ——
VIDA

Perspectivas revolucionarias
sobre la vida, la muerte
y la continuación de la consciencia

editorial Sirio

Verdaderamente es una gran paradoja cósmica que uno de los mejores maestros de la vida sea precisamente la muerte.

Ninguna persona ni situación podría enseñarte tanto como la muerte... Aprende a vivir como si estuviera s enfrentándote a la muerte a cada instante, y te harás más valiente y más despejado. Si vives la vida plenamente, carecerás de últimos deseos.

MICHAEL A. SINGER,
El alma sin trabas

LA VIDA ES UNA
SARTA DE ABALORIOS

DEEPAK CHOPRA

He pensado en la muerte desde que, teniendo yo seis años, mi abuelo falleció de repente. El suceso fue estremecedor, porque mi hermano menor y yo habíamos pasado el día con él. Fue un día especialmente maravilloso, en el que fuimos al cine a ver *Ali Babá y los cuarenta ladrones*. Él murió aquella misma noche. Me desperté al oír que las mujeres de la casa gritaban de dolor y pena, lo cual fue una experiencia aterradora.

Me ha llevado casi toda la vida comprender totalmente que la muerte es lo que hace posible la vida. La desaparición de una forma permite que surja otra nueva; es un proceso continuo y absolutamente necesario. Tú eras un niño, y ahora ese niño ya no está aquí; fuiste un adolescente, y ahora ese adolescente ya no existe.

La muerte nos ofrece la oportunidad de devolver lo que nos fue entregado en el momento de nacer: el invisible don de la posibilidad. Devolvemos el regalo al haber materializado en experiencia lo que era solamente posibilidad; pero según termina una experiencia —al llegar a su extinción– siempre seguimos haciendo reales más posibilidades. Nosotros somos la posibilidad de todo lo que fue, de todo lo que es y de todo lo que será. Eso es lo que significa estar vivo, eso es lo que significa estar conectado a una fuente que se llena siempre a sí misma. Si puedes basarte ahora mismo en esa posibilidad eterna, que es tu estado primordial, entonces la vida es un don y la muerte es un don.

Si comprendes que todo en el universo, incluso tus propios cuerpo y mente, es una actividad, y que el nacimiento y la muerte son acontecimientos del espacio-tiempo engranados en esa actividad, serás consciente de que ambos son parte de algo mayor. ¿Qué es ese algo en el que ocurren todos los acontecimientos? Es la consciencia. Esa es la respuesta que dan las tradiciones de sabiduría del mundo, que, en el fondo, no son religiones, sino exploraciones de la consciencia humana. ¿Dónde reside la consciencia?, ¿quién tiene la experiencia de ser consciente?

Todas estas parecen preguntas enormes, así que déjame que te haga una más sencilla: ¿qué cenaste anoche?

Digamos que hayas cenado pasta. Ahora, cuando recuerdas esa experiencia, tienes una imagen mental de la cena, junto con la de la gente con la que estabas y la del lugar donde cenabas. Estoy seguro de que estás reviviendo esa experiencia por medio de imágenes mentales, es posible que hasta llegues a paladear la comida, a ver los colores, a oír la conversación que se daba en la mesa. Sin embargo, si me metiera en tu cerebro no vería imagen alguna que describiese lo que ves, ni oiría ninguno de los sonidos que oyes. El cerebro es totalmente silencioso y oscuro. Yo solo detectaría una actividad electroquímica, pero nada como la experiencia vital total que tienes ahora mismo.

De manera que, ¿dónde podemos situar esa imagen, esos sonidos, esos sabores?, ¿y dónde estaba toda esa actividad electroquímica que corresponde a la imagen antes de que decidieras recordarla? Cualquier respuesta lógica se enfrentaría con un enigma. En el cerebro no existe una localización para la experiencia antes de que una intención la evoque; pero cuando te pedí que recordases lo que habías comido en la cena, ya tenías espontáneamente una intención, que recupera el recuerdo por sí misma. El recuerdo no era una memoria electroquímica, era el recuerdo de imágenes, sonidos y conversaciones, y acaso el sabor y el olor que, tomados en conjunto, constituyen tu experiencia.

Eso era el recuerdo, pero no había nacido realmente hasta que te hice la pregunta. Entonces, ¿en qué forma existía antes de eso? Existía como una especie de «onda de posibilidad» invisible en eso que llamamos consciencia, que no posee una localización concreta. No solamente los recuerdos tienen esa doble existencia, toda experiencia la tiene, primero como posibilidad sin localización y luego como un acontecimiento en el espacio y el tiempo.

Con este conocimiento, la muerte parece muy diferente del cese total que todo el mundo teme tan profundamente. ¿Qué nos ocurre cuando morimos? Nos dirigimos al mismo lugar donde estaba el recuerdo de la pasta antes de que te hiciera la pregunta. De hecho, tú y yo estamos aquí ahora —no tenemos que esperar hasta el momento de la muerte— porque la existencia es un campo de posibilidades.

Un ejemplo común de eso lo tienes muy cerca de ti: tu vocabulario. Tú tienes un fondo hecho de todas las palabras que conoces, que asciende a decenas de miles de ellas para el caso de una persona con alto nivel de educación; pero en este momento tu vocabulario no se encuentra en parte alguna de tu cerebro. No se puede localizar en el cerebro una huella física de las palabras; tu capacidad de hablar no existe en forma de palabras, ni siquiera en tu consciente. Las palabras existen en el mismo lugar que esos recuerdos posibles de los que hemos hablado. Un físico lo llamaría *campo cuántico*, expresión con una larga historia que antecede al advenimiento de la ciencia. El señor Krishna dice en el Baghavad Gita: «Yo soy el campo, y yo soy quien conoce ese campo».

En ambos casos, el campo es un campo de la consciencia. La palabra sánscrita para campo es *kshetra*, y el conocedor de este es *kshetrajna*. De manera que somos tanto el campo como el conocedor del campo, porque el señor Krishna habla para toda la consciencia. Por utilizar otra frase de Krishna, nos curvamos hacia nosotros mismos para crear las experiencias que llamamos recuerdos, que están enclavados como posibilidad. ¿Qué es eso de curvarse hacia uno mismo? Es la consciencia de sí, la propiedad más básica de la consciencia. Hay una palabra sánscrita para describir cómo se almacena y activa la memoria: *samskara*. Los *samskaras* no son recuerdos, son la semilla de la memoria; dicho de otra forma, son una memoria posible.

La forma en que una posibilidad es capaz de surgir como un acontecimiento concreto corresponde maravillosamente con lo que en física se llama *efecto del observador*. Antes de que observes una partícula subatómica, esta existe como una onda de posibilidades. Luego desarrollas la intención de observarla, y ahí está: un fotón o un electrón concreto aislado. Gracias a la vida duplicada que impera en cada nivel, una partícula aislada cuenta solamente la mitad del cuento, porque, tanto si surge como si desaparece, la partícula no abandona nunca el campo, lo mismo que una ola no se separa nunca de la totalidad del mar, tanto si sube como si baja. Tú estás en ese campo ahora mismo y participas de esa duplicidad. La próxima palabra que digas, que será un acontecimiento aislado, depende de que la recuperes del campo.

¿Te asusta llegar hasta allí? No. Podemos conjeturar, por la forma de funcionar de la vida, que volverás a ese mismo campo cuando mueras. No hay nada en la naturaleza que indique que el *continuum* (entidad física continua) termine alguna vez. Una vez que has entendido la existencia, la llamada «no existencia» ya no vuelve a ser la misma. Esto es cierto para todo el mundo físico. Cuando digo «esto es una mesa», o «esto es mi cuerpo», experimento colores, sonidos, sabores y texturas. En el habla moderna se los denomina *qualia*, o cualidades de la consciencia. Todo aquello a lo que llamo mundo objetivo «ahí fuera» está constituido por las cualidades de la consciencia dentro de mí mismo.

Si digo «dentro de mí mismo», ¿quién es ese «mí»? Si te introdujeras en mi cerebro, no me encontrarías, porque la sensación del «yo» es también una de nuestras *qualia*. Tiene que serlo, porque la realidad se conoce solamente por la experiencia, y la experiencia es una concentración de *qualia* en constante cambio. Conforme fluyen a través de mí los pensamientos, las sensaciones, las imágenes y los sentimientos, estos forman todo lo que sé, o lo que tal vez pueda saber. El cerebro humano no puede experimentar lo que sea que exista fuera de las *qualia*. La sensación «tú» es también una *qualia*, lo mismo que la sensación «yo», y ambas están en el campo.

¿Recuerdas lo que hacías el jueves de hace tres semanas? Es muy probable que no. Solo recordamos lo que nos resulta práctico o que tiene una importancia afectiva. Si el jueves de hace tres semanas te enamoraste, es cien veces más probable que recuerdes la fecha y lo que sucedía. Las emociones son fortísimas *qualia* de la consciencia. Las formas del pensamiento emotivo son las *qualia* que mantienen los lazos de la vida. Todo es un *continuum* de imágenes de *qualia* enlazadas: el pasado existe como una posibilidad que puedo recuperar, el futuro es una posibilidad que puedo crear y, en este momento, estoy liberado de los dos.

Si te das cuenta de que existes en este *continuum* que se despliega como el ahora eterno, no puedes sentir miedo a hacerte consciente de que mueres en cada momento y renaces en el siguiente. La muerte es el cambio creativo que merece celebrarse, no temerse. Eso es lo que de verdad quiero decir con «la muerte hace posible la vida», porque vives realmente al participar de la efervescente actividad del campo, donde la creación debe acoger la destrucción. En caso contrario, si vives como mucha gente, ya sea en el pasado o ya sea en el futuro, estás viviendo en un sueño.

De hecho, la mayoría de las personas se pasan el 99,9% de sus vidas en un sueño. Lo que les obsesiona son los pensamientos sobre el pasado y las ideas sobre el futuro. Unos son recuerdos de dolor y de placer, los otros son una expectativa de dolor y de placer. Buda nos avisaba de que esta obsesión carece de fin y de escapatoria. Estarás constantemente intentando evitar el dolor y buscando el placer, sin darte cuenta de que los dos están entrelazados. Si de verdad quieres vivir, tienes que estar completamente vivo en este momento. Eso significa estar muerto para el pasado y para el futuro; en ese punto fluyes eternamente en el campo de las posibilidades.

Una buena descripción práctica de la iluminación es la de ser inmune a la atracción del pasado y del futuro. Vivimos en un sueño a menos que nos despertemos aquí y ahora, en el momento. Suponemos que la vida está encastrada en lo físico, pero no es así. Solamente percibimos lo que las formas de nuestro pensamiento nos permiten percibir.

Cuando muero, dejo de recuperar la corriente de información reunida por el cerebro. Es un tiempo de incubación para un nuevo surgimiento, o una nueva vida, lo llames como lo llames. Existen muchos niveles de incubación posibles, y así debe ser, puesto que todos los mundos, y no solo este, son creaciones de la consciencia. Los físicos dicen que, a nivel cuántico, el tiempo entre la actividad y la no actividad, el intervalo entre la existencia y la no existencia, consiste en solamente unos cuantos microsegundos. Las células de tu cuerpo mueren según su calendario preestablecido, dependiendo de dónde se hallen: a los glóbulos rojos les lleva ciento veinte días morir, y luego nacen otros nuevos. Las células estomacales mueren en cinco días, las de la piel en treinta. Sin embargo, el cuerpo existe más allá de este flujo físico, mantenido por la memoria, que es una inteligencia invisible al nivel del campo donde existen los planes auténticos de la vida.

De manera que la reencarnación de los recuerdos ocurre en mi cuerpo ahora mismo, a todos los niveles: cuántico, celular, molecular, mecánico, etc. De hecho, si detienes la coordinación que se da entre la vida y la muerte, lo que consigues es una célula cancerosa. Las células cancerosas han olvidado cómo morir, se han olvidado de la memoria de la totalidad. Como han olvidado la memoria de la totalidad, siguen en su propia búsqueda personal de la inmortalidad. Matan al resto del cuerpo, y terminan muriendo ellas mismas también, de todas maneras. La naturaleza implosionaría en la nada si perdiese el conocimiento de que la muerte hace posible la vida. Todos estaríamos momificados en un universo congelado. Lo que mantiene vivo al universo es que está muriendo y renaciendo constantemente. Cada vez que renace crea una versión mejorada de sí mismo. A este proceso lo llamamos evolución.

Todos somos parte de la evolución cósmica. A todos los niveles, nuestro morir no es estático. Volvemos a emerger de un momento al siguiente como una versión, es de esperar mejorada, de nosotros mismos. Por eso la muerte es tan emocionante: con cada muerte hay una nueva oportunidad. El universo no puede permitirse ignorar todas y cada una de las nuevas posibilidades, por eso recicla la materia, la energía y la información. Nada se crea ni se destruye, solo se transforma. ¿Por qué, por tanto, no se reciclaría a sí misma la consciencia?, ¿por qué sería una excepción? En realidad, es el campo de la consciencia lo que se recicla como energía, información y materia.

Hace algunos años, mientras yo estaba muy lejos, en los Estados Unidos, mi padre murió de repente en la India. Me quedé sobrecogido, sentía remordimientos y pena por no haber estado junto a él. Así es como nos impacta la muerte personalmente: nos apenamos por lo que nos ha sido arrebatado. Sin embargo, la pérdida depende de la perspectiva propia de cada uno. En ese estado, me pregunté a mí mismo: ¿dónde estaba mi padre cuando vivía? En mi consciencia. ¿Dónde se encontraba la relación que tenía con él cuando estaba vivo en su cuerpo físico? El amor que yo sentía, el vínculo, los lazos, todo eso se hallaba en mi consciencia. ¿Dónde está mi padre ahora? En mi consciencia.

Creo que la clave para la conquista de la muerte es averiguar quién eres. Mientras te identifiques con tu cuerpo y con tu mente estarás embaucado por una superstición, porque el cuerpo y la mente mueren constantemente. Yo no tengo los mismos pensamientos que tenía cuando era adolescente; no tengo la misma personalidad; no tengo las mismas emociones. Entonces, ¿cuál es el hilo de continuidad en todo ese «yo»?

Existe la continuidad de los recuerdos personales. Imagina que tienes una sarta de abalorios. Piensa que los abalorios son como los recuerdos, que siempre están unidos por una hebra invisible. Ese eres tú: tú eres el hilo en el que se enhebran los recuerdos. Si puedes llegar a ese nivel más profundo, que no posee recuerdos pero les da continuidad, habrás conquistado la muerte. Vista como un *continuum*, más que como una secuencia de recuerdos, la existencia es inmune a la muerte. Te das cuenta de que la muerte es una ilusión, de que siempre lo ha sido.

Considero la muerte como un salto cualitativo del alma, que utiliza el mismo *software* kármico –recuerdos, experiencias, imaginación, deseo...– para reinventarse a sí misma en un contexto nuevo. Uno se reinventa en un nuevo lugar, con nuevos significados y nuevas relaciones, para continuar la misma travesía del alma. No edifico este concepto sobre la religión o la fe. Describe el salto cualitativo que sucede cuando tengo un nuevo pensamiento, o mi cuerpo fabrica una célula nueva. La muerte es la posición «apagado» entre los «encendidos». El universo es una vibración multidimensional compleja, en la que todo se enciende y se apaga. Si el universo se reinventa a sí mismo apagándose, nosotros también lo hacemos.

Sin embargo, es importante no identificarse con el mecanismo, porque el yo no es una creación mecánica. Tú no eres tu cerebro, y tampoco eres tu cuerpo; simplemente eres el usuario de tu cerebro y de tu cuerpo. Cada vez que tienes un acontecimiento mental existe una representación neuronal de ese acontecimiento. Se puede ver dónde ocurre por el destello de actividad electroquímica que se muestra en una IRMf (imagen por resonancia magnética funcional), pero lo que ves es un yo que se hace real, de la misma manera que el cerebro hace reales los recuerdos. Nadie ha encontrado nunca rastro alguno de la memoria en una neurona. En una neurona tampoco está tu imaginación, ni tus deseos, ni tus intenciones; nada hay ahí de lo que nos hace humanos. Es inútil diseccionar neuronas para descubrir la localización de la percepción, la intuición y la inspiración. Estas son cualidades del alma, y el alma no es localizable –aunque todas las experiencias del alma deben tener su registro correspondiente en el cerebro, puesto que la función del cerebro es la de manifestar cualquier tipo de posibilidad haciendo que sea localizada, personal y perceptible.

Actualmente, en la ciencia existen dos puntos de vista sobre la consciencia. Uno es que la consciencia es una propiedad emergente del cerebro y, por lo tanto, una propiedad emergente de la evolución.

Este es el punto de vista materialista-reduccionista. Existe otro, que ahora se va introduciendo sigilosamente entre algunos científicos posmodernos, que se inspira de nuevo en la filosofía, en las tradiciones espirituales y en la teoría evolutiva. Este punto de vista sostiene que la consciencia no es una propiedad emergente, sino inherente al universo mismo. De hecho, la consciencia dirige la evolución. Estas dos teorías pueden simplificarse como «la materia primero» y «la mente primero». He venido proporcionando un argumento de la clase «la mente primero», en el que la consciencia es un campo de efectos; no es localizable, es transcendente y eterna, es el terreno fundamental desde el que todo emerge. Como es anterior al tiempo, la consciencia cósmica no está sometida al nacimiento ni a la muerte.

Uno de los problemas notorios de la postura «la materia primero» es este: cuando te propones buscar la consciencia, es la consciencia lo que realiza la búsqueda. Esto es una experiencia subjetiva, por definición. No puedes evitarlo concentrándote en el cerebro, aunque la neurociencia está convencida de que algún día una disección refinada de neuronas y un mapa completo de la actividad cerebral revelarán el secreto de la consciencia. Sin embargo, eso no es posible, porque para que el cerebro sea la fuente de la consciencia uno debe encontrar el punto exacto en que las moléculas aprendieron a pensar. Una molécula de azúcar es incapaz de pensar mientras está en el azucarero. Conforme esta molécula se ingiere y viaja al cerebro, ¿en qué punto aprende mágicamente a pensar?

Aun así, la actividad inversa, o sea, que los pensamientos se conviertan en moléculas, ocurre en el cerebro constantemente. Para poder manifestarse, cada impulso de pensamiento debe crear un conjunto único de reacciones químicas. Esto es igualmente cierto tanto si esperas tener una cita con alguien esta noche como si te apetece un bocadillo de jamón, o como si tienes una visión angélica. La mente activa la materia al convertir un potencial invisible en un acontecimiento físico organizado en el cerebro. Cualquier «prueba» objetiva de la mente que provenga de estudiar el cerebro es, como mucho, deductiva, de la misma manera que una persona sorda puede mirar la bajada y subida de las teclas de un piano y deducir la existencia de la música. Una prueba así no es una prueba directa. Así que deben combinarse los datos de la ciencia con las percepciones de los grandes sabios para comprender plenamente la consciencia en su doble vida: como posibilidad y como manifestación. Sin la posibilidad, no existe la manifestación.

Todas las explicaciones relacionadas con adónde vamos cuando morimos que han elaborado las antiguas tradiciones de sabiduría tienen una cierta validez, porque la vida tras la muerte es un territorio de proyección. Si nos creemos la ilusión del mundo físico, si confundimos la existencia con conseguir el mínimo de dolor y el máximo de placer, eso significa que el cielo mejora esa ilusión, y el infierno la rebaja. Al final, el producto resultante de una proyección debe ser también otra proyección. Mientras comprendas que la proyección creada por los cinco sentidos no es la realidad, todas las versiones de la vida tras la muerte existen al nivel de un campo de juego. Son válidas, de la misma manera que es válida una buena película.

Nuestra experiencia de Dios posee también muchas versiones, proyectadas desde diferentes estados mentales. Cuando tememos por nuestra supervivencia, Dios es quien nos castiga o nos protege. Cuando estamos en paz, Dios es la redención. Cuando somos creativos, Dios es el creador. Cuando tenemos una consciencia arquetípica, Dios es el autor de los milagros. Toda definición de Dios proviene de un estado de consciencia. Yo creo que Dios es verdaderamente el principio creador y organizador invisible que existe como pura potencialidad, que es el origen de todo, antes de que todo se manifieste; pero para dar validez a todo esto tienes que experimentarlo. La oración y la meditación, el amor profundo y todo aquello de lo que hemos hablado pueden proporcionarte esta experiencia. Te dispones a alimentar tu alma, por así decirlo.

Esto me lleva, con gran deleite, a este libro escrito por mi querida amiga y colega Marilyn Schlitz. Marilyn es una polímata de gran talento y un ejemplo del acercamiento posmoderno a la consciencia. Como antropóloga, aporta sabiduría y respeto por las tradiciones culturales del mundo sobre la muerte y lo que sucede tras ella. Como científica llena de sentimiento, ha hecho que su misión sea la de dedicarse al gran enigma de la transformación, del que la muerte es parte esencial. Sus pioneras investigaciones sobre la ciencia de la consciencia proporcionan una base sólida para los volubles estudios sobre quién somos realmente. Como sanadora, habla directamente a una fuente fundamental del sufrimiento y quiere guiarnos hacia una nueva cura. Y como practicante espiritual y maestra de talento, Marilyn nos conduce por todo ello a través del ejemplo y de comunicarnos los vislumbres de su propia transformación por medio de su papel de escribiente cultural.

La visión que motiva el libro *La muerte hace posible la vida*, junto al largometraje del mismo nombre, es la de contribuir a que te liberes del miedo a la muerte y lo trasciendas. Comparto con esta escritora tan dotada la visión de un mundo en el que podamos realizar completamente nuestro potencial. Ojalá encuentres alegría, compromiso y satisfacción profunda leyendo esta obra notable. Y, de camino, ojalá te despiertes a tu vinculación con todo en la vida.

INTRODUCCIÓN

Muerte, nombre (del latín *mors*): *la cesación o término de la vida/el momento en el que alguien o algo muere.*

Ciencia cristiana: *la falsedad de la vida en la materia/todo lo que es irreal e incierto.*

Vida, nombre (del latín *vita*): *la capacidad de crecer, cambiar, etc., que diferencia a las plantas y a los animales de los objetos, como el agua o las piedras.*

¿Qué es la muerte?, ¿qué ocurre después de morirnos? ¿Cómo afectarán las respuestas a esas preguntas al modo en que vivimos nuestras vidas?

Mis encuentros con estas preguntas eternas empezaron antes incluso de lo que puedo recordar, y antes de que fuese capaz de formularme interrogantes. A los dieciocho meses de edad, yo era una niña curiosa y precoz, que exploraba el mundo a su alrededor metida en un pijama rosa. En un momento de descuido, mi padre se dejó una lata de combustible para mecheros abierta sobre la mesa de formica amarilla de la cocina. Tomé la lata y puse la boca sobre la abertura. Durante varios meses, mi pequeño cuerpo batalló mientras yo yacía en la cama de un hospital. Mis pulmones se esforzaban por asentar mi respiración y yo luchaba en la zona gris entre vivir y morir. Tras varias sesiones de cuidados intensivos, sobreviví. Estoy segura de que esta experiencia plantó en mí las semillas del respeto y el agradecimiento por el arte de la sanación. Saber que he sobrevivido de muy niña a una experiencia

21

horrorosa me ha otorgado la curiosidad de conocer la membrana semipermeable entre la vida y la muerte.

Crecí en Detroit, en el estado de Michigan, durante las décadas de los sesenta y los setenta, una época en la que los Estados Unidos estaban en guerra consigo mismos. Era una guerra de razas, de clases, y al final una guerra de consciencias y visiones del mundo.* Me hice mayor de edad en una época muy compleja y en un ambiente que alimentaba mi rebeldía a niveles individuales y sociales; vivía entre la confusión, la rabia y el deseo de cambio.

Cuando tenía quince años, una noche estaba en el asiento trasero de una motocicleta con la persona inadecuada, en el momento inoportuno y en el lugar equivocado. Del aparcamiento de un bar salió un conductor borracho, con las luces apagadas, y golpeó la motocicleta. El choque arrojó mi cuerpo por los aires. Durante lo que ahora sé que fue una experiencia extracorporal, miré desde arriba cómo caía mi ser físico y se estrellaba contra el suelo. Recuerdo claramente que sentí que mi consciencia trascendía mi cuerpo y que lo miraba desde un punto panorámico más elevado.

Me llevaron a urgencias con un corte ancho y profundo en la pierna izquierda. Mientras esperaba a mis padres, que estaban a horas de camino, oí hablar de una posible amputación. Los del equipo médico de urgencias hicieron todo lo posible, me dieron sesenta y seis puntos bajo la rodilla y finalmente me enviaron a casa con muchos interrogantes sobre la recuperación de mi pierna.

Durante la semana siguiente, recostada en el sofá de la casa familiar, de alguna manera concebí la idea de que yo podría ser útil y que para ello tenía que visualizar que mi sistema inmunitario me sanaba la pierna. Me echaba allí largos períodos de tiempo, notando los hormigueos de la sanación. No vengo de una familia de médicos, no recuerdo haber oído nada acerca de la medicina cuerpo-mente antes de esa época. Ahora veo que entonces tuve un conocimiento directo e intuitivo de lo que tuve que hacer para provocar mi propia curación.

---

* (N. del T.: consultar el uso del concepto «visión del mundo» en el glosario que aparece al final del libro).

Mi visión del mundo se ha ampliado con los años para amoldarse a una gama mayor de la posibilidad humana. Hoy día, tengo los pies bien colocados en el suelo y la consciencia de que algunos aspectos míos son más que algo meramente físico. También he vivido la experiencia de hallarme a la cabecera de las camas de parientes y de amigos que han cruzado al otro lado, lo que ha contribuido a profundizar mi propio conocimiento de la mortalidad. He sentido el dolor de la pérdida y el potencial transformador de encontrar la paz en el duelo.

PUERTAS PARA EL DIÁLOGO

Buscar respuestas a las preguntas sobre la consciencia y la visión de la vida se ha transformado en el trabajo que define mi vida. He investigado durante muchos años las dimensiones ocultas del ser humano. He dirigido un sinnúmero de experimentos para examinar las magnitudes sutiles de la mente y la existencia de la consciencia más allá del cuerpo.[1] He abordado preguntas fundamentales sobre las posibilidades sanadoras que radican en nuestra capacidad de cambiar y de transformar. He preguntado a muchos miles de personas: gentes comunes, niños, consumados científicos y alabados depositarios de la sabiduría que representan a muchas tradiciones y visiones de la vida.

He trabajado con equipos de colegas, como las psicólogas Cassandra Vieten y Tina Amorok, para desarrollar un modelo que explique cómo se transforman nuestras visiones del mundo y de la vida. Este modelo de transformación de la visión del mundo se inspira en la naturaleza de las experiencias que atraviesan la distancia entre nuestro conocimiento y nuestro ser físico y metafísico. En 2008, publicamos nuestros descubrimientos preliminares en el libro *Vivir profundamente: el arte y la ciencia de la transformación en la vida diaria*.[2] En este trabajo anterior dejamos fuera el papel que la consciencia de la muerte tiene en cómo vivimos y en cómo nos transformamos. En mi propia exploración he buscado conocer el papel que desempeña la muerte en nuestros propios crecimiento, sanación y despertar espiritual.

EL COSTE DE NO HABLAR DE LA MUERTE

El tema de la muerte es a la vez oportuno y pertinente para todos nosotros. Como revelan los hechos demográficos, somos una población que envejece. Por todo el mundo se da un aumento sin precedentes en la media de edad de la gente. En 2008, se calculaba que el número de personas de sesenta y cinco años de edad o mayores era de quinientos seis millones en todo el mundo; se estima que ese número alcance los mil trescientos millones para el año 2040. Se predice que la población de los Estados Unidos llegará a los cuatrocientos millones para el año 2050, y más o menos el 20% serán personas de sesenta y cinco años o mayores. Los de la generación de la explosión de natalidad (los nacidos entre 1946 y 1964), de la que formo parte, se encuentran en edad de jubilación, a pesar de lo mucho que se esfuerzan por permanecer jóvenes. En los Estados Unidos, más de diez mil personas de esa generación llegan a los sesenta y cinco años de edad cada día. Este grupo representa el sector de población estadounidense con más crecimiento.[3]

Daryl Bem, psicólogo social de la Universidad de Cornell, que también pertenece a esa generación, me dijo: «Dada la edad que tengo –ahora estoy en los setenta–, he cambiado, como mucha otra gente mayor hace, de pensar hasta este momento en mi vida a, en lugar de eso, cambiar al pensamiento de mi vida hasta la muerte. Y esto cambia la perspectiva de uno de muchísimas formas». Al igual que Bem, los de la generación de la explosión demográfica empiezan a pensar en su propia muerte y en lo que pueda haber más allá de esta vida.

En los Estados Unidos, los de la generación de la explosión demográfica hace mucho que se caracterizan por su individualismo. Esta enérgica autonomía se ve desafiada hoy conforme tenemos que enfrentarnos con el cuidado de padres muy mayores y de hijos o cónyuges enfermos o discapacitados, así como con la propia mortalidad. Buscamos formas innovadoras de redefinir nuestras identidades, nuestros papeles y nuestras responsabilidades siempre cambiantes. Según vamos envejeciendo y nos enfrentamos con nuestros propios problemas existenciales, muchos de nosotros buscamos nuevas fuentes de significado y de objetivos. Nos dedicamos a una búsqueda introspectiva de la totalidad y exploramos diversas prácticas y estrategias que nos permitan forjar nuestro propio sistema de verdades, solos y en la compañía de otros. Algunos regresan a la fe que tuvieron en origen; otros se embarcan en un nuevo camino espiritual que pueda ayudarlos a vivir vidas más auténticas. Para los de la generación de la explosión demográfica y generaciones anteriores existe la expectativa de que la vejez pueda ser mejor, de modo que sus integrantes estamos abiertos a desarrollar nuevas habilidades y formas de envejecer con gallardía.[4]

A pesar de lo importante que es el asunto de la muerte para todo el mundo, a muchos no nos gusta pensar en ella o hablar sobre el tema. Si estamos sanos, podría ser menos probable que nos preparásemos para su inevitabilidad. Si un miembro de nuestra familia es un enfermo terminal, podríamos ser reacios a sacar el tema a relucir porque significaría reconocer la verdad de la situación, u ofender a nuestros seres queridos. Muchos dudamos a la hora de hablar de la muerte debido a nuestros propios miedos o a los tabúes que tenga nuestra cultura cuando se trata de abordarla. Sin embargo, al no hablar sobre este tema, tan cargado en potencia, la gente pierde la oportunidad de compartir sus deseos y esperanzas con su familia y amigos. Abandonamos nuestra autonomía, nuestro poder de toma de decisiones y nuestra autoridad personal. Todos merecemos algo mejor.

Desgraciadamente, nuestra reticencia a tener en cuenta la muerte crea problemas de consideración. Según un reciente sondeo llevado a cabo por la Fundación para la Atención Sanitaria de California, seis de cada diez personas afirman que no quieren que sus familias tengan que cargar con el peso de las decisiones finales sobre su vida.[5] Al mismo tiempo, casi el 56% de quienes respondieron a un sondeo de 2009 nunca ha comunicado sus preferencias para el final de la vida a sus familiares. Por ejemplo, la mayoría de los estadounidenses quiere morir en su casa, aunque solamente el 24% de las personas mayores de sesenta y cinco años son capaces de cumplir este deseo. Muchas personas se ven en residencias de ancianos o en hospitales en sus últimos días. Los cuidados sanitarios al final de la vida pueden traducirse en tratamientos agresivos, caros y drásticos que merman la calidad de vida. En 2010, un estudio de la Universidad Dartmouth averiguó que a más del 40% de los pacientes ancianos con cáncer los trataban diez médicos o más durante sus últimos seis meses de vida.[6] Este mismo informe reveló que muchos de esos pacientes se habían visto sometidos a algún tipo de procedimiento invasivo, destinado a prolongar su vida, en el último mes antes de su muerte. Según un artículo publicado en 2010 en la *Revista de Medicina Paliativa*, solo entre el 15 y el 22% de los pacientes ancianos gravemente enfermos habían registrado sus deseos en sus historiales médicos.[7] La Agencia para la Investigación y Calidad de los Cuidados Sanitarios informa de que entre un 65 y un 76% de los médicos no eran conscientes de que sus pacientes hubiesen formulado sus planes para el fin de sus vidas.[8]

En los Estados Unidos, uno de cada cuatro dólares de Medicare (programa gubernamental de cobertura de seguridad social para la atención médica de personas mayores de sesenta y cinco años) se destina a aquellos que se hallan en su último año de vida. Los gastos extraordinarios sobrepasan los recursos financieros de las familias en el 40% de los hogares, según un sondeo realizado por la Facultad de Medicina Mount Sinai.[9] Se llevan a cabo esfuerzos valerosos para prolongar lo que a menudo es inevitable. Para muchas familias que se enfrentan a una crisis médica, las medidas heroicas son un precio que merece la pena pagar para aminorar el sufrimiento de sus seres queridos. Desgraciadamente, podría ser que estos no sufriesen menos; en algunos casos los tratamientos llevan a daños y sufrimientos aún mayores, casos en los que el mejor cuidado sería que no se administrase tratamiento alguno. A la luz de estos desafíos, hay cada vez más gente que busca ayudar a que sus seres queridos agonizantes acaben sus vidas por medio de métodos dignos, pacíficos y compasivos.

SANAR NUESTROS DAÑOS COLECTIVOS

Necesitamos abordar y sanar la gran falta de reconocimiento que tenemos de lo que es una verdad inevitable. Eso significa que debemos sumergirnos en nuestras visiones del mundo sobre la mortalidad.

Cualquier debate acerca de cómo nos gustaría que fuera el fin de nuestras vidas suscita preguntas sobre lo que pensamos que puede ocurrir tras la muerte. Lo que significa la muerte para los vivos, y lo que sucede tras ella, son grandes preguntas que nos unen a todos. La gente de todas las edades, clases y condiciones de la vida busca respuestas a estas mismas preguntas.

Las diferentes culturas, visiones del mundo y sistemas de creencias ofrecen perspectivas distintas sobre la mortalidad y la naturaleza de la existencia humana. En mi propia búsqueda de respuestas, me he visto a mí misma ante muchas puertas. Entre ellas, las majestuosas puertas talladas de la catedral de la Gracia, en San Francisco; las sencillas puertas de madera de una mezquita sufí en el cinturón de pobreza de Oakland; las doradas de un monasterio budista; las de mosquitera del hábitat de primates del zoológico de Oakland; las automáticas de un quirófano de alta tecnología en Tucson, y las sobrecogedoras de una tonelada de acero que daban a un laboratorio de control cerebral sellado electromagnéticamente en Petaluma, en el estado de California. He realizado cientos de horas de entrevistas, he convocado a grupos de investigación cualitativa, he participado en ceremonias y rituales, he recolectado datos e historias vitales. En cada paso del camino he tratado de identificar rasgos básicos en el complejo y multidimensional tapiz de la vida, la muerte y lo que puede haber después.

Ante mí se iban alzando perspectivas conmovedoras, según iba conociendo cómo aceptaba la gente de una gran variedad de historiales personales los retos de sus propias muertes inminentes o las de sus seres queridos. Me ha inspirado mucho ver cómo han crecido por tales experiencias. Adentrándome en los enigmas de nuestra mortalidad, he llegado a ver las formas en que la muerte nos conecta con toda la vida. En conversaciones íntimas y sensibles me he conmovido hasta las lágrimas y he ido del asombro a las carcajadas en cuestión de segundos. He sido testigo de mis propias transformación y sanación personales durante este progreso.

Mi objetivo en este trabajo de amor ha sido el de ver más allá de cualquier enfoque ante la muerte; me he concentrado en los elementos comunes que surgen cuando miramos a través de una rica variedad de visiones del mundo, de sistemas de creencias y de perspectivas culturales. Estos elementos son los destellos de un patrón cosmológico. Al mismo tiempo, mi objetivo ha sido el de afirmar, apoyar y respetar la diversidad de religiones y puntos de vista espirituales, académicos y sociales. Me he centrado en los procesos naturales e inherentemente cíclicos de la vida y de la muerte. He procurado hacer que estén accesibles las innumerables enseñanzas que existen, sin disminuir su complejidad.

En las páginas siguientes echaremos una mirada profunda a las diferentes visiones de la vida y de la vida ultraterrena, y examinaremos cómo pueden conformarnos y sanarnos estas visiones, tanto individual como socialmente. Conoceremos a personas de diversas edades que vienen de distintos ámbitos de la vida, de historiales y tradiciones culturales variados. Consideraremos el gran cuadro de la muerte y el terror que la gente experimenta cuando se niega a aceptar las preguntas que la rodean. Oiremos cómo han ayudado las experiencias directas personales de cada cual, experiencias que indican territorios de existencia más amplios que el mundo físico, a superar sus miedos. Conoceremos los medios con los que los científicos materialistas abordan las cuestiones de la consciencia más allá de la muerte, y por qué interesa el tema para nuestro conocimiento de la realidad más allá de nuestra encarnación personal. Reflexionaremos profundamente sobre los patrones que contribuyen a iluminar las respuestas nuevas a las antiguas preguntas, y plantearemos preguntas nuevas desde las respuestas milenarias. Exploraremos los entendimientos que se hallan incrustados en las preguntas evocadoras acerca de la consciencia, la muerte y el más allá.

Por el camino, cada uno de nosotros tiene la oportunidad de delinear el mapa de nuestra propia situación en el camino de la transformación. Un trayecto así nos lleva desde nuestro propio ser físico a nuestro contacto con una realidad más amplia y con un todo interconectado. Cada uno de nosotros será capaz de examinar por sí mismo su propia visión del mundo y de transformarse en el cartógrafo de la propia experiencia vivida, tal como esta se conforma mediante un abanico de creencias, mitos, historias y descubrimientos científicos. Conforme vayamos ahondando en una amplia variedad de visiones alternativas del mundo, tendremos la oportunidad de ensanchar y profundizar nuestras propias perspectivas sobre la consciencia y nuestra exclusiva existencia humana. Podremos reflexionar sobre lo que da significado y finalidad a nuestras vidas, sobre lo que nos motiva para ir más allá de los objetivos extrínsecos, encaminados a la ganancia material, hacia objetivos orientados intrínsecamente, que nos conectan a algo mayor y nos aportan una visión del mundo más extensa. Podemos ampliar nuestras visiones del mundo y de la vida aprendiendo de nuestras propias experiencias y de las que han tenido los demás por el camino.

Al tener en consideración que la muerte hace posible la vida, podremos ser más felices, estar más sanos y ser mejores ciudadanos. Asimismo, podríamos empezar a renovar el sentido de nuestra finalidad en el contexto de nuestros tiempos, rápidamente cambiantes. Prepararemos el trabajo preliminar de una nueva forma de conocernos a nosotros mismos a la luz de nuestra propia mortalidad y la de nuestros seres queridos.

Te invito a que te unas a mí en un cambio transformador que nos será útil a todos para encontrar las posibilidades sanadoras que subyacen en nuestra relación con la muerte. Aunemos esfuerzos en un laboratorio de aprendizaje constante, así como en lo que Jerry Jampolsky, el fundador del Centro para la Sanación Actitudinal, describió durante una entrevista como «un laboratorio de desaprendizaje, para desaprender algunas de las creencias a las que estamos atados».

Compartiré contigo lo que he deducido de muchos expertos y guardianes de la sabiduría sobre el potencial transformador de la muerte y sobre cómo puede evolucionar nuestro miedo a la muerte hacia un valor vital edificante. Mi esperanza es que este libro, y la película documental del mismo título que lo acompaña, te sea útil para acoger las desafiantes experiencias de tu vida, como la muerte de tus seres queridos, tu propia mortalidad y los finales (y, a su vez, los inicios) que surgen entre tus propios pasos por el camino del enigmático y magnífico viaje de la vida. En este desarrollo dinámico podríamos encontrar que nuestras propias transformaciones individuales pueden ayudar a catalizar los cambios en nuestra sociedad para que seamos más alegres, justos, compasivos y sostenibles.

CAPÍTULO 1

TRANSFORMAR NUESTRA VISIÓN DEL MUNDO

Algún día te enfrentarás con tu propia mortalidad.
Espero que en ese momento veas que has llevado bien tu vida, que no lamentas nada
y que amaste bien. Espero que ese día se convierta para ti en un buen día para morir.

LEE LIPSENTHAL,
Disfruta de cada bocadillo

Lee Lipsenthal tenía cincuenta y tres años cuando su médico le dijo que iba a morir. Había estado viviendo unos dos años con cáncer de esófago. Después de unos escarceos con la remisión, la enfermedad había vuelto con toda su fuerza. Como médico, casado con una doctora, Lee sabía que la medicina alopática había seguido su curso y ya no podía ayudarle. A lo que dedicaba su vida ahora era a morir. Mientras sus días menguaban, vivía cada momento como si fuese el último.

Lee trabajó durante diez años como director de investigaciones del Instituto para la Investigación de la Medicina Preventiva de Dean Ornish, y también como presidente del Panel Americano de Medicina Holística Integrante. A pesar de su formación científica, mantenía un punto de vista fuertemente metafísico que lo guió hacia su muerte. Por medio de una práctica profunda de la meditación y de un trabajo sobre el viaje chamánico que amplió su sentido de identidad, llegó a comprender que su visión del mundo daba estructura a lo que creía que ocurriría después.

Lee y yo fuimos amigos y colegas durante más de diez años. A lo largo de los sinceros coloquios que mantuvimos todo ese tiempo, declaró que recordaba de forma espontánea experiencias de vidas pasadas que le conectaban con Dios, Jesucristo y Buda. Cuando le pregunté cómo conformaban esas experiencias de vidas pasadas con figuras religiosas su experiencia con el cáncer mortal, me explicó:

Aquí hay una gran historia [...] A cierto nivel me da una sensación de paz el hecho de que acaso esto no sea todo lo que existe; pero en otro nivel es solamente una pequeña parte de por qué me siento bien en esta progresión aparente de morir. Para mí, las otras piezas son el agradecimiento profundo por la vida que he tenido. Ha sido toda una explosión.

Soy un gran aficionado a la música. Me he relacionado y he tocado la guitarra con algunos de mis héroes del *rock and roll* favoritos. He tenido un viaje buenísimo en mi entretenida vida [...] He tenido un trabajo divertido, retador y creativo. He estado casado treinta años con alguien de quien sigo todavía profundamente enamorado, y soy padre de dos hijos que son unas personas maravillosas. Así que si fuese a morirme ahora mismo, por mí, bien. Realmente no tengo necesidad de más. Esa es una razón de que esté en paz.

La otra razón es que sé de veras que no puedo controlar si vivo o muero [...] De modo que la combinación entre aceptar la falta de control sobre mi propia muerte y sentir una gratitud profunda por la vida que ya he tenido es la razón verdadera de que esté en paz.

Miro a gente que ha sobrevivido a crisis importantes de salud y veo que se ha transformado espectacularmente con ellas. ¿Es más importante eso que perder tu cuerpo? No lo sé.

La visión del mundo de Lee le permitió sentir un contacto fluido entre vivir y morir. La suya era una estructura de creencias que le daba una sensación de esperanza y de posibilidad. Dadas sus propias experiencias en vidas pasadas, le pregunté qué creía que vendría después, tras la muerte de su cuerpo. Me dijo: «Todos estamos limitados por nuestras propias experiencias y por cómo las interpretamos». Tales interpretaciones o visiones del mundo pueden moldearlas nuestros padres, nuestra educación, nuestra religión, lo que leemos... Y, para Lee, también estaban conformadas por experiencias de vidas pasadas y por estados místico:

> Creo que volvemos a la vida para vivir experiencias nuevas y diferentes. La finalidad o el significado de eso [...] No voy a fingir que lo conozca verdaderamente. Creo que progresamos con el tiempo en nuestras múltiples vidas, que cambiamos... que aprendemos de esas vidas pasadas, y que nos hacemos [...] mejores, digamos, más profundos, más pulidos. Ese es el esquema de mis creencias. Intentaré comunicártelo cuando llegue al otro lado, no tengo más que decir.

PARA COMPRENDER NUESTRA FORMA DE VER EL MUNDO

Como Lee demuestra, nuestros puntos de vista sobre la vida, la muerte y la vida ultraterrena están conformados por diversas visiones del mundo, que a veces compiten entre sí. Frecuentemente, las creencias religiosas dan forma a nuestros puntos de vista de la muerte y de lo que ocurre tras ella. Existe una espiritualidad que evoluciona y combina elementos religiosos tradicionales con perspectivas emergentes de la ciencia y prácticas personales, como medio de ayuda para abordar las preguntas básicas de la existencia que influyen en las creencias de la gente sobre la vida después de la muerte. Cuando se pide a los estadounidenses que respondan a la típica pregunta propuesta por el Instituto Gallup: «¿Cree usted que existe vida tras la muerte?», un 75% aproximadamente dice que sí.[1]

Como nación, los estadounidenses tienen sus propias perspectivas exclusivas, comparados con otros países. En 2013, George Bishop, catedrático de ciencias políticas de la Universidad de Cincinnati, informaba de dos sondeos que cubrieron todo el país para el Programa Internacional de Sondeos Sociales: «En este marcador, los estadounidenses estaban más seguros de una vida ultraterrena que nadie (el 55%), el doble que la gente de Holanda o Gran Bretaña, cinco veces más seguros que los húngaros y nueve veces más convencidos de ella que los alemanes del Este».[2] Mis propias observaciones revelan que, con independencia de las creencias religiosas, en todo el mundo la gente formula profundas preguntas sobre la vida y la muerte. De hecho, se da un hambre creciente entre personas de todas clases por hablar sobre la muerte y lo que puede pasar después.

Nuestra visión de la muerte puede verse influida también por nuestras ocupaciones. Por ejemplo, el enfoque que tengan una enfermera o un médico puede ser el de orientarse en luchar contra ella, en mantenerla a raya y en usar cualquier medida heroica que esté disponible para prolongar la supervivencia del cuerpo. En las fuerzas armadas se entrena a la gente para que no tenga miedo ante el rostro de la muerte. Sin embargo, su propia orientación religiosa o espiritual puede conformar cómo ve esta gente las posibilidades de lo que podría venir después, lo que proporciona una sensación de esperanza y de posibilidad, incluso en las batallas.

Trabajar con animales le ha dado a Margaret Rousser, directora del zoológico de Oakland, una valoración profunda del ciclo de la vida y de la naturaleza transformadora de la muerte. Explica:

Es posible que lo del círculo de la vida sea un tópico, pero es verdaderamente cierto.

Para tener el maravilloso planeta que tenemos se necesitan todos los aspectos de la vida y de la muerte. Cuando muere un animal, su cadáver se convierte en alimento para buitres y para escarabajos. Cuando muere una planta, las hojas caídas hacen más rico el suelo para las plantas siguientes. Necesitamos de verdad todo ese proceso para vivir en este hermoso planeta.

Tengo para mí que el círculo antinatural de la muerte sería el círculo que se acelere por lo que nosotros, como humanos, hacemos incorrectamente o que es dañino. Existe en cierta medida una evolución natural: te haces mayor, envejeces, mueres y te conviertes otra vez en parte de la Tierra; pero hay cosas que estamos haciendo que provocan que eso ocurra demasiado aprisa. Vertemos sustancias químicas tóxicas en nuestro planeta que provocan que los animales cambien y muten. Y todo ello perturba los ciclos naturales. Este es el tipo de asuntos sobre los que tenemos que echar un vistazo como humanos y como civilización. Y luego debemos llevar a efecto esos cambios.

Como apunta Rousser, la muerte es algo natural. Intentar interrumpir el ciclo natural es lo que crea las patologías, tanto en nuestras vidas individuales como en nuestra relación con la naturaleza.

Rick Hanson manifestó un punto de vista semejante. Lo conocí por primera vez en un pequeño café de Mill Valley, en California. Hanson, fundador del Instituto Wellspring para la Neurociencia y la Sabiduría Contemplativa, es un psicólogo que estudia neuropsicología evolutiva. Ante sus antecedentes, no es de sorprender que su conocimiento de la muerte esté conformado por una gran imagen del ciclo natural de la vida:

La muerte despeja el camino para que los jóvenes salgan adelante. Permite que una especie se adapte y se mejore a sí misma con el tiempo. Dicho de otra manera, si los miembros de una especie no muriesen, esa especie no podría evolucionar. De modo que aquí es donde estamos los seres humanos hoy, tres mil quinientos millones de años después de que la vida emergiese sobre el planeta, en la cima de la cadena alimentaria, de alguna manera auxiliados y llevados por todas las criaturas que han muerto antes que nosotros de modo que podamos estar vivos hoy aquí. En ese contexto es donde me encuentro a mí mismo, experimentando gratitud y aprecio a aquellos que han muerto y al papel de la muerte en la vida.

Hanson es budista practicante. Su filosofía personal sobre la vida y la muerte se han desarrollado también basándose en su práctica espiritual:

La naturaleza de morir es una enseñanza sobre la naturaleza de vivir. Dicho de otra forma, cuando morimos, el cuerpo se descompone y sus elementos de disgregan, de una u otra manera. Cuando muere la mente, sus elementos se separan, la mente se descompone y se dispersa. Todos los remolinos se dispersan al final. Esa realidad de la muerte y de morir es también la realidad de vivir. El cuerpo y la mente están cambiando en cada momento. El cuerpo y la mente, hechos de tantísimas partes, de tantísimos patrones que emergen, que se fusionan, que se organizan, que se estabilizan, y que luego siguen adelante. Lo mismo que un niño pequeño dice al final [de una comida]: «Me lo he acabado todo», esa es la naturaleza de cada momento. El final de un período vital nos es útil para valorar y volvernos más hacia la paz y la sabiduría de ver las maneras en que cada momento mismo posee un vivir y un morir.

La perspectiva de Hanson ilustra la naturaleza multidimensional de nuestras visiones del mundo al mantener enfoques científicos y espirituales simultáneamente. A su vez, su particular visión del mundo inspira su acercamiento a la vida:

Ya a los veinte años empecé a valorar la sabiduría de Don Juan en los libros de Carlos Castaneda. El maestro, Don Juan, dice fundamentalmente: vive de tal manera que estés preparado para la muerte en todo momento. Creo que hay mucha sabiduría en vivir de ese modo, porque, literalmente, nunca se sabe. Todos conocemos a personas que repentinamente tuvieron un ataque, o que de pronto tenían cáncer y diez días, o diez meses, o quizá diez años después estaban muertas. Pero también es ese contexto lo que me hace valorar el hecho de abrazar a mis hijos cada noche, de disfrutar de cada bocadillo, de deleitarme con cada salida del sol...
Si sabes que la película va a llegar a su final, al menos en lo que a ti respecta, eso te motiva realmente para hacer la mejor película posible, para disfrutarla tanto como puedas y para no estropeársela a los demás.

VALORAR NUESTRA VISIÓN DEL MUNDO

Como antropóloga, he estudiado las visiones del mundo y cómo estas cambian o permanecen igual.[3] Son fundamentales para nuestra vida, ya que constituyen la lente de percepción a través de la que experimentamos, conocemos e interpretamos al mundo y a nosotros mismos. Conforman —y son conformadas por ellas— nuestras creencias sobre esas visiones y las percepciones de nuestra experiencia humana y el entorno físico-cultural a nuestro alrededor.

La visión que tenemos del mundo influye sobre cómo nos adaptamos a los cambios en nuestras circunstancias vitales. En un nivel básico, la visión del mundo de Lee Lipsenthal le proporcionó un marco de referencia para el conocimiento de su muerte inminente. Este conocimiento le aportó un contexto que contribuyó a moldear sus intenciones, sus acciones y sus emociones; le ofreció consuelo al enfrentarse con su propia mortalidad.

Podemos comprender que perfeccionar nuestro reconocimiento por el poder que tiene la visión del mundo sea como desarrollar un cierto tipo de educación.[4] Cada uno de nosotros puede aprender a comprender y valorar mejor nuestra propia visión del mundo y la de los demás. Si aprovechamos nuestra capacidad de escuchar y de examinar perspectivas múltiples con humildad y curiosidad, podremos abrirnos a nuevas formas de ser. Conforme vayamos examinando las visiones de la vida, tendremos la oportunidad no solo de reflexionar, comprender y comunicar nuestra propia visión, sino también de reconocer que nuestras creencias provienen de nuestras experiencias vitales y de nuestros valores personales particulares. También podríamos aprender a valorar mejor el hecho de que otras personas mantengan modelos de la realidad diferentes, posiblemente igual de válidos, desde los que se alzan sus suposiciones y sus actos. La capacidad de valorar otras visiones del mundo supone el crecimiento de nuestra propia flexibilidad cognitiva y cultural. Nos obliga a recurrir a nuestra creatividad y a nuestra elasticidad más profundas frente a diferentes puntos de vista. Mejorar la alfabetización de nuestra visión del mundo nos prepara para adaptarnos a las nuevas percepciones que aparecen cuando nos encontramos con diferentes perspectivas, costumbres, prácticas y sistemas de creencias distintas. En el nivel más básico, la educación de la visión que tenemos del mundo nos permite aportar conocimiento a lo que para cada uno de nosotros sea cierto sobre la vida, la muerte y lo que pueda haber después.

Me cautiva la variedad de las distintas visiones del mundo sobre vivir y morir; y no soy la única. Existe un interés y una necesidad crecientes entre la gente a lo largo y ancho del planeta por comprender el panorama cultural y religioso en cambio permanente. Hay un grandísimo número de personas que buscan formas de hacer que tengan sentido las muchas afirmaciones de la verdad, diferentes y competidoras entre sí, que coexisten. Puede ser un desafío darse cuenta de que hay mucha gente que lee guiones diferentes, que recitan desde distintos libros de oraciones, que viven otros modelos de la realidad. Un número cada vez mayor de nosotros buscamos descubrir nuestra propia verdad genuina y expandir nuestra consciencia deleitándonos en los caminos vitales de las culturas, las visiones del mundo y los sistemas de creencias diferentes. Conocer los múltiples sistemas de la verdad sobre la muerte y la vida ultraterrena es el tema de este libro y de la película documental que lo acompaña. Esto, aunque a veces es desafiante, puede renovar el sentido de nuestro contacto con la totalidad de la vida. En definitiva, encontrar y valorar visiones del mundo alternativas a la propia nos enriquece a cada uno de nosotros.

CÓMO VEMOS LOS ESPEJOS DE LA MUERTE.
CÓMO ACOGEMOS EL CAMBIO

Transformar conscientemente nuestra visión del mundo supone valorar las formas en que experimentamos ese mundo. Nuestra visión del mundo sobre la muerte es una clave para conocer nuestra propia identidad y lo que le ocurre a esta cuando ya no estamos en el cuerpo. Según empecemos a comprender la muerte como un rico y complejo componente de la vida y a sumergirnos más profundamente en esta comprensión, tendremos la oportunidad de estudiar nuestras propias hipótesis, creencias y expectativas. De hecho, estudiar cómo vemos la muerte es una manera de ver cómo podemos vencer el miedo que le tenemos para vivir más profundamente. A su vez, cómo veamos la muerte es frecuentemente un reflejo de cómo nos transformamos y cambiamos a lo largo de nuestra vida. Mingtong Gu, maestro y enseñante de Qigong (Chi Kung), compartió con nosotros sus percepciones de por qué es importante meditar sobre la muerte:

Mi primera respuesta es que todos vamos a enfrentarnos con la muerte tarde o temprano, de manera que debemos prepararnos para ello de alguna manera, con tiempo.

En segundo lugar, la vida va de [...] aceptar todas las expresiones del cambio, el cambio desde la infancia hasta la adultez y el envejecimiento. Y en ese proceso aprendemos constantemente a escuchar cómo acoger el cambio. A menudo, el cambio nos desafía a que encontremos una capacidad mayor de acogerlo, junto con los retos que le acompañan. Lo que aprendemos es a escuchar profundamente. Es parte de la vida.

Meditar sobre la muerte puede brindarnos verdaderamente la paz, al ser conscientes de la condición temporal que subyace en toda vida. Sin esa condición temporal no hay cambio, no hay vida. ¿Puedes imaginarte tu vida sin cambio? Por lo que sé, eso no existe en el universo. De manera que el nivel más profundo de meditar sobre la muerte tiene que ver con acoger el cambio, con aceptar la temporalidad. En ese nivel más profundo podemos aumentar nuestra capacidad de aceptar la vida, y también podemos encontrar una paz más profunda en medio de todos estos dramas, de toda esta temporalidad, de toda esta decepción, incluso de toda esta agitación.

Como Mingtong Gu, el hermano David Steindl-Rast enseña que se nos ha dado la oportunidad de crecer y de cambiar en todo momento. Acoger la transformación es una forma de aceptar la vida y su naturaleza cíclica.

El hermano David es un erudito, además de monje benedictino. Nacido en Viena en 1926, estudió arte, antropología y psicología.

Recibió el doctorado en la Universidad de Viena. En 1952, siguió a su familia, que había emigrado a los Estados Unidos en busca de nuevas oportunidades. Un año más tarde ingresó en la recientemente creada comunidad benedictina del monasterio del Monte Salvador, en Elmira (Nueva York), de la cual es ahora hermano superior.

Me dijo que lo que el universo quiere de los seres humanos es la transformación espiritual:

> Nuestra encarnación terrenal permite que los seres humanos trascendamos la creación natural y la desilusión de la forma para encontrar ese punto en nuestro interior. Ese punto es el testigo, el centro inmóvil de la danza, si quieres. En ese sentido abandonamos el ciclo natural, en el que las formas llegan a ser y luego vuelven a declinar. En medio de todo este ir y venir de las formas, existe el deseo en cada corazón humano por todo aquello que permanece. Si esto se malinterpreta, nos aferramos a esta forma, o a aquella.

Para ilustrar su idea me contó una excursión en San Francisco, en la que se tropezó con la tienda *Forever 21*. La lección que obtuvo es que si la gente se aferra a tener siempre veintiún años, no será feliz. Al resistirse a envejecer, la gente rechaza un aspecto fundamental de su experiencia humana. «No es posible que lo consigas, así que sería mejor que fueses con la corriente y no insistieses en tener siempre veintiún años», me dijo. La naturaleza de nuestra visión del mundo debe ser fluida, no estar fijada a un lugar en concreto, ni a un tiempo en nuestra mente. El hermano David siguió diciendo:

> La confusión radicaría en que en este cambio nos aferrásemos a una forma. La comprensión correcta sería que tenemos que ir con esta corriente, porque es un hecho que no podemos evitarla de ninguna manera. Sería mejor que obrásemos a favor de la corriente en lugar de que nos arrastren por las orejas, y a la vez que trascendamos el flujo de las formas. Ve a ese terreno de más allá del tiempo y el espacio. El lenguaje no puede expresarlo muy bien.

En la primera etapa observamos este flujo, de modo que ya no nos identifiquemos con él. Estamos en el momento presente y ya no permanecemos atrapados en el pasado ni el futuro, los observamos. Después, la siguiente etapa de este desarrollo interior, de este despliegue, sería que permitiésemos que fluyan en nosotros el poder y la energía que llevan a cabo la creación y la destrucción de las formas; sería darnos cuenta de que somos uno con ellas, de que no solo hemos sido creados, sino que [también] somos uno con la fuerza creadora.

Está muy claro que nuestros cuerpos físicos se deterioran, que al final desaparecerán y que otros vendrán. Nosotros debemos tener algo que ver con ello, porque todas las materias primas se reciclarán y se utilizarán en otro sitio. No estamos desconectados, no nos separamos a nosotros mismos del todo; solo nos desconectamos lo suficiente para que podamos observarlo y nos demos cuenta de que somos parte de la fuerza cósmica que lo dirige.

COMPRENDER LA TRANSFORMACIÓN DE LA VISIÓN DEL MUNDO

La transformación de la visión del mundo significa un cambio fundamental en la manera en que vemos e interpretamos el mundo. Supone también un cambio en la manera de vernos a nosotros mismos y nuestra relación con los demás. No es simplemente un cambio de nuestras perspectivas, sino que involucra una forma distinta de comprender lo que es posible. Ello define lo que da significado y finalidad a nuestras vidas. Conforme vayamos transformando nuestros puntos de vista sobre la muerte, comenzaremos a vislumbrar nuestra propia mortalidad bajo una nueva luz. Frances Vaughan, una psicóloga transpersonal que ha trabajado en la interrelación entre vivir y morir durante muchos años, explica la transformación de la visión del mundo de este modo:

Es la capacidad de ampliar tu visión del mundo de manera que seas capaz de valorar diferentes perspectivas y así puedas mantener múltiples puntos de vista simultáneamente. No es que vayas por ahí de un punto de vista a otro; lo que haces realmente es ampliar tu consciencia para abarcar más posibilidades.[5]

Mis colegas y yo hemos realizado varias investigaciones sobre la transformación durante los últimos veinte años. Nuestro equipo de psicólogos y antropólogos ha reunido historias de transformaciones relatadas por gentes de toda clase y condición. Nos hemos puesto en contacto con maestros y líderes que se han reunido en grupos de enfoque. Desde esas conversaciones hemos entrevistado formalmente a sesenta maestros espirituales, utilizando un juego de veinte preguntas específicas. Analizamos el contenido de esas entrevistas para conseguir perspectivas, tanto en las semejanzas como en las diferencias, sobre las diversas tradiciones religiosas, espirituales y transformativas.

Hemos averiguado que con frecuencia la gente describe sus experiencias transformadoras como si fuesen una especie de viaje del héroe, que va desde lo común y corriente hasta lo extraordinario. Estas experiencias de revelación y de percepción los condujeron a cambios fundamentales en el sentido de su identidad personal, de su relación con los demás y de su integración en el mundo.

Basándonos en este estudio cualitativo a gran escala creamos varios sondeos y los distribuimos *online* a más de dos mil personas. Nuestro objetivo era explorar más a fondo la transformación y conocer cómo pueden catalizar las experiencias vitales los cambios en la visión del mundo que sean beneficiosos para el individuo y la sociedad. Las experiencias que desencadenaron transformaciones en la consciencia eran muy diversas, variando desde que alguien viese el mundo de repente de una forma nueva mientras fregaba los platos hasta quien redefinía su escala de valores y preferencias ante una enfermedad que ponía en riesgo su vida. Aun así, como detallamos en *Vivir profundamente*, se observaban rasgos comunes que daban a entender que existe un tapiz, magníficamente tejido, de la experiencia humana que predomina sobre las diferencias individuales y culturales.

El modelo de la transformación de la visión del mundo

Mis colegas y yo hemos creado desde este trabajo un modelo que muestra la naturaleza dinámica de la transformación de la visión del mundo. La figura 1 (página 49) describe este modelo de manera gráfica. He utilizado este modelo de transformación de la visión del mundo como ayuda para guiarme en la organización de este libro. Si sigues este modelo cuando vayas leyendo, podrás introducirte en un camino de descubrimientos y de prácticas que pueden conducirte más allá del miedo a la muerte, y a una valoración profunda y duradera de la preciosa vida que nos ha sido dada a cada uno de nosotros.

Nuestros muchos años de investigación sobre la transformación nos muestran que los cambios de la visión del mundo se desencadenan comúnmente por experiencias de dolor y sufrimiento. Los acontecimientos de la vida —como las enfermedades, los divorcios, los despidos laborales o la muerte de un ser querido— pueden perturbar el estado regular de la vida de una persona, pero también pueden darle la oportunidad, si así se lo toma, de alterar su camino y vivir en una visión del mundo ampliada y llena de significado. Las experiencias dolorosas o aterradoras tienen la capacidad de relajar el sentido de nuestro control sobre las circunstancias de la vida. Esto no tiene por qué ser malo: estas experiencias pueden ayudar a disolver nuestras identidades anquilosadas en formas que ensanchen el conocimiento de quiénes somos y de aquello en lo que podemos convertirnos. Como doctora y maestra, Rachel Remen observó lo siguiente durante los años que trabajó en el campo de la oncología y la atención sanitaria humanizada:

Las crisis, el sufrimiento, la pérdida, los encuentros inesperados con lo desconocido: todo eso tiene el potencial de iniciar un cambio de perspectiva, una manera de ver lo conocido con ojos nuevos, un modo de ver el yo de forma completamente diferente. Como escribí en mi libro *Las bendiciones de mi abuelo*, esta clase de experiencias hace que cambien los valores de la persona, los baraja como si fuesen un mazo de cartas.[6] Un valor que ha estado muchos años al fondo del mazo puede acabar ahora siendo la carta de arriba del todo. Hay un momento en el que la persona se aleja de su vida y de su identidad anteriores, se ve sin control en absoluto y se entrega totalmente; y luego renace con una identidad mayor y más amplia.

Sin embargo, no todos los catalizadores de la transformación están asociados con el sufrimiento. La gente habla de sensaciones de profundo asombro, de maravilla y de un contacto intenso con algo mayor que sí mismos. Estas experiencias personales pueden abarcar a menudo lo que se ha descrito como encuentros místicos con mundos no vistos. También pueden darse aquí percepciones, inspiración y momentos de éxtasis. Estas experiencias hacen que nos movamos más allá de nuestra estrecha definición del yo a un sentido de unidad personificado, de raíces profundas, a una consciencia del gran amor y a un sentido de interrelación fundamental.

Es posible que transformaciones tan positivas necesiten de muchos pequeños destellos de percepción para que arraiguen. Uno de los pilares de la transformación que identificamos en el modelo de transformación de la visión del mundo es la tendencia a rechazar el cambio, o resistirse a él. En casos así es posible que se necesiten muchas experiencias para modificar la visión del mundo de una persona.

También es posible que las transformaciones positivas de la visión del mundo ocurran en un instante. Las metamorfosis personales repentinas, llamadas *cambios cuánticos* por los psicólogos William Miller y Janet C'de Baca, pueden alimentarse de las experiencias que sacan a la gente de su estado ordinario y regular.[7]

Estas experiencias pueden ser iluminaciones, «grandes sueños» y revelaciones. Pueden incluir asimismo las experiencias que indican un alcance extraordinario de nuestra consciencia humana, como las experiencias cercanas a la muerte, la sanación espontánea y otros fenómenos que surgen de estados de conciencia no comunes (como ver apariciones, sentir unidad con toda la existencia o tener sueños premonitorios). La erudita transpersonal y archivera Rhea White averiguó que, aunque la fenomenología de experiencias de este tipo puede variar, todas ellas sirven como portales a una nueva visión del mundo que acoge la unidad con todo en la vida, la interrelación y los valores en pro de la sociedad.[8] En el capítulo 3 veremos las implicaciones que tienen tales experiencias para considerar la muerte como catalizador de la transformación y la sanación de la visión del mundo.

Estas experiencias de descubrimiento pueden resultarle desconcertantes a la gente. Es posible que aunque no haya «prueba» externa que valide o explique muchas de esas experiencias, puedan ser poderosas y transformar la vida. Para que estas formas de conocimiento no racional tengan sentido, entraremos en una etapa de exploración y descubrimientos. Saber que no estamos solos con nuestra intención de transformar puede ser muy tranquilizador. En este libro analizaremos varios caminos de exploración que podemos utilizar para que tengan sentido las percepciones intuitivas y las revelaciones, y para sanar nuestras fragmentadas vidas. Estos caminos son las percepciones de las diversas tradiciones culturales, religiosas y espirituales, así como la ciencia y varias prácticas transformadoras que conducen a experiencias personales directas con una conciencia no ordinaria. Tendremos también en consideración las evidencias de una nueva y emergente visión del mundo que enlaza la sabiduría interior con la ciencia del entrelazamiento cuántico y la física cuántica, lo que lleva al surgimiento de una espiritualidad basada en la evidencia.

PRÁCTICAS TRANSFORMATIVAS

En la citada exploración es frecuente que la gente descubra prácticas que los apoyen en su propio progreso transformativo. Esta es la tercera etapa del modelo de la transformación. Estas prácticas pueden servir para fundamentar y mantener las percepciones transformativas, de manera que puedan integrarse en nuestra vida diaria; podemos empezar a interiorizar los nuevos conocimientos a través de prácticas, tanto formales como informales. De esta manera redefinimos el sentido de nuestra identidad y de cómo encajamos en el ancho mundo en el que vivimos. Dedicarse a las prácticas transformativas llega a crear un espacio para que otros aspectos de nuestras vidas –como la satisfacción, la felicidad, la creatividad, la intuición, la compasión y el altruismo– tomen su lugar en cómo podemos expresar nuestro auténtico yo. Las prácticas pueden ser útiles para eliminar los obstáculos que nos tienen abrumados por el miedo a la muerte, lo que nos permite aceptar una nueva forma de celebrar la preciada vida que nos han dado.

Existe una infinidad de formas de práctica transformativa. Algunas son antiguas y se basan en rituales y estados de desarrollo bien establecidos; otras han surgido más recientemente y están menos estructuradas, pero todas ellas son útiles para transformar el miedo a la muerte en un valor que afirme la vida. En este libro consideramos cómo pueden ayudarnos las herramientas específicas –como la preparación a la muerte, la visualización guiada, la meditación, la oración, el duelo, los sueños y el arte– a modificar nuestro conocimiento de la muerte y de lo que significa estar vivo. El modelo de transformación de la visión del mundo identifica cinco elementos comunes a muchas prácticas transformativas:

Intención: establecer la intención de convertir el miedo a la muerte en una inspiración para vivir.

Atención: cambiar dónde sitúas tu atención para que esta incluya dimensiones de la vida que se han ignorado previamente y que revelan nuevos caminos de conocimiento sobre la vida, la muerte y lo que ocurre tras ella. Esto te brinda nuevo significado y finalidad.

Repetición: elaborar nuevos hábitos o maneras de pensar y de comportarse en torno a tu conocimiento de la mortalidad, por medio de actos repetitivos que pueden abrirte a perspectivas, valores y actos nuevos y que apoyen una vida plena.

Guía: encontrar para tu visión del mundo una guía sobre la muerte y tus intenciones de crecimiento y transformación desde distintas fuentes, tales como autoridades en las que confíes, programas de comunidad, relaciones personales y una reflexión silenciosa.

Aceptación: someter tu sentido de control sobre tus circunstancias vitales de cara a disolver cualquier identidad fijada que tengas y que te limite y a ensanchar tu conocimiento de quién eres en el sentido más amplio.

Según busquemos transformar nuestros puntos de vista sobre la muerte, podremos edificar nuevas perspectivas sobre nuestra mortalidad que redefinan quiénes somos y qué somos capaces de llegar a ser.

Existen ciertas limitaciones a las prácticas transformativas. Cuando vemos nuestra práctica como un fin, en y por sí mismo, podemos empezar a vernos a nosotros mismos como especiales, o como virtuosos. Corremos el riesgo de considerar nuestro compromiso con un camino transformativo como algo que nos sitúa por encima de los demás. En esta evolución podemos quedar atrapados por nuestro propio ego y perder de vista nuestro contacto con algo que trasciende nuestra identidad individual. En un caso así, eso puede seducirnos hasta llegar a pensar que toda experiencia tiene que ver «conmigo». También puede ser que identifiquemos la práctica con un contexto o forma en particular, sin ver por ello cómo se aplica la transformación a nuestras experiencias diarias. Como citábamos mis colegas y yo en *Vivir profundamente*:

En cierto momento del proceso transformativo uno reconoce que no hay diferencia entre lo que tú eres en el banco de la iglesia, o la colchoneta de aikido, y lo que eres en la tienda de alimentación, o en la autopista, o en tu oficina. La misma atención que pones conscientemente en la colocación de tus piernas en una difícil postura de yoga puede trasladarse a una conversación exigente con tu hijo. La misma paz y la misma alegría que llevas a la querida comunidad de tus compañeros de práctica puede traerse a una reunión de padres y profesores. La misma reverencia que surge al pasar tres días en la naturaleza en una búsqueda de visión puede alzarse de las nubes en el cielo y de los larguiruchos árboles del aparcamiento de un centro comercial.[9]

Si podemos evitar la trampa de mirar la práctica transformativa como una actividad aislada que se realiza ciertos días y a ciertas horas, podremos empezar a encontrar que la vida misma se transforma en práctica. Al dedicarnos a una práctica transformativa, podemos observar un cambio del «mí» al «nosotros», de enfocarnos principalmente en nuestras propias necesidades y deseos individuales a ir más allá a través de ellos hasta una visión del mundo más global.[10] Al mismo tiempo surge algo que no es abnegación, sino un sentido más auténtico del yo. Reconocer nuestra interrelación puede proporcionarnos un marco de referencia mayor en el que vernos a nosotros mismos en relación con otros –tanto vivos como muertos– y que puede llevarnos al espíritu del servicio a los demás. Transformar nuestro miedo a la muerte puede dar como resultado el desarrollo de una amabilidad, una generosidad, un amor, una compasión, un perdón y un altruismo mayores. Además puede ensanchar nuestro sentido de comunidad y hacerlo más global, ya que dejamos caer la ilusión del «otro» y reconocemos más completamente nuestra interdependencia fundamental con todo en la vida. Podemos darnos cuenta de que reaccionamos menos negativamente ante la gente cuya visión del mundo es diferente de la nuestra, y en lugar de eso los miramos con curiosidad y agradecimiento por nuestro común sendero como seres mortales. Como analizaremos en los capítulos siguientes, vencer el miedo a la muerte puede ayudarnos a vivir más plena y profundamente en nuestro rico y multicultural mundo.

Por último, consideraremos cómo puede aplicarse la transformación de nuestra visión del mundo al desarrollo de prácticas sociales más sostenibles. Revisar las suposiciones y las políticas que guían nuestros valores sociales y culturales compartidos en torno a la muerte nos llevará a un cambio de todos los sistemas. Cuando una masa crítica de personas sea capaz de transformar su patología colectiva en torno a esta cuestión, podremos revisar cómo tratan a la muerte y al hecho de morir nuestras instituciones sociales, en particular la atención sanitaria; podremos alcanzar un punto de inflexión que sirva para nuestro bienestar colectivo. De esta manera podremos integrar nuestra propia transformación interior en el cambiante panorama cultural que hemos colaborado a crear.

CONCLUSIONES

Las experiencias que ponen a prueba nuestras hipótesis sobre la muerte y la vida ultraterrena pueden abrirnos a nuevas visiones del mundo o formas de experimentar nuestras vidas. Prestar atención a nuestras experiencias personales directas, como la intuición profunda,

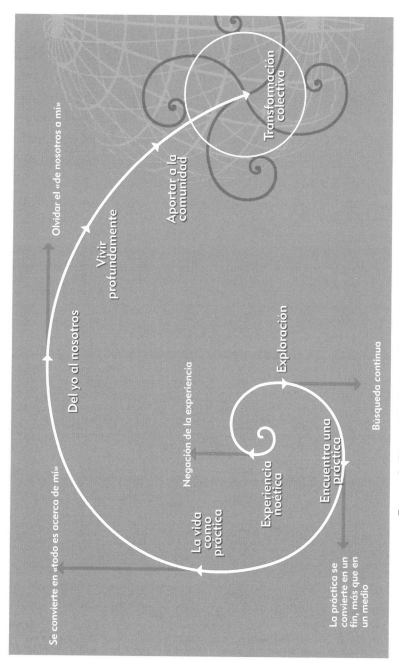

Figura 1. El modelo de transformación de la visión del mundo.

la ciencia infusa y los estados ampliados de conciencia, puede ayudarnos a reducir el miedo y el sufrimiento que experimentamos muchos de nosotros ante la muerte. Dedicarse intencionadamente al proceso transformativo puede conducir a cambios, sutiles y espectaculares a la vez, en nuestro conocimiento de quiénes somos realmente. Podemos empezar a comprendernos a nosotros mismos por completo como individuos sanos y como partes de un todo interconectado que no conoce límites. Podemos ser testigos, por medio de varias experiencias y prácticas, de una transformación que nos lleve a cada uno del aislamiento a la pertenencia. Conocer nuestra relación con los reinos visibles e invisibles de la existencia diaria nos ofrece nuevas posibilidades de vivir una vida grande y sustanciosa, llena de humildad, finalidad, significado y esperanza.

♦ PRÁCTICA ♦
Analizar tu visión del mundo[11]

Hemos considerado en este capítulo el papel que tienen las visiones del mundo a la hora de moldear nuestros puntos de vista sobre la realidad y sobre cómo pueden transformarse estos puntos de vista con el tiempo de modo que mejoren nuestras vidas. La práctica siguiente brinda la oportunidad de que observes tu propia visión del mundo y veas cómo moldea lo que ves en el mundo a tu alrededor y cómo es moldeado por ello. Para empezar, pasa cinco o diez minutos en un lugar que visites a menudo. Puede ser una tienda, un parque, tu barrio, una librería, un restaurante, tu propio jardín... Da un lento paseo por el lugar que hayas elegido. Observa lo que te rodea como si nunca antes hubieras estado allí. Curiosea lo que ocurra en ese lugar, presta especial atención a aquello que no habías observado jamás. Amplía tu atención a tus sentidos, dándote cuenta de lo que oyes, hueles, saboreas o sientes.

Después halla un lugar tranquilo donde sentarte y llevar un diario. Haz unas cuantas inspiraciones profundas, aclárate la mente y centra tu cuerpo. Reflexiona sobre lo que acabas de experimentar. ¿Hay algo del lugar que te sorprenda, aunque hayas estado allí antes? ¿Ha suscitado algo tu curiosidad de saber más? ¿Te has dado cuenta de si tenías ciertas expectativas sobre el lugar y sobre lo que pasaría en él? ¿Has encontrado cosas que no encajaban con tus expectativas? ¿Han cambiado las cosas cuando has reducido la marcha, cuando has aportado intención a la práctica, cuando has prestado atención de una forma nueva? Ten en consideración las maneras en que las experiencias que hayas tenido en ese sitio conocido están conformadas por tu visión del mundo, o por las lentes de tu percepción, a través de las que experimentas el mundo. Escribe en tu diario al menos durante diez minutos, registra lo que hayas observado al visitar lo conocido con ojos nuevos. Aprender a darte cuenta de tu propia visión del mundo puede abrirte a nuevas formas de experimentar tu vida y tu relación con la muerte.

CAPÍTULO 2

ENFRENTARSE AL MIEDO A LA MUERTE

Si quieres amar la vida, tendrás que amar la muerte.

TONY REDHOUSE

Podríamos preguntarnos: ¿por qué hay tanto miedo en torno a la muerte?, ¿qué ha hecho que la muerte sea el gran tema tabú, a pesar del hecho de que todos morimos? Josh, un brillante adolescente de trece años, ha pensado un poco en la muerte y nos brinda esta percepción:

> Sé que tengo miedo a la muerte porque no quiero pensar de una manera diferente. No quiero convertirme en una persona distinta, solo quiero quedarme como soy. Si cambio, quiero reconocer esta forma o persona, supongo.

El famoso escritor Mark Twain señaló otro motivo: «El miedo a la muerte sigue al miedo a la vida; un hombre que vive plenamente está preparado para morir en cualquier momento».

Luisah Teish, jefe de la tradición Yoruba Lucumi, se hizo eco de Josh y de Twain. Observó que la sociedad moderna nos ha distanciado en muchas maneras de nuestro papel natural en el ciclo de la vida:

Todo se transforma constantemente. No veo evidencia alguna de que la muerte sea solo el final, pero creo que quien controle los recursos, los medios de comunicación, las imágenes y la educación puede provocar que la gente llegue a temer y a odiar el ciclo natural. El miedo a la muerte es una actitud que los medios nos han vendido. Va saltando entre el miedo y el romanticismo.

Yo, personalmente, le tengo más miedo a una vida incompleta que a la muerte misma.

Como Teish menciona, nuestra visión del mundo acerca de la muerte está conformada por muchos factores. Aunque tales factores pueden hacer que nos fijemos en la muerte, es igualmente cierto que mucha gente, en el mundo industrializado moderno, raramente ha visto un cadáver. Como señala Daryl Bem, el psicólogo social de la Universidad de Cornell a quien conocimos brevemente en la introducción:

Creo que si le preguntas a la gente del mundo industrial avanzado, como los Estados Unidos, muy pocos habrán visto un cadáver hasta que haya sido preparado, y aunque lo hayan visto, muy a menudo no lo hacen hasta que los abuelos mueren, o los padres.

Y así [la muerte] es un tema tabú, simplemente por la forma en que la trata nuestra cultura y [por el hecho] de que no tenemos una experiencia diaria de ella. No es que yo quiera que ninguna cultura se enfrente a la muerte constantemente, pero eso cambia la noción de cómo trata uno a la muerte, cómo la ve, cómo se anticipa uno a ella. Hay personas que se consuelan con puntos de vista religiosos más convencionales; existe un más allá que pueden imaginarse. Creo que otras culturas han llegado a un punto de vista más relajado sobre la muerte.

Lee Lipsenthal, a quien aún le quedaban varios meses de vida al hacer esta entrevista, manifestó su frustración por nuestra visión colectiva del mundo:

Creo que ahora mismo la estructura de nuestra sociedad es la del miedo a la muerte.

No me gusta parecer tan terminante sobre esto, pero existe todo un movimiento antienvejecimiento. Si mueres, eres un fracasado; si envejeces, también. Nuestra sociedad ha preparado esto de manera que la muerte y el envejecimiento sean el enemigo, a pesar de que son inevitables.

LA NEGACIÓN DE LA MUERTE

Ernest Becker se pasó una parte muy importante de su carrera profesional intentando comprender el miedo a la muerte. Cuando era catedrático de antropología en la Universidad de Berkeley, en California, publicó su trascendental libro, ganador del Premio Pulitzer, *La negación de la muerte*.[1] Con este libro consiguió despertar en la sociedad estadounidense el diálogo sobre los significados culturales de la muerte. Consideró la endémica negación de la muerte como una fuente de patologías en nuestro mundo moderno.

«En nuestra cultura hemos hecho muchísimo para negar nuestra propia mortalidad, y en ese tiempo nos han iniciado en una especie de organización social patológica», escribió Becker.[2] Vio la motivación fundamental de la conducta humana como una necesidad biológica de controlar nuestra ansiedad básica ante la muerte:

Este es el terror de haber surgido de la nada; de tener nombre, consciencia de uno mismo, profundos sentimientos interiores y el insoportable anhelo interior por la vida y la expresión propia... y, aun con todo esto, tener que morir.

El trabajo de Becker y su teoría sobre la negación de la muerte han catalizado muchos años de investigación sobre lo que se denomina *teoría de la gestión del terror* (TMT, por sus siglas en inglés). Para saber más sobre esta provocativa teoría, me entrevisté con Jeff Greenberg, que desarrolló la TMT junto a sus compañeros, los psicólogos sociales Sheldon Solomon y Tom Pyszczynski.

Greenberg y sus colegas, inspirados por Becker, propusieron que de tener el deseo de vivir, pero darse cuenta a la vez de que la muerte es inevitable, proviene un conflicto psicológico básico. Este conflicto produce terror, terror que se cree es único en los seres humanos. Según la TMT, cada uno de nosotros tiene reprimido este miedo a la muerte, en gran parte a nivel inconsciente. Dicho de otra manera, no nos damos cuenta del miedo. Para protegernos de ese miedo a la muerte, intentamos estimular nuesta autoestima afiliándonos a culturas o grupos cuyos valores proporcionen sentido a nuestras vidas. Por ejemplo, la afiliación religiosa es un poderoso factor en el modelo de Becker (esto implica, por ejemplo, que si eres cristiano, hindú o judío, te unirás a gente de la misma tradición de fe). Cuando nos enfrentamos a nuestra propia mortalidad –o, dicho en términos psicológicos, cuando aumenta la *prominencia de nuestra mortalidad*– la teoría predice que podemos llegar a ser más agresivos y violentos hacia otros grupos que mantengan opiniones, valores y visiones del mundo diferentes de los nuestros. Al mismo tiempo, podemos llegar a identificarnos con más fuerza con nuestra camarilla, que nos brinda un mayor sentimiento de apoyo social y de seguridad contra las amenazas externas.

La teoría puede desglosarse en tres hipótesis principales. La primera es la *hipótesis de la prominencia de la mortalidad*. Esta afirma que la consciencia de la muerte conduce a la gente a defender y ratificar sus visiones del mundo y a procurarse la autoestima. En pocas palabras, queremos sentirnos bien con nosotros mismos. La segunda es la *hipótesis de la barrera protectora contra la ansiedad*. Aquí la idea es que los firmes vínculos en las relaciones, la autoestima alta y la fe religiosa profunda deben proteger a la gente contra los pensamientos relacionados con la muerte. La tercera, la *hipótesis de la accesibilidad del pensamiento en la muerte*, propone que, cuando se socavan cualidades como la autoestima, experimentamos mayor vulnerabilidad ante los pensamientos relacionados con la muerte y desarrollamos comportamientos inadaptados.

Comprobar estas hipótesis ha llevado a una serie de experimentos novedosos que simulan el mundo real bajo condiciones controladas de investigación. En uno de esos experimentos, el equipo de psicólogos sociales examinó la hipótesis de la prominencia de la mortalidad trabajando con jueces de juzgados de instrucción que, por su profesión, están encargados de sostener la visión social predominante del mundo, tal como se define por la ley y por la ecuanimidad.[3] Para examinar la hipótesis, se solicitó a los jueces que establecieran fianzas para presuntas prostitutas. Antes de que lo hicieran, a la mitad de ellos se le dio un cuestionario sobre la prominencia de la mortalidad. Los investigadores hicieron dos preguntas a los jueces: «¿Qué emociones cree usted que le suscita pensar en su propia muerte?» y «¿Qué cree usted que le pasará cuando muera físicamente?». A continuación midieron las cantidades de las fianzas de los jueces a los que se pidió que pensasen en la muerte y las compararon con las que los demás jueces establecieron. Averiguaron que la prominencia de la mortalidad tuvo un gran efecto: aquellos a los que se les habían hecho las preguntas sobre la prominencia de la mortalidad establecieron fianzas de un promedio de cuatrocientos cincuenta dólares; los otros jueces establecieron fianzas de cincuenta.

Desde que se llevó a cabo el estudio original, ha habido cientos de estudios en países distintos que han reproducido sus resultados utilizando mediciones diferentes y que han confirmado que la gente se vuelve más rígida respecto a sus valores cuando se siente amenazada por la consciencia de la muerte. Según Greenberg:

Cuando se nos recuerda la muerte y nos la ponen cerca de la consciencia, nos aferramos más a las estructuras que nos protegen de ella. Esas estructuras son: la visión del mundo que imbuye significado y sentido de la permanencia a la vida y la autoestima que extraemos de esa visión del mundo.

57

En el caso de los jueces, esa autoestima implicaba aplicar la ley según la entendían ellos. Su convicción sobre los valores que protegen se amplificó como respuesta a los recordatorios de la muerte que se le dio a la mitad de ellos.

Para examinar la segunda hipótesis de la TMT, la de la barrera protectora contra la ansiedad, los investigadores crearon un vídeo de siete minutos en el que se resaltaban imágenes de la muerte.[4] Crearon también un vídeo de control que consistía en imágenes neutras sin relación con ella. Antes de mostrar los vídeos a los voluntarios del estudio, los investigadores les dieron comentarios falsos de personalidad (con estos comentarios, se aprovecharon de lo que los psicólogos llaman «efecto Barnum», así llamado por el famoso empresario circense P. T. Barnum: la gente se vuelve ingenua cuando lee descripciones halagadoras de sí misma). Basándose en los cuestionarios que habían rellenado los voluntarios al inscribirse en el estudio, se les dijo o bien que tenían mucho potencial para la creatividad y conseguirían todos sus objetivos o bien que eran simplemente aceptables. Después de mostrar los vídeos de imágenes de la muerte y de control a los sujetos, midieron los niveles de ansiedad que los mismos sujetos autoevaluaban. Cuando la gente se «sentía muy bien consigo misma, podía mirar aquellas imágenes de la muerte y no ponerse nerviosa».[5] Se compararon sus niveles de ansiedad con los de los sujetos que habían visto ambos vídeos.

En otro estudio, los científicos sociales introdujeron lo que llamaron *paradigma de la salsa picante*. Dividieron a los participantes en dos grupos preseleccionados: liberales y conservadores. Pusieron a cada uno de ellos en una habitación y les dijeron que había una segunda persona, sentada en la otra habitación, que era o liberal o conservadora. A continuación les pidieron que le administrasen salsa picante a la otra persona como forma de castigo. Cuando los investigadores manipularon de antemano la prominencia de mortalidad de los sujetos, estos administraron mucha más salsa picante a aquellos que no estaban de acuerdo con sus puntos de vista políticos.[6]

Los investigadores han analizado también la prominencia de la mortalidad en el contexto de diversas formas extremas de visiones del mundo. En un estudio analizaron el extremismo islámico. A un grupo de estudiantes voluntarios iraníes se les dio, o no, recordatorios sobre la prominencia de la mortalidad y después se les dijo que leyesen una entrevista sobre el martirio, o una sobre soluciones pacíficas al conflicto. Los voluntarios que recibieron los recordatorios de la prominencia de la mortalidad estaban significativamente mucho más inclinados a pensar en el martirio que el grupo de control (los que no recibieron los recordatorios).[7] Un estudio parecido, enfocado sobre estadounidenses políticamente conservadores, averiguó que, a la hora de abordar un conflicto externo, el grupo condicionado por la prominencia de la mortalidad era partidario de medidas más violentas que el grupo de control.[8]

Becker describió cómo puede llevarnos al final nuestro terror a la muerte a la percepción de que el mundo es aterrador. Existen varias formas en las que intentamos gestionar ese terror. El modelo de Becker mantiene que conspiramos para mantener inconsciente el terror a la muerte fingiendo que el mundo es manejable, que los seres humanos poseemos cualidades divinas y que el yo es inmortal. La sociedad refuerza la creación de sistemas heroicos que nos llevan a creer que trascendemos a la muerte si participamos en algo de valor duradero, como por ejemplo las pirámides, las grandes catedrales, una estación espacial en órbita o Internet. Para tratar con nuestra propia mortalidad nos sentimos obligados a crear obras o a emprender acciones que permanezcan tras nuestra muerte, que nos den una apariencia de inmortalidad.

En el prólogo de *La negación de la muerte*, el filósofo y escritor Sam Kean menciona:

Conseguimos una sucedánea inmortalidad sacrificándonos a nosotros mismos en la conquista de un imperio, en la construcción de un templo, en la creación de la sociedad de la información y el libre mercado global. Puesto que la tarea principal de la vida humana es convertirse en heroica y trascender a la muerte, cada cultura debe proporcionar

59

a sus miembros un intrincado sistema simbólico, que es encubierta-mente religioso.[9]

Al desarrollar el mito del héroe, como lo llamó el experto en religiones comparadas Joseph Campbell, hemos creado luchas personales y colectivas. Kean me explicó en una entrevista que cuando nuestra estabilidad emocional se ve amenazada, la existencia de visiones del mundo alternativas puede provocarnos que nos cuestionemos nuestras convicciones y creencias propias. Como vimos en la investigación de la TMT, eso puede llevarnos a sentirnos hostiles y a la defensiva hacia la gente distinta de nosotros (lo que los sociólogos denominan el *grupo de fuera*). Ese estar a la defensiva nos conduce a conflictos, incluso a guerras de religión, choques estatales y batallas raciales. En palabras de Kean, sufrimos una crisis de heroísmo:

> Nuestros heroicos proyectos que se encaminen a la destrucción del mal tienen el efecto paradójico de crear mayores males en el mundo. Los conflictos humanos son luchas de vida y muerte: mis dioses contra los tuyos, mi proyecto de inmortalidad contra el tuyo.

ADQUIRIR PERSPECTIVAS SOBRE LA MUERTE

Los estudios de la TMT muestran que los recordatorios sobre la muerte pueden ser perturbadores personalmente y perjudiciales socialmente. Y aun así, parece que hubiera formas de que nuestra consciencia de la muerte lleve a resultados psicológicos y conductuales positivos. Abordando la tercera hipótesis, la de la accesibilidad del pensamiento en la muerte, un grupo internacional de psicólogos sociales, dirigido por Kenneth Vail en la Universidad de Misuri, informó en la *Revista de psicología personal y social* que existen amplias evidencias que indican que «la gestión de la preocupación por la muerte tiene un papel clave a la hora de motivar a la gente para que sea fiel a sus virtudes, para que edifique relaciones afectivas y para que crezca de manera satisfactoria». Esto puede incluir también un compromiso renovado para hacer ejercicio o para llevar un estilo de vida saludable.[10]

Otras investigaciones señalan que puede haber barreras protectoras contra la ansiedad que lleven a conductas positivas que ratifiquen la vida. Ligar la consciencia de la muerte con valores como la tolerancia, el agradecimiento y la curiosidad por medio de visiones alternativas del mundo ayuda a que la gente se sienta menos amenazada frente a los recordatorios de la prominencia de la mortalidad. En el modelo de transformación de la visión del mundo está previsto este movimiento del «mí» al «nosotros». Se ha visto que las experiencias personales directas, como las cercanas a la muerte, incrementan los valores intrínsecos como el amor y la compasión, que se comparan con valores extrínsecos, como conseguir riquezas o éxito. De esta manera, las experiencias citadas parece que estimulen las conductas prosociales que aumentan el bienestar personal y colectivo.[11]

Dado lo fuertemente que afecta el miedo a la muerte a nuestras creencias y conductas, en unión con varios colegas quise investigar formas de transformar ese miedo de manera que la gente pudiese vivir una vida más plena. Para hacerlo, primero creamos un curso *online* en el que se revisaban diversas visiones del mundo relacionadas con la muerte y el más allá.[12] En él animábamos a que se realizasen debates de grupo y a que se compartiesen experiencias personales directas relacionadas con la muerte. Utilizamos pasajes de entrevistas con personas que representaban diferentes visiones culturales, espirituales y religiosas del mundo, lo que proporcionó a los participantes una oportunidad de examinar y desarrollar una valoración por diversas visiones del mundo.

Tras el curso, mis colegas y yo examinamos el impacto que había tenido en las visiones de la gente sobre la muerte y la vida ultraterrena. Para hacerlo, estudiamos datos de revistas y cuestionarios que habíamos enviado a los participantes antes de la formación y después. Les dimos dos recordatorios de la prominencia de mortalidad que habíamos utilizado en investigaciones previas —«¿Qué crees que le pasará a tu cuerpo cuando mueras?» y «¿Qué emociones suscita en ti el pensamiento de tu propia muerte?»— y les pedimos que respondiesen a esas preguntas en sus diarios. Analizamos el lenguaje que habían empleado en sus diarios antes del curso y después, y averiguamos que sus puntos de vista sobre la muerte habían cambiado considerablemente al final del curso. Los participantes se centraban menos en su cuerpo, se enfocaban menos en la muerte y era menos probable que utilizasen pronombres en primera persona cuando escribían sus diarios, lo que indica una reducción en su identificación personal con la muerte. Parecía que también mostraban mayor percepción de sí mismos y que lo que escribían contenía menos referencias negativas a la muerte como algo que haya que temer y rechazar.

Por ejemplo, antes del curso uno de los participantes respondió a la pregunta: «¿Qué emociones suscita en ti el pensamiento de tu propia muerte?» escribiendo: «Miedo de tener remordimientos, casi pánico a pensar qué sueños y talentos se hayan dejado incumplidos o desperdiciados». Tras el curso, esa misma persona escribió: «Mi espíritu estará rodeado de una atmósfera de amor y de paz, no sentiré remordimientos reales por lo que dejo atrás». Esta persona experimentó un cambio emocional global. Parece que el curso les dio a los participantes un cierto sentimiento de unidad cósmica y una preparación para su propia muerte.

Otro de los participantes manifestó un cambio de visión del mundo parecido. Antes del curso apuntó que «la emoción más destacada es la preocupación de no haber cumplido todo lo que me proponía hacer. ¿Qué pasa si no he hecho suficiente o si ha sido menos de lo que yo tenía que ser o que experimentar?». Después del curso escribió: «Estoy entusiasmado por la perspectiva de haber completado mi trayectoria vital y de que me encaminaré a nuevas aventuras».

Los comentarios sucesivos nos dicen que algunas personas habían profundizado sus perspectivas sobre la muerte con el curso, que los invitaba a una curiosidad con la mente abierta sobre la exploración de distintas visiones del mundo sobre la vida ultraterrena. Uno de los participantes apuntó:

Además del hecho de que mis creencias se han fortalecido, tengo un conocimiento mayor de las creencias de otras culturas, y me parece que he añadido ciertas piezas a las mías propias [...] De manera especial, quiero esforzarme por acercarme a las otras visiones del mundo y a la mía con humildad y respeto; deseo seguir permitiéndome una apertura y un espacio para que entre algo diferente.

Otro de los participantes dijo:

Mis experiencias y creencias personales son reales, como lo son las de la otra gente. No hay nada malo en no «saber» de seguro qué es la vida ultraterrena, pero, al compartir nuestros puntos de vista y nuestras experiencias, abrimos el diálogo de manera que siga apoyando la existencia de una vida más allá, independientemente de la variación de las perspectivas.

En esta investigación se indica que elevar la consciencia de la muerte en un entorno comprensivo e interesante es útil para suavizar los miedos de la gente y para aminorar su resistencia ante visiones del mundo que caen fuera de las propias, contrarrestando de este modo la patología cultural sobre la que Becker escribió tan poderosamente.

CAMBIAR EL MIEDO A LA MUERTE

El modelo de transformación de la visión del mundo predice que ocuparse con visiones del mundo distintas de las nuestras es una manera de enfrentarse a la muerte para transformar el miedo que le tenemos. Ha habido otra gente que, por medio de su experiencia personal, de sus creencias y prácticas espirituales y de su filosofía de la vida, ha afrontado su miedo a la muerte y lo ha transmutado en valores que afirman la vida.

Acoger la muerte para acoger la vida

Dean Ornish es un famoso médico y catedrático de medicina clínica en la Universidad de San Francisco, en California. Es fundador y presidente del Instituto para la Investigación de la Medicina Preventiva, organización sin ánimo de lucro. Su historia personal demuestra que acoger la muerte, en lugar de temerla y evitarla, nos libera para que tengamos vidas mejores. En una entrevista me dijo que cuando estudiaba en la facultad estuvo muy cerca de suicidarse:

Al principio me interesaba mucho hacer este trabajo. Estaba en una universidad pequeña y muy competitiva, en la que la mitad de sus estudiantes se habían graduado los primeros o los segundos de sus promociones en el instituto. También era la facultad con el mayor índice de suicidios per cápita del país [...]

Cuanto más me preocupaba hacerlo bien, tanto más difícil se me hacía estudiar; y cuanto más difícil se me hacía estudiar, tanto más duro se me hacía hacerlo bien. Me metí en ese círculo vicioso en el que, literalmente, no podía dormir durante toda una semana seguida y me volví tremendamente inquieto. Esa clase de privación del sueño ya basta por sí misma para volverte un poco loco.

Recuerdo que estaba sentado en la clase de física y que pensé: «¡Voy a matarme! ¿Por qué no lo he pensado antes? Eso acabará con todo este dolor» [...] De modo que hice planes para suicidarme: iba a saltar desde una torre. [Entonces] me di cuenta de que mis padres no iban a estar muy contentos, así que decidí emborracharme muchísimo y conducir mi automóvil contra el lateral de un puente, con lo que todo el mundo creería que estaba muy borracho y que no intentaba hacerme daño a mí mismo. Eso sería más fácil. Estaba un poco loco, pero en aquellos momentos me parecía que todo eso tenía mucho sentido. Esto ocurría en 1972. Entretanto, mi hermana mayor había estudiado yoga con un *swami* llamado Swami Satchidananda, un instructor ecuménico que había llegado a los Estados Unidos a mitad de los sesenta [...] Mis padres decidieron celebrar un cóctel para él, lo que en la Dallas de 1972 era muy extraño. De modo que vino a nuestra casa.

Hay una vieja enseñanza espiritual que dice que «cuando el alumno está preparado, el maestro aparece», y eso fue muy cierto para mí. Cuando el *swami* entró en el salón de mis padres y dijo que «nada puede darte una felicidad duradera», fue una validación, porque todo el mundo decía que «por supuesto que las cosas te harán feliz. Tú simplemente haz esto y lo otro y no hagas aquello, y entonces serás feliz». Me di cuenta de que eso no era cierto, y aquí estaba este hombre validando que [...] Yo creía que estaba listo para matarme y él estaba resplandeciente. Pensé: «¿Qué es lo que nos separa?».

Esta reunión con Swami Satchidananda fue el momento que transformó la vida de Ornish. Se dio cuenta de que la felicidad y la paz de espíritu vienen desde nuestro interior, no desde el mundo exterior. Esas cualidades son algo que ya tenemos y que no podemos perder. Me explicó que «una de las grandes paradojas de la vida es que corremos tras aquello que creemos que nos hará felices y que nos dará la paz, y con ello alteramos lo que ya existe».

Ornish descubrió también que la finalidad de muchas prácticas espirituales es calmar nuestros cuerpos y nuestras mentes para que podamos experimentar lo que ya tenemos dentro. Decidió probar con la meditación motivado por estas reflexiones, reconociendo que siempre podría volver a su plan inicial, el suicidio, si la práctica espiritual no funcionaba. Durante el progreso de la meditación empezó a tener vislumbres de paz y bienestar interiores. Fue el pórtico hacia la transformación personal del joven estudiante:

Como había estado tan cerca de matarme cuando estaba en la facultad, como estaba tan profundamente deprimido, empecé a hacerme de modo natural preguntas como: «¿De qué va la muerte?, «¿Uno solo cierra los ojos y se echa a dormir, o es algo más que eso?».

Empecé a leer vorazmente sobre el tema y comencé a tener mis propias experiencias. Cuando meditas lo suficiente, te das cuenta de que tenemos un cuerpo, pero que no somos nuestro cuerpo. Tenemos incluso una mente, pero no somos nuestra mente. Hay algo que sobrevive a la muerte, algo que va de un curso a otro, de un cuerpo a otro.

La paradoja, y lo he observado en mi propia vida, así como en la de muchísima otra gente con la que he trabajado los últimos treinta y cinco años, es que [...] hasta que acojas por completo a la muerte no podrás vivir de verdad plenamente. Es un lugar común, porque es cierto.

Justo cuando estaba a punto de enfrentarse de cabeza con la muerte, Ornish se encontró inesperadamente acogiendo la vida. Hoy día su trabajo se concentra en ayudar a los demás a vivir una salud óptima. Él atribuye su éxito profesional a su propio encuentro de cerca con la muerte.

La experiencia de Ornish cumple la descrita en el modelo de transformación de la visión del mundo: había pasado por un desequilibrio profundo, había tocado fondo. Y justo entonces descubrió a un maestro dotado y comenzó su propia práctica espiritual, que fundamentó su trabajo como médico y como científico. Intentó comprender lo que experimentaba en la meditación, y aquellas vivencias le ayudaron a comprender la muerte. Encontró el camino de vivir profundamente a través de su propio cambio de visión del mundo:

> La gente creyó que todo lo que he hecho en mi vida profesional era una locura, porque pensaban que era imposible, pero no lo habría hecho nunca si antes no hubiera estado tan cerca de morir [...]
>
> Cuando te interesa de veras aprender algo, ese algo tiende a tener más éxito [...] porque no aportas a ello todo ese miedo y toda esa ansiedad. Estás dispuesto a intentar cosas que los demás creen demasiado arriesgadas, todo porque has estado tan cerca de la muerte que deseas hacerlas. Cuando decidí no matarme, quise vivir tan plenamente como fuese posible, porque no podía vivir solamente la mitad de una vida.

Escoger la vida

Noah Levine, como Ornish, también fue una vez un suicida en potencia que anheló la muerte la mayor parte de su temprana vida. Creía, a cierto nivel, que la muerte le ayudaría a escapar del sufrimiento. Su padre había trabajado en un hospital para enfermos terminales, de manera que Levine estaba muy acostumbrado a la muerte. Luego, tras decenios de práctica budista, su relación con ella cambió «de querer salir de la vida a sentirme realmente contento de estar en el cuerpo». Hoy día, el autor de *Gamberradas del dharma** y de *Contra la corriente*

---

* N. del T.: en el hinduismo, *dharma* significa las conductas que se considera que están conformes con el orden que posibilita la vida y el universo.

es budista practicante y consejero. Enseña meditación budista en sus clases, talleres y retiros e instruye a grupos en centros de menores y prisiones sobre el papel de la concienciación para vivir bien. Ha estudiado con muchos maestros destacados, tanto de la tradición budista Theravada como de la Mahayana.

Al considerar el suicidio, a Levine no le pareció nunca que la muerte fuera un «apagar las luces». Tenía más bien el «conocimiento de que la muerte es solo una transición de una forma de existencia a otra, sin tenerle mucho apego ni miedo, sintiendo que es un cambio muy natural». Un principio esencial de su concienciación supone enfrentarse directamente con la muerte, reconociendo que nuestros cuerpos mueren y que no son quienes somos realmente. En muchas prácticas budistas, un ritual importante implica visitar terrenos funerarios para observar a los cuerpos en la cremación. Levine dice que «así como ese cuerpo se quema, también lo hará este mío al final. De modo que encuentra un lugar que no sea este cuerpo para refugiarte en un conocimiento espiritual» (examinaremos las prácticas de preparación para la muerte en el capítulo 6).

Para él, hoy día el suicidio no es parte del cuadro. Su objetivo es vivir plenamente y con un propósito. Durante una entrevista para el estudio sobre la transformación, subrayó la certeza que tenemos de la muerte junto con su momento incierto. Expuso que la doble naturaleza de la muerte le da una sensación de urgencia que tiene un efecto en cómo emplea su tiempo y en lo que hace con su vida. Dibujó una visión del mundo que incluye la reencarnación. Aclaró que si no haces tu trabajo, volverás en otro cuerpo, y otro, y otro, así hasta que «hayas hecho lo que hay que hacer, que principalmente es liberarse a uno mismo de las ilusiones, la avaricia, la aversión y la confusión». Continuó así:

El que yo reflexione mucho sobre la muerte me inspira a mi práctica [espiritual], así como también influye en mi práctica de decir «no sé cuánto tiempo me queda, de modo que será mejor que preste atención». Eso, en lugar de lo que hacía en mi vida temprana, cuando era del tipo «sí, claro, me encantaría cambiar esta existencia por una diferente». Ahora es más bien como «¡ay, no!, esta existencia es lo que se me ha otorgado, aquí está, no quiero cambiarla por otra». En realidad, me gustaría liberarme y no tener que seguir haciendo este ciclo; me encantaría tener la clase de experiencia liberadora de la que Buda habla, la de entrar en la inmortalidad y no seguir renaciendo.

Redefinir la identidad

Muchos maestros espirituales creen que podemos cambiar nuestros puntos de vista sobre quienes somos, y que hacerlo ofrece una entrada a la transformación de nuestra visión del mundo. Un aspecto de la muerte que provoca temor es la cuestión de la identidad personal: ¿quién, o qué, muere? Responder esa pregunta sobre lo que constituye una persona nos será útil para reformular nuestra relación con la muerte, como dice Satish Kumar. Kumar es un antiguo monje, activista ecologista y pacifista desde hace mucho, además de editor de la revista *Resurgencia y Ecología*, que me expuso su visión del mundo:

> Mi identidad, lo que llamamos la identidad pequeña —como mi identificación, mi nombre, mi nacionalidad, mi religión— no sobrevive a la muerte corporal. Eso son identidades menores. Si soy miembro del universo y miembro de la comunidad terrenal, y si soy parte integrante de la fuerza vital, esa es mi identidad, la auténtica, la identidad primaria.
> Mis identidades secundarias son que soy hindú, que tengo cierta edad, que nací en la religión jainista, etc. Todas ellas son identidades secundarias. No tenemos que tenerle miedo a perder identidades secundarias.

El modelo de transformación de nuestra visión del mundo nos dice que la transformación positiva nos lleva a cambiar, del reducido «yo» a un «nosotros» ampliado que nos conecta con algo mayor que nosotros mismos. Kumar se hacía eco de este concepto:

Nuestra identidad primaria es que somos miembros de la fuerza de la vida. Esa fuerza vital continúa; es eterna, infinita, dinámica.

Si nos volvemos estáticos en un cuerpo, no queremos morir nunca y tenemos miedo a la muerte, significa que estamos bloqueando la fuerza dinámica que siempre cambia. Si la bloqueamos, el mundo será un lugar muy aburrido.

Como Becker, Kean, Greenberg y otros, Kumar argumenta que el miedo que la gente tiene a morir conduce a comportamientos inadaptados; ese miedo bloquea el proceso de la transformación positiva de la visión del mundo. Para él, la clave para superar nuestro miedo a la muerte es una visión del mundo que sane nuestro distanciamiento del mundo natural. Describe el cambio desde las motivaciones externas hasta las motivaciones intrínsecas que nos ayudan a identificar nuestra verdadera naturaleza. Ampliar el sentido de nuestro yo y de quién somos realmente nos ayuda a conectarnos con una realidad más amplia y trascendente.

Queremos vivir para siempre, y como queremos vivir para siempre, queremos ser propietarios, queremos poseer, queremos controlar. Por lo tanto, queremos ser dueños de la naturaleza, queremos poseer la tierra, queremos poseer propiedades, queremos poseer gente, queremos poseer relaciones. Esto es lo que destruye el funcionamiento normal del cosmos. La Tierra es parte de ese cosmos [...]

Si ampliamos nuestra consciencia, si dilatamos nuestra mente y nos alejamos de este cuerpo, si comprendemos que toda la Tierra es nuestro hogar, que somos órganos del cuerpo completo de la Tierra y que el cuerpo de la Tierra es parte del todo cósmico, nuestras mentes se desarrollan. Y luego, como mente inmensa, tocamos la mente de Dios. Así es como podemos liberarnos a nosotros mismos y no poseer esta tierra, o esa relación, o esta casa, o aquel dinero. Mi, mío, para mí, yo, yo, yo...: esta clase de posesividad se desvanecerá. Y esa será la profunda y auténtica ecología.

El mejor amigo del miedo es la ignorancia, porque la ignorancia conduce al miedo... Elimina esa ignorancia y te darás cuenta de que somos parte de un todo continuo, una parte de lo que evoluciona. En el momento en que te des cuenta de eso, ya no tendrás miedo

Acoger nuestros dones

Michael Beckwith es el fundador y director espiritual del Centro Espiritual Internacional Agape, radicado en Los Ángeles. Agape es una comunidad transconfesional en la tradición Pensamiento Nuevo-Sabiduría Eterna de la espiritualidad, con miles de miembros a nivel local y ramas a nivel global. Las miras y la misión de Agape y sus ministros se basan en el principio de ser una presencia compasiva y beneficiosa en el planeta.

Beckwith compartió conmigo su filosofía sobre cómo trabajar hábilmente con el miedo a la muerte:

Conforme empezamos a dar nacimiento a la percepción espiritual, crecemos en el conocimiento de que todos los seres son uno, de que toda la existencia está conectada cósmicamente. Nos damos cuenta además de que tenemos más que suficiente de todo lo que es bueno y perfecto, incluso de la naturaleza de nuestra eternidad. No morimos nunca, porque nunca hemos nacido.

Vivimos nuestra encarnación humana, pero como seres espirituales somos parte de un continuo espiritual que tiene lugar en muchas dimensiones.

Cuando comprendemos que la vida sobre la Tierra no es permanente, que nuestra encarnación humana y la entrega de nuestros dones y talentos llegará a un punto final en algún momento desconocido, eso nos provoca un alto nivel de ansiedad. El ego humano —el sentimiento de ser un yo separado de la totalidad— se pone muy nervioso con la idea de cuándo se le acabará el tiempo. Entonces toma decisiones vitales basadas en tablas actuariales creadas para predecir la esperanza de vida según la edad, como si ese fuera el criterio principal.

Cuánto más sabio es descartar períodos de tiempo y hacer elecciones y tomas de decisiones desde la consciencia de «¿qué dones y talentos voy a cultivar y entregar antes de salir de esta esfera tridimensional? Mientras esté aquí, ¿cómo puedo ser una presencia benéfica en el planeta?». Esta forma de autoindagación vibra a una frecuencia mucho más alta que «¡me da miedo morir!».

Estar en el presente

Vivir en el momento ofrece alivio para el terror que mucha gente experimenta ante la muerte. El hermano David Steindl-Rast, a quien conocimos en el capítulo 1, me decía:

Los agonizantes están obligados a estar en el presente porque ya no tienen futuro. Cuanto más cerca se hallan de la muerte, tanto más tienen que estar en el momento presente. Uno de los aspectos del Ser que [el psicólogo Abraham] Maslow identificaba en la experiencia culminante era la belleza, porque estamos en contacto directo con el Ser —por una fracción de segundo nuestro pequeño ego se retira y nos olvidamos de él. Estar sencillamente presente donde estás permite que el poder transformador del universo te renueve. No tienes que hacer nada para envejecer, eso ocurre por sí mismo.

No tienes que hacer nada para digerir tu alimento, la naturaleza lo hace y tú no podrías hacerlo aunque quisieras. De modo que en realidad no tienes que hacer nada para crecer y transformarte espiritualmente, eso ocurre cuando no te pones por medio.

Lo que digo es que cuando vives en el momento presente estás tratando con algo que no está sujeto al tiempo. Vivimos en lo que T. S. Elliot llamaba «los momentos dentro y fuera del tiempo». Sabemos lo que el ahora significa, y el ahora no está en el tiempo; es una pequeña franja entre el pasado y el futuro. El ahora está más allá del tiempo.

Lee Lipsenthal también valoraba vivir en el momento, acogiendo a su yo más auténtico. Me dijo que no sentía miedo por su muerte inminente porque su forma de morir no era nada diferente de la forma en que había vivido:

> La belleza de lo que ya ha sido es suficiente. La gente cree que soy valiente porque hablo en público de cómo es eso de estar muriéndose. Para mí no es valentía, yo solamente me observo morir. A eso me dedico: yo enseño. Estoy por ahí con la gente, disfrutando de la vida, disfrutando del juego. Yo soy así. Ahora, simplemente, me estoy muriendo. Eso que se ve como valentía o resiliencia soy solo yo, muriendo. El «yo» no ha cambiado. Está claro que la entidad física está cambiando, tengo bultos en el cuello; pero el «yo» nuclear no ha cambiado.
> De modo que, para mí, esta resiliencia valiente es solo yo con cáncer. No sabría hacerlo de otra manera.

Encontrar amor sin condiciones

Tony Redhouse es un nativo americano,* sanador con sonidos, maestro espiritual, bailarín de danza de los aros y un artista que cuenta con una premiada discografía. Es el creador del yoga norteamericano nativo, practicante de la tradición nativa norteamericana y consejero de las comunidades nativas y de las organizaciones sanitarias conductistas, en las que enseña seminarios sobre su cultura. Es también un superviviente del cáncer. Para él, el amor sin condiciones —el amor sin juicios— es la mejor barrera protectora contra el miedo, incluso contra el miedo a la muerte:

> La única razón de que tengamos miedo es el juicio [...] En nuestra mente existe algún tipo de juicio porque no hemos cumplido ciertos criterios. Comparamos nuestro yo con alguna especie de ideal. Eliminar ese miedo, cualquier miedo, y especialmente el miedo a la muerte, significa ser capaz de comprender el amor sin condiciones, es ser capaz de acogerlo. Y ello vuelve a nuestro ser. Alguien dijo: ama a tu prójimo como a ti mismo. Cuando estaba en tratamiento médico, que

---

* N. del T.: por motivos de «corrección política» ese es el término que se utiliza hoy en los Estados Unidos para referirse a los pueblos aborígenes de América.

duró cuarenta y ocho semanas y que suponía algo de quimioterapia, me miré al espejo y me vi enfadado. Estaba disgustado y deprimido. Mi nivel de energía estaba abatido.

Yo solo quería meterme bajo las mantas y dormir todo el rato. En aquel tiempo, un día finalmente me levanté, me miré a los ojos en el espejo durante muchísimo rato y dije: «Tony, me encanta cómo eres, me encanta todo por lo que has pasado, todas las relaciones, todos los fracasos, todas las penas, cada celebración, cada éxito. Me encanta cómo eres, exactamente como eres. No tienes que cambiar nada, te acojo sin condiciones».

Cuando puedas descubrir que el amor sin condiciones no tiene juicio alguno, cuando puedas acoger todo lo que eres en un momento, incluso en un segundo, mira al espejo y di: «Me encanta, me encanta cómo eres, incluso con todo aquello por lo que has pasado en tu vida —divorcio, adicciones, todo—. Te amo totalmente». Eso destruye el miedo a la muerte.

Comunidad solidaria

Para el médico Gerald Jampolsky, claves para curarnos del miedo a la muerte son el amor y la solidaridad. La soledad y el aislamiento social pueden llevarnos a una muerte temprana, y aferrarse a viejas cargas emocionales puede conducirnos al sufrimiento. Jampolsky nos ofrece la sanación actitudinal, y nos explica que es «un método de sanación transcultural útil para eliminar bloqueos autoimpuestos, como los juicios, los reproches, la vergüenza y la autocondenación que impiden experimentar amor, paz y felicidad duraderos».[13]

La gente que padece enfermedades potencialmente mortales puede estar llena de pánico y tener miedo a morir. Dice Jampolsky que este sufrimiento se puede transformar cuando esta gente participa en una comunidad solidaria que fomente el amor y el perdón:

Están en un grupo de gente semejante, donde prestan ayuda tanto como la reciben y donde averiguan que «cuanto más amor doy, tanto más capaz soy de estar en el presente».

Se están saliendo del viejo paradigma de que el pasado va a predecir el futuro. Aprenden a vivir en el momento. Aprenden a perdonar, porque cuando no perdonamos se crean toxinas en nuestro cuerpo que nos llevan a hacernos daño. Si no perdonamos, nos aferramos a la rabia que sentimos hacia alguien y, muy frecuentemente, hasta en la agonía los medicamentos como la morfina no son útiles, porque el dolor sigue estando ahí. Sin embargo, si se abren a la posibilidad de buscar dónde no se han perdonado a sí mismos, o a los demás, de repente el medicamento empieza a funcionar [...]

El propósito de nuestro grupo es practicar el perdón y darlo, no el de formular juicios.

Según damos, así recibimos. Los beneficios provienen de estar realmente en el presente, no de hacer preguntas que suscitan el miedo de lo que vaya a ocurrir mañana, o de qué sucederá cuando el médico vea por los rayos X que he empeorado. En lugar de eso, nos enfocamos en [...] darnos cuenta de que cuando estás en una cama de hospital y la gente viene a verte, muchos de ellos tienen miedo y les asusta decir algo equivocado.

Es posible que muchas personas no vengan a verte, y que te preguntes si es que te están rechazando, cuando la realidad es que se sienten temerosas. Más que disgustarte y enojarte porque los viejos amigos no vienen a verte, envíales amor y empieza a sentir paz y unidad, no separación. Así que es una forma de vivir la vida totalmente nueva.

RECOPILACIONES

La teoría de la gestión del terror sostiene la hipótesis esencial de que nuestro miedo a la muerte está enterrado bajo el umbral de nuestra percepción consciente. Tanto el terror ante la muerte como los heroicos impulsos de vencerla están ligados a nuestra visión del mundo. Sacar a relucir la muerte en nuestra percepción consciente, y también cómo evitamos temerla, hace que profundicemos en nuestra autoindagación. Conforme empecemos a sacarla fuera del territorio de lo tácito, podremos incorporar mejor nuestro conocimiento en nuestra experiencia diaria. Permanecer en el presente nos ayuda a no tener miedo. Sin esforzarnos por ello podríamos salirnos de nuestro propio camino cuando nos enfrentemos a lo inevitable.

Los datos de los experimentos sobre psicología social y el modelo de transformación de la visión del mundo indican que la consciencia de la muerte hace que la gente vuelva a establecer su escala de valores acerca de sus objetivos vitales, que amplíe su autoestima y su identidad, que evite hacer daño a los demás y que fomente la armonía social. Al examinar nuestra visión del mundo, y la de los demás, sobre la muerte, nos volvemos más creativos, más innovadores y flexibles en nuestra relación con nosotros mismos, con nuestra comunidad y con el mundo en que vivimos. Examinar las visiones del mundo sobre la muerte se convierte en la base desde la que podemos reflexionar acerca de nuestra propia resistencia potencial al cambio fundamental, y se vuelve el punto de salida de la transformación de nuestra visión del mundo.

Si tratamos la muerte como el gran misterio, podremos llegar a verla como una aventura y una oportunidad de vincularnos con lo desconocido. Si en lugar de negar la muerte creamos una consciencia positiva a su alrededor, nos abriremos a un conocimiento nuevo de nosotros mismos y de los demás. Aprender y valorar las profundidades de la experiencia humana puede ser una entrada hacia nuestra propia evolución. En el capítulo siguiente examinaremos la naturaleza de las experiencias personales de la muerte, tanto las directas como las cercanas a ella, y tendremos en consideración su papel como catalizadoras del crecimiento y el bienestar profundos y duraderos.

◆ PRÁCTICA ◆
Solo ser

La ciencia nos muestra que la autoestima es una poderosa barrera de protección contra el miedo a la muerte. Para traer esta herramienta a tu vida, empieza con este sencillo ejercicio.

Siéntate en silencio. Pon una pequeña sonrisa en tu cara. Siente los músculos de las mejillas cuando mantienes una intención positiva.

Al sonreír, lleva a tu mente una cualidad o una característica positiva de ti mismo (por ejemplo, «soy creativo», «soy divertida», «doy buenos abrazos», «soy inteligente»...). Empieza a respirar con ese pensamiento de tu cualidad positiva. Sigue sonriendo mientras disfrutas del aspecto positivo de quien eres y de cómo te sientes contigo mismo.

Emplea unos momentos en absorber esta experiencia y siente la bondad que te inunda. Luego utiliza tu diario para registrar todos los sentimientos, sensaciones o percepciones personales que se susciten en ti.

Si te resulta cómodo, comparte lo que hayas descubierto con un familiar o con un amigo e invítalos a reflexionar sobre sus propias cualidades positivas. De esta manera podréis empezar a formar juntos una comunidad solidaria que pueda hacer que tu autoestima aumente y que sea útil para transformar cualquier reacción negativa que puedas tener frente a la muerte.

CAPÍTULO 3

VISLUMBRES MÁS ALLÁ DE LA MUERTE Y DEL MUNDO FÍSICO

Experiencias noéticas... estados de percepción, insondables para el intelecto divagador. Todas ellas permanecen incoherentes y, sin embargo, acarrean consigo una extraña sensación de autoridad.

WILLIAM JAMES

Simon Lewis era un productor cinematográfico en ascenso. Con la producción de la película *Mira quién habla* en su haber, había llegado a un acuerdo para producir la próxima película de Nick Nolte, y su producción *Viejos amigos*, realizada para la HBO, había ganado varios premios Emmy. Y de repente se vio obligado a cambiar de vida:

Una noche, cuando me dirigía a una cena, una gran furgoneta que viajaba a unos ciento veinte o ciento treinta kilómetros por hora se pasó una señal de stop, chocó con mi automóvil y lo arrastró contra el bordillo. Mi coche voló y golpeó un árbol en el aire. Esto ocurrió a menos de dos kilómetros del centro médico Mount Sinai, uno de los mayores hospitales de Los Ángeles. Varios profesionales paramédicos habían terminado su turno y se dirigían a sus casas cuando presenciaron el accidente. Le dijeron a la policía que no había supervivientes en el automóvil y que yo estaba muerto.

El lugar de consciencia pura que yo experimentaba estaba comprendido en los niveles más profundos de coma que se pueden medir, que se llama Escala de coma de Glasgow 3 (el mínimo en todos los parámetros). Estuve así durante un mes, sin esperanzas de sobrevivir [...] Cuando salí del coma, reconocí a mi familia, pero no recordaba nada de mi pasado. De hecho, pasaron varias semanas hasta que empezaron a volver algunos fragmentos de mi memoria.

Me vino un recuerdo del coma en el que un protector viajaba conmigo por este espacio interior, a través de este viaje al infinito. Muy despacio, en mitad de la noche, se me ocurrió quién era ese protector. Me di cuenta de que era mi esposa. Me sentía muy complacido y le comuniqué la buena noticia a la enfermera de noche, que venía a darme la vuelta cada veinte minutos.

Mi madre vino al hospital la mañana siguiente. Me explicó que no siempre había estado en esa habitación y en esa cama. La razón de que estuviese en esa habitación y en esa cama era porque yo había tenido un accidente. Antes de esa habitación y esa cama, era realizador cinematográfico y estaba casado con Marcy, que había muerto instantáneamente en el choque. Durante el mes que pasé en coma la habían enterrado en Phoenix, en el estado de Arizona.

De manera que había perdido todo lo que realmente me importaba más. Y eso me hizo empezar este viaje por la consciencia para averiguar qué nos hace ser quienes somos, para ver si podía recuperar quien había sido, y también para encontrar una razón para seguir adelante.

Lewis había tenido lo que William James llamó una *experiencia noética* —un encuentro personal directo con la muerte y el mundo más allá de lo físico— que transformó su vida. Yo he estado persiguiendo esas insondables fuentes de iluminación durante muchos años, a través de mi vida y mi trabajo. Una y otra vez, he encontrado un apoyo claro sobre la validez que tienen esas experiencias a la hora de moldear y transformar nuestras visiones del mundo de una manera positiva que apueste por la vida.

Las experiencias noéticas trasladan a la gente desde un punto de vista estrictamente materialista sobre su existencia a uno que tiene inefables dimensiones espirituales, o místicas. Hay muchas personas que hablan de estados de consciencia de gran riqueza y atractivo que conforman su conocimiento de la muerte y de lo que puede haber más allá. Los encuentros de la gente con lo trascendente ofrecen un tipo de metodología personal para comprender el poder transformador de sus propias experiencias interiores. Esos encuentros son un modo de conocer la realidad que trasciende la lógica y la razón. En el contexto de la muerte y del morir, tales experiencias pueden ser dolorosas, ya que sacuden a la gente de su situación natural estable. Los encuentros noéticos con la muerte ofrecen también inspiración, esperanza y concienciación frente a la transformación definitiva de la vida.

UN PERIPLO NOÉTICO

Lewis había tenido una experiencia noética que implicaba estados alternativos de consciencia. Aunque nunca quiso tener esta experiencia, fue capaz de utilizar el recuerdo del tiempo que pasó en coma profundo para transformar el sentido que tenía de su encarnación y su conocimiento de lo que para él es verdadero.

Conforme narraba su experiencia, planteó la cuestión de la epistemología, o de cómo sabemos lo que sabemos. Él no reconoció a su esposa como tal; ella era más bien una presencia que lo guiaba de regreso a un estado despierto:

Yo viajaba en una lancha a través de una antigua arboleda y oía el sonido de la lluvia que tamborileaba en el techo de la cabina. Había una persona en el muelle, con la que sabía que estaría a salvo solo con que pudiese subir para estar con ella. Pero no sabía de forma definida quién podría ser esa persona. Así era mi sentido de la memoria en el nivel más profundo del coma que llamo espacio interior.

Conté todo lo que me ocurrió allí como algo a la vez nuevo y conocido, lo que parece imposible. Nada puede ser nuevo y conocido a la vez. Pero lo es, es posible dentro del nivel más profundo de la consciencia.

En ese nivel profundo, todo lo que experimentas se crea desde un nivel de consciencia aún más profundo, que se extiende hacia abajo hasta el infinito. Normalmente uno por sí mismo no puede mirar hacia abajo la pendiente de la consciencia y verla, porque, por definición, uno la observa desde un nivel de consciencia más alto. Habitualmente uno no puede ver su propio subconsciente.

La visión del mundo de Lewis había cambiado, con lo que pudo abrirse a una nueva ontología, o conocimiento, de lo que es real y significativo para él. A través de su experiencia personal directa experimentó una transformación profunda. Sus palabras indican que no solo existen distintas maneras de conocer y experimentar la realidad, sino que, de hecho, también pueden existir realidades diferentes que coexistan. Lo desarrolló para mí de la siguiente manera:

¿Que cómo cambió eso mi visión del mundo? Existen niveles diferentes. Desde la memoria de la raza, que se transmite a través de las generaciones, y desde el espacio interior, llegué poco a poco a través de esos pasos infinitesimales —son gradientes suavísimos— a un tiempo plano que me llevó a ver la consciencia como un continuo. No olvidaré nunca cuando vi el río del tiempo, eso ha cambiado de veras mi vida. Creo que cuando vi mi propio subconsciente, vi que el tiempo se detenía. Eso ha estado siempre conmigo, porque me he dado cuenta de que mi subconsciente no sabe qué día es. Habitualmente sabe si es de día o de noche, pero no sabe la fecha ni la hora. Solo conoce el ahora infinito que es donde habita la consciencia. Esto ha cambiado mi vida por completo [...]
La pendiente continúa cuando morimos. Yo seguí y me di cuenta de que la mente es siempre curiosa. Adónde vaya esa curiosidad en el momento en el que el cuerpo muere... es incognoscible. Lo que yo experimentaba, en el estado de consciencia de la Escala de coma Glasgow 3, era una travesía constante de panoramas que seguían abriéndose uno tras otro.

La dinámica de descubrimiento personal de Lewis le mostró que lo genuino de la realidad se ve afectado por las experiencias que vivimos y por los puntos de vista que mantenemos. Como insinuó William James hace más de cien años, las experiencias noéticas pueden ser más reales que las reales. Existen llamativos relatos de esas experiencias que indican que nuestra percepción actual del mundo es solamente un subconjunto limitado de lo que parece ser posible. Hay mucha gente que, como Lewis, ha relatado experiencias cercanas a la muerte que hablan de un mundo que reside más allá de lo material y físico. Esta gente asegura que ha sido transformada personalmente por esas experiencias. Abrirse a una perspectiva que nos invite al conocimiento directo y a la experiencia subjetiva es esencial para la transformación de nuestra visión del mundo.

CATALIZADORES DE LA TRANSFORMACIÓN

Hay muchas cosas que conforman lo que creemos cierto en nuestras vidas. Por ejemplo, el empirismo sensorial es el método para conocer la realidad objetiva en la que se basa la ciencia moderna. Desde esta perspectiva, lo que es cierto es lo que podemos experimentar y medir con nuestros cinco sentidos. Desde esta lente de percepción somos capaces de definir la realidad basándonos en su naturaleza física, somos reales en cuanto a nuestra propia encarnación. Pero otras dimensiones pueden estar excluidas de la visión científica del mundo, o ser vistas por ella como algo irreal. Normalmente, la ciencia y la medicina tradicionales tratan los estados místicos y el conocimiento contemplativo o intuitivo como el resultado de la ilusión, o de la superstición. Aun así, las percepciones y experiencias que van más allá de las fáciles explicaciones físicas desempeñan un poderoso papel en la manera que tiene la gente de comprender la muerte y lo que puede haber después.

El modelo de transformación de la visión del mundo nos dice que tales percepciones inefables pueden llegar a catalizar cambios en nuestra percepción de la realidad. También es posible que dichas experiencias permanezcan ignoradas o inexploradas, dependiendo de las circunstancias de la vida de la persona, de su consciencia y de sus mecanismos de defensa cognitiva. Aportar intención y consciencia a nuestra visión del mundo sobre la muerte puede convertir una experiencia dolorosa en un don; puede llevarnos a alteraciones en nuestros objetivos, valores y prioridades.

Como aprendimos de la investigación sobre la teoría de gestión del miedo (capítulo 2), nuestra consciencia de la muerte puede conducirnos al terror existencial. Y también, bajo las condiciones adecuadas, puede llevarnos a decisiones y experiencias que nos mejoren la vida (examinaremos algunas de esas condiciones en los capítulos siguientes). La experiencia de Simon Lewis en las profundidades del coma, por ejemplo, lo llevó a reestructurar su propia visión del mundo. Esa experiencia, tan cargada existencialmente, le ofreció la oportunidad de restaurar y reorganizar la percepción de sí mismo y de su lugar en el mundo; y lo más importante es que esos cambios en su vida han sido a largo plazo. Su experiencia lo condujo a un cambio de identidad que le ofreció un sentimiento de interdependencia y unidad. Su visión del mundo se amplió a raíz de la crisis. Como se predice en el modelo de transformación de la visión del mundo, Lewis ha sido motivado también a utilizar su experiencia para ayudar a los demás a trascender su miedo a la muerte.

VÍNCULOS MÁS ALLÁ DE LA MUERTE

Jean Watson es una catedrática destacada y decana emérita de la Facultad de Enfermería de la Universidad de Colorado, en Denver, así como fundadora del Instituto Watson de Ciencias del Cuidado Sanitario. Al igual que Lewis, tuvo su propia experiencia noética, la que supuso la muerte de su padre cuando ella tenía dieciséis años:

Murió repentinamente de un ataque cardíaco. Yo estaba en el instituto, así que no lo presencié. Cuando fui a casa, ya no estaba allí; estaba muerto y se lo habían llevado. Tenía permanentemente la obsesión de querer verle para decirle adiós. Recuerdo aquello como algo muy sin terminar; todo lo que quería era ver a mi padre otra vez. Claro está que lo vi en el funeral, pero eso no era lo mismo. Yo solamente tenía el deseo de verlo de nuevo.

La misma noche de su funeral vino a mi habitación. Me dio un susto de muerte, yo era una muchacha. Recuerdo que miré hacia arriba y lo vi, lo vi totalmente como una aparición en el umbral de mi puerta. Estaba sobresaltada; cerré los ojos, me metí bajo las mantas, miré otra vez y él seguía allí. Era escalofriante y también tranquilizador, como si hubiera venido a decirme que todo estaba bien.

Como estaba asustada por la visión de su padre, Jean fue en busca de un consejero en quien poder confiar. Le preguntó a su profesor de biología si él creía que fuera posible ver a la gente cuando ha muerto. Tal como lo recuerda, «me dijo que sí podíamos, me tranquilizó mucho». El profesor ayudó a Watson a comprender su experiencia noética e incorporarla en su visión del mundo. La experiencia le ayudó a liberarse del sentimiento de desvinculación con su padre y le ofreció consuelo.

De joven, cuando era una estudiante de enfermería en clase de biología, Watson se cruzó con la idea de que la energía ni se crea ni se destruye. Este concepto le fue útil para comprender la naturaleza de la muerte, y con ello comenzó a replantearse su visión del mundo. Compartió conmigo la transformación que vino desde ese salto conceptual:

Si alguien muere, la energía, su alma, está todavía ahí fuera, en algún lugar del universo. Para mí, personalmente, aquello fue una experiencia formativa, en lo que se refiere a estar de este lado del velo, y no del otro.

Más recientemente, mi esposo también murió de repente, se suicidó. Fue muy apabullante, cuando menos. Un fenómeno parecido [al que tuve con mi padre] le ocurrió a mi nieto cuando estábamos sentados en la ceremonia conmemorativa. No hacía más que echar la cabeza para atrás, creí que era porque le avergonzaba que yo tuviese mi brazo sobre sus hombros. Pero vino a mí después del funeral y me dijo que quería hablar conmigo y que no quería que nadie le oyera. De modo que fuimos a mi habitación y me dijo que cuando el oficiante empezó a hablar, él vio a su abuelo en el techo de la sala. Lo describía como si fuese una constelación y [dijo] que intentaba decirle algo. Echaba la cabeza para atrás porque no estaba seguro de ver lo que veía. Fue la misma experiencia que yo tuve de adolescente.

Intentar que tales experiencias noéticas tengan sentido puede ser muy retador, cuando quedan fuera de la visión del mundo corriente en nuestra predominante cultura occidental. De hecho, experiencias así se han procesado frecuentemente como enfermedad por el colectivo de la salud mental, que puede no ver su potencial de transformación. A algunas personas, aprender a situar tal información en una nueva visión del mundo puede ayudarles a remodelar su conocimiento de lo que constituye una vida valiosa y con significado; de esa manera se puede atenuar su miedo a la muerte. Watson ayudó a su nieto, lo mismo que su profesor de biología le había ayudado a ella años atrás. Más tarde, encontró a otro maestro que le ayudó con la pérdida de su esposo:

Lo único que proporcionó sentido a las experiencias que yo había tenido ocurrió cuando estaba en un seminario con un anciano nativo americano. Le pregunté sobre ello. Dijo que todos nosotros venimos del mundo espiritual, que estamos aquí por un período de tiempo dado en el plano terrestre para que el alma complete un trayecto. Cuando esa misión del alma se ha terminado, volvemos a casa en el mundo espiritual.

Nuestro propósito puede ser muy grande o muy pequeño. Puede ser tan simple como estar en cierto lugar para ayudar a una anciana a cruzar la calle. Si entonces es cuando se completa la misión de nuestra alma, volvemos a casa. Yo trataba de ser discreta en aquel momento, y le pregunté: «Bien, ¿y qué pasa si el alma va a casa prematuramente?». Él me contestó: «Esa palabra, *prematuramente*, es tuya». Dijo que todos estamos muriendo, que todos elegimos cuándo nos vamos, que elegimos cuándo venimos, que elegimos cuándo regresamos. Ellos no tienen en su idioma una palabra específica para suicidio.

Estas experiencias, ocurridas a lo largo de los años, han configurado el autoconocimiento de Jean Watson; han conducido su cambio de valores y sus creencias respecto al mundo. Ambas experiencias pusieron a prueba su visión del mundo y la llevaron a ampliar lo que tiene por cierto sobre la vida y la posible supervivencia del espíritu tras la muerte corporal. Aunque fueron traumáticas en su momento, incorporar esas experiencias noéticas a su sistema personal de significados amplió su sentido de posibilidad y de propósito:

Todas estas experiencias, desde aquella de la adolescencia hasta más recientemente con mi esposo, me han configurado. Es posible que también hayan abierto mi tercer ojo para hacerme más consciente del otro lado y del adelgazamiento del velo: reconocer que hay tanto a lo que podemos estar abiertos y que no conocemos.

EL POTENCIAL TRANSFORMADOR DE LAS EXPERIENCIAS CERCANAS A LA MUERTE

Las experiencias noéticas pueden ocurrir con ocasión de la muerte de alguien a quien conocemos, como fue el caso de Jean Watson. Otro tipo de experiencia noética es la de la *experiencia cercana a la muerte*, en la que somos nosotros quienes morimos, o nos quedamos cerca de morir, para volver después a la vida.

Encontrar un lugar nuevo en el universo

Joe McMoneagle no es una persona a la que asociarías con el misticismo. Fue oficial de Inteligencia del ejército de los Estados Unidos, prestó servicio en Vietnam y cumplió sus deberes de alto nivel de seguridad en el mando de Inteligencia y Seguridad del ejército de los Estados Unidos. Después, tras sus experiencias noéticas, fue enrolado para participar en el proyecto ultrasecreto de inteligencia psíquica conocido ahora como Stargate Project.[1] Con anterioridad a su trabajo en el Stargate Project tuvo dos experiencias cercanas a la muerte que moldearon su visión del mundo en formas que optasen por la vida. En el primer caso estaba en Austria, en una cena con su esposa y un amigo. Como empezaba a marearse, se disculpó para salir del restaurante:

Cuando salía por la puerta principal, hubo como un estallido, como si alguien hubiera chasqueado los dedos, y me vi de pie en una calle de adoquines. Llovía, y la lluvia pasaba a través de mis manos. «Esto es muy llamativo», pensé. Miré hacia atrás y había un cuerpo atravesado a medias en la puerta giratoria del restaurante. Me di cuenta de que se parecía mucho a mi cuerpo. Mi amigo, que había traído a mi esposa al restaurante, había salido fuera y arrastrado aquel cuerpo a su regazo; le daba puñetazos en el pecho (en 1970 no se conocía lo que era una resucitación cardiopulmonar, o CPR). Luego supe que había comenzado a sufrir convulsiones, que me había desplomado y me había tragado la lengua. La solución que a mi amigo se le ocurrió fue seguir dándome puñetazos en el pecho.

Metieron mi cuerpo en un automóvil y corrieron a llevarme al hospital en Passau, en Alemania. Eso llevó un cierto tiempo, porque estábamos a unos sesenta kilómetros de distancia. Para cuando llegaron al hospital, hacía un rato que no respiraba y mi corazón se había detenido. Yo los miraba [...] mientras flotaba al lado del automóvil. Vi cómo me cortaban la ropa en la sala de urgencias y me metían agujas en el pecho. Yo había llegado a la deriva hasta el techo, en el estado «fuera del cuerpo». Sentí calor en la parte de atrás del cuello y creí que serían las luces brillantes cercanas. Me giré hacia ellas y me caí de espaldas en un túnel; fui acelerando por ese túnel y, cuando llegué al final, me vi envuelto en una luz cálida y brillante.

Lo que McMoneagle relataba es una típica experiencia cercana a la muerte. Aunque fue inquietante vista desde fuera, el suceso le abrió a profundas percepciones espirituales:

Conocí instantáneamente todas las respuestas al universo. Supe que estaba en presencia de Dios porque eso era lo que tenía que ser. Estaba inundado de amor y de paz. Entonces dijo una voz: «No puedes quedarte, tienes que volver». Discutí con ella: «No, no me voy a ningún sitio». Y luego hubo otro estallido, otro chasquido; me senté y estaba desnudo bajo una sábana.

Miré alrededor, había un alemán echado en la cama de al lado. Yo había estado en coma unas veinticinco horas. Estaba muy nervioso y empecé a decirle: «Dios es una luz blanca, tú no puedes morir». El alemán salió corriendo y vino con el médico, que me puso un sedante.

Me desperté un poco después. Me llevaban a Múnich para ingresarme en una residencia de reposo donde comenzarían a realizar estudios cerebrales. Estaban seguros de que me había vuelto loco y que padecía de daños cerebrales debido a la falta de oxígeno. Sin embargo, tras dos semanas averiguaron que no tenía daño cerebral alguno.

No obstante, no era capaz de compaginar los acontecimientos. Tenía experiencias espontáneas de estar fuera del cuerpo, oía conversaciones que ocurrían cuatro habitaciones más allá, era capaz de leer las mentes de las personas que entraban en la habitación... Me sentía físicamente disperso. Perdí totalmente el miedo a la muerte, algo que detectaron los militares.

Al final me dejaron salir de la residencia de reposo. Me pasé siete años fuera del país haciendo varios trabajos muy extraños, porque no le tenía miedo a la muerte. Durante mucho tiempo, hasta 1985, creí que la luz blanca era Dios y que uno no puede morir, que uno sobrevive a la muerte.

McMoneagle tuvo una segunda experiencia cercana a la muerte en 1985, cuando sufrió una coronariopatía masiva. Mientras moría, planeó salir de su cuerpo e ir hacia la luz que había visto antes:

Quería experimentar la muerte conscientemente, [experimentarla] de manera muy consciente, pero eso lo frustraron los médicos.

[...] Durante la agonía era capaz de ver la luz, pero no de ir hacia ella. Por alguna razón curiosa no puedo explicar por qué, simplemente que no se me permitía hacerlo. Pero podía ver la luz, y podía ver que tenía bordes. Eso me creó un enorme problema filosófico, porque mi definición de Dios es que es un ser ilimitado, y un ser ilimitado no puede tener bordes.

Como consecuencia de su segunda experiencia noética, McMoneagle empezó a examinar las particularidades de su visión del mundo. Estuvo analizando sus experiencias muchísimo tiempo, como es el caso de mucha gente que ha empezado el trayecto de transformación. Tras más de un año llegó a la conclusión de que la luz es lo que somos cuando dejamos de ser seres físicos. Esta conclusión le llevó a un conocimiento nuevo del tiempo y del espacio:

Creo que, en cierto sentido, nos transformamos en una forma casi pura de energía. En ese estado de pura energía nos fusionamos con todo el conocimiento que hayamos recogido en todas nuestras formas, en todas las muchas vidas que hemos vivido. Creo en vidas múltiples, no en vidas repetidas. No creo que hayamos nacido a la vida de forma lineal, sino que vivimos múltiples vidas simultáneamente. Así que cuando terminamos de ser seres físicos, todas esas vidas se funden entre sí, todo ese conocimiento se junta de golpe. La razón de que supongamos que la luz es Dios se debe a que todo ese conocimiento juntándose es muy sobrecogedor, tanto que simplemente suponemos que eso debe de ser lo que Dios es.

Es el umbral inicial de algo que llamamos vida tras la muerte, pero es la vanguardia de la pérdida de identidad. El motivo de que volvamos de una experiencia cercana a la muerte es un mecanismo de supervivencia, que establece que no podemos perder en absoluto nuestra identidad. La verdadera vida tras la muerte es una pérdida de identidad; es una reintroducción en lo que sea que es la más pura forma de energía, de la cual está hecha toda la creación y toda la materia. ¿Nos transformamos en el origen de otra estrella, o algo parecido? No lo sé.

Mi consciencia está dispersa en el espacio-tiempo, porque el espacio-tiempo es una ilusión. Cuando dejo de ser físico, cuando muero físicamente, dejo de ser algo físico en todas esas manifestaciones. Toda esa experiencia confluye simultáneamente. Ahora bien, el motivo de que seamos físicos es recoger conocimiento y experiencia. Si eso es cierto, ahora tú y yo tenemos una experiencia. Bien, si eso es cierto, la experiencia que tengo aquí y la que tú tienes ahí es bastante pobre, porque yo solamente tengo la mitad de ella y tú la otra mitad. Pero ¿qué pasa si en realidad los dos somos lo mismo? Entonces tenemos una experiencia completa, pero no lo sabemos hasta que dejamos de ser físicos. En un sentido físico no lo comprendemos, pero debemos tener la experiencia por medio de interpretar nuestros papeles. Dicho con otras palabras, en lo físico estamos encarnados en muchas vidas. Por medio de la muerte, o del abandono de lo físico, toda la realidad relacionada con lo físico deja de existir. Todas las manifestaciones dejan de ser simultáneas y todo se reúne en un conocimiento del universo.

La experiencia de McMoneagle es otro ejemplo de cómo podemos transformar el trauma de las experiencias con la muerte en un encuentro positivo, que señale un sentido más amplio de lo que es posible más allá de nuestra encarnación. Como los otros que han relatado experiencias cercanas a la muerte, él halló una entrada hacia el crecimiento personal, que se aleja de un enfoque primario en mejorarse a uno mismo y se encamina hacia comportamientos sociales solidarios y significativos. Como indican las investigaciones sobre las trayectorias positivas de la gestión del terror y de la transformación de la visión del mundo, las experiencias que tuvo McMoneagle le guiaron a reorganizar objetivos y prioridades, poniendo los intrínsecos por delante de los extrínsecos. Cambió su punto de vista desde un «yo» pequeño hacia un «nosotros» mayor, interdependiente. Como él mismo explicaba:

Es importante comprender que lo que yo te hago a ti, particularmente en este momento, me lo hago a mí mismo. Ese es el conocimiento esencial. De manera que el karma real es que todo lo que haces, te lo haces a ti mismo. Esta es la forma de conocimiento más verdadera. Todo lo que yo le haga a cualquier ser vivo, me lo hago a mí mismo. Es el conocimiento más verdadero, porque cuando sales de la realidad física toda esa realidad física desaparece; ya no formas parte de ella; renuncias a tu identidad. Lo que me interesa es que sin que importe de qué estructura teológica o de qué creencias vengas, el único argumento básico real se vuelve el argumento básico para la identidad.

El caso cercano a la muerte de Pam Reynolds

Quizá uno de los casos más espectaculares de experiencias cercanas a la muerte es el de Pam Reynolds. Tuvo un aneurisma en una zona del cerebro que era difícil de operar. Los cirujanos estaban preocupados por el hecho de que, si intentaban operar en esa zona y fracasaban, el aneurisma podía estallar. Era probable que Pam estuviese muerta antes de que fuesen capaces de repararlo. De manera que utilizaron un método de cirugía radical que no estaba aún bien documentado en aquella época. Dean Radin, científico principal del Instituto de Ciencias Noéticas, nos relata el procedimiento:

Primero enfrías el cuerpo; luego abres una vena. Lo que se hace, fundamentalmente, es extraer toda la sangre del cuerpo. En este caso, pones al paciente sobre una mesa inclinada, de manera que no haya sangre en el cerebro; eso reduce la tensión arterial. Entonces pueden proceder a la cirugía, reparar el aneurisma y dejar que la sangre fluya de nuevo.

Cuando lo haces, el cuerpo se ha enfriado a quince grados y medio, y al final entra en un estado de choque y luego de parada cardíaca. Eso sería como un nivel de la muerte. Vacías toda la sangre del cuerpo, luego el cuerpo está verdaderamente muerto. Es como una muerte doble. A continuación los cirujanos activan chasquidos muy fuertes para que suenen a través de los auriculares que lleva puestos el paciente. Esos chasquidos darían como resultado una respuesta en el tallo cerebral de un paciente típico; pero si no hubiera respuesta en el tallo cerebral, al paciente se lo considera «triplemente muerto».

No hay sangre en el cerebro, no está activo eléctricamente. El paciente está bajo anestesia general, le ponen esos potentes chasquidos en los oídos y tus los están cerrados con esparadrapo. Son todas las manifestaciones de lo muerto que sabemos que están en lo muerto.

En el caso de Pam Reynolds, estar triplemente muerta desencadenó una experiencia cercana a la muerte en toda regla en la que su consciencia abandonó su cuerpo. Radin sigue relatando la notable experiencia:

Ella vio el túnel, la reunión de todos sus parientes, lo vio todo. Eso es interesante, pero aún no es una evidencia, en el sentido de que no podemos comprobarlo contrastándolo con nada.

Sin embargo, dijo un par de cosas que no eran habituales sobre la naturaleza de la sierra que se utilizó para abrir su cráneo –un determinado sonido que hacía– y sobre la música que sonaba durante la intervención, de la que luego habló. Resulta que todo era correcto. El... instrumento que se empleó para abrirle el cráneo tenía una forma extraña y no parecía que fuese el tipo de cosas que se utilizan en esta clase de operaciones. La gente volvió después y creyó que debía de habérselo inventado o que se equivocaba, pero resultó que tenía razón.

La crítica de esto como evidencia [de una experiencia de fuera del cuerpo] es que quizá captó algunos indicios sobre todo ello cuando se hundía en la anestesia general, o después, cuando volvía. Así no es como fue su experiencia; su experiencia fue que se despertó cuando estaba muerta.

Una de las razones para creer que su experiencia era, como mínimo, insólita es que cuando te someten a anestesia general, o cuando sufres de hipoxia o de cualquiera de los apagones biológicos habituales, tu capacidad de tener un pensamiento claro disminuye muy rápidamente. Tu capacidad de recordar lo sucedido también desaparece. Lo que ella relata es completamente lo contrario de eso, hasta fue más vívido. Recuerda la secuencia entera [de su operación] muy claramente. De manera que esos dos aspectos no encajan bien con la idea de un apagón fisiológico que creó fantasías que concordaban por casualidad con lo que de verdad ocurría. Es uno de los casos más sorprendentes en los que la evidencia de que estaba realmente muerta es muy buena.

Cambiar de motivos para la existencia

Dannion Brinkley es escritor, orador y trabaja de voluntario en un asilo en el área de espiritualidad, autodesarrollo y medicina alternativa y complementaria. Sus conocimientos y su compasión por los que sufren están anclados en sus propias experiencias personales. Él ha tenido tres de las experiencias más completas que se hayan registrado nunca y ha soportado un dolor inimaginable. En una entrevista conmigo me contó lo que sucedió la primera vez que murió:

En 1975, un día me cayó un rayo. Estuve muerto veintiocho minutos, completamente paralizado seis días y parcialmente paralizado siete meses. Me costó dos años aprender a andar y a comer solo.

Justo después [de que me cayera el rayo] estaba en un lugar entre este mundo y el siguiente, pero yo lo conocía mejor que cualquier otro sitio en el que hubiese vivido antes en esta vida física. Estaba muy cómodo y me sentía desligado del suceso; era un observador, no un participante. LOs miré cuando me metían en la ambulancia, miré todo lo que ocurría. No me preocupaba, porque el lugar donde flotaba sobre todo ello era muchísimo mejor que donde yo estaba antes del accidente. Así que estaba en la ambulancia, y el tipo ese dijo: «Se fue, se fue». Yo pensé: «¿Yo?, ¿que me he ido adónde?, ¡si estoy aquí!».

Esas experiencias le dieron a Brinkley una sensación de consuelo ante la muerte. Me dijo:

Crecí en el fundamentalismo, que dice que todo el mundo va al infierno [...] No cabe la menor duda. Pero cuando te das cuenta de que no mueres y de que no vas al infierno, cambia toda tu motivación para la existencia.

Visiones convergentes del mundo

Igual que Brinkley, Eben Alexander III tuvo una extraordinaria experiencia cercana a la muerte que cambió su visión del mundo. Alexander ha sido neurocirujano académico veintisiete años, incluyendo sus quince en el hospital Brigham para mujeres, el hospital infantil de Boston y la Facultad de Medicina de Harvard. Durante esos años ha tenido que ver personalmente con cientos de pacientes que sufrían de alteraciones graves en su nivel de consciencia. Muchos de esos pacientes se quedaron en coma por golpes, tumores cerebrales, aneurismas reventados, infecciones o apoplejías (derrames cerebrales). En su trayectoria ha escrito, o colaborado en ellos, más de ciento cincuenta capítulos y artículos en revistas arbitradas, y ha realizado más de doscientas presentaciones en conferencias y centros médicos por todo el mundo.

Dada su perspicacia médica y académica, creyó que tenía una gran idea sobre cómo genera el cerebro la consciencia, la mente y el espíritu:

> Yo iba un poco de allá para acá [...] Cuando llevaba más de veinte años en neurocirugía [...] no comprendía cómo puede haber algún tipo de vida ultraterrena, porque no veía cómo puede sobrevivir la consciencia a la muerte del cerebro y del resto del cuerpo [...] Creía que sabía cómo genera el cerebro la consciencia y no veía manera alguna de que pudiese haber supervivencia de la consciencia tras la muerte corporal.

No obstante, las cosas cambiaron súbitamente para Alexander:

> A las cuatro y media de la mañana del 10 de noviembre de 2008 me desperté con un dolor de espalda muy fuerte. Me llevaron corriendo al hospital, profundamente inconsciente, y establecieron rápidamente que tenía meningitis bacteriana con más o menos un 2% de esperanza de sobrevivir, y ninguna de recuperación neurológica.
> Mi primer recuerdo de cuando estaba en medio del coma profundo es fundamentalmente que había perdido todo conocimiento de mi vida

anterior. En algún momento de ese camino noté una maravillosa luz giratoria, que empezó muy pequeñita pero que poco a poco se puso a girar y vino hacia mí. Se hizo más compleja, llena de todos aquellos rizos blancos y dorados encantadores. Estaba asociada con una melodía preciosa. Pero, según se acercaba a mí, aquella giratoria luz melódica blanca se abrió y se transformó en un desgarrón en el tejido. Ahora era una entrada a un territorio totalmente nuevo, ultrarreal, nítido, vibrante, vivo, maravilloso.

Siempre científico, Alexander puso en duda su experiencia noética:

Llegué a desarrollar nueve hipótesis diferentes para intentar explicarlo como fenómenos basados en el cerebro. Todas esas ideas se quedaron lamentablemente cortas, porque me di cuenta de que mi [...] mi cerebro, gravemente dañado por la meningitis, no debería haber sido capaz en absoluto de crear algo así. Solo funcionaba una parte demasiado pequeña de la corteza cerebral, tan pequeña que no podía inventarse la hiperrealidad de la que fue testigo, aquella tan rica y tan vívida [...] Me he esforzado durante años en el asunto de cómo ocurren la experiencia y la memoria fuera del cerebro.

Antes de su experiencia cercana a la muerte, Alexander había confiado en que existieran un Dios amoroso y una vida ultraterrena, pero esas cuestiones quedaban invalidadas por su formación científica. Desde que ocurrió su experiencia, ha venido dando charlas para compartir sus percepciones espirituales con públicos de todo el mundo. Su historia se narra en *Prueba del cielo*, que estuvo muchos meses en lo alto de la lista de los libros superventas del *New York Times*. Su transformación personal le ha llevado a hablar sobre los cambios en la sociedad y en la atención sanitaria; ha intentado compartir su mensaje de optimismo sobre la muerte y sus contribuciones acerca de cómo hacemos realidad el mundo. A pesar de que la experiencia de Alexander, como la de los demás que aparecen en este capítulo, no ofrece una prueba objetiva de una vida ultraterrena, ha tenido un efecto profundo sobre su conocimiento de lo que significa estar vivo.

NACIDO PARA PRESENCIAR LA VIDA

Como vimos en el capítulo 1, no todas las experiencias que provocan la transformación de la visión del mundo surgen desde el dolor y la enfermedad; y no todas las experiencias noéticas implican encuentros con la muerte. A algunas personas les han ocurrido estas experiencias en la naturaleza, y, a veces, en momentos de dicha o de éxtasis.

Yassir Chadly es un imán (jefe espiritual) del Masjid-Al Imam, una mezquita multicultural de orientación sufí situada en Oakland, en el estado de California. De joven participó en la selección nacional marroquí de natación. A menudo acudía al mar a cabalgar olas sin tabla. Un día, en el mar, tuvo una poderosa experiencia:

Yo quería hacer surf, pero el mar estaba como una tabla, no había olas. Así que pensé: «¿Qué voy a hacer? No puedo hacer surf, pero he venido hasta aquí, así que también podría nadar». Me eché de espaldas sobre el agua y sentí pequeñas olitas. Me relajé en las olas del Atlántico, mi cuerpo subía y bajaba ligeramente. Tenía los ojos cerrados.

De repente, involuntariamente, sentí que mi cuerpo crecía más allá de sus límites. Yo no podía detenerlo; era como la levadura subiendo, y crecía, y crecía, y crecía. No pude recuperarlo, no era capaz de achicarlo. Solo crecía y crecía, hasta que el mar y yo fuimos uno. Podía sentir el mar moviéndose en la tierra, y a mí con él. Yo era uno con él, con el mar entero. Oí el versículo del Corán que dice «di que Dios es uno». Entonces comprendí lo que significaba, porque sentí esa unidad. Comprendí que sea lo que sea que nos haya puesto aquí —a mí, al mar y a la arena—, todo ello es uno. No existe diferencia. Decimos «yo», o «tú», aunque lo hacemos solamente para comunicarnos; pero en esa esfera no existe «yo» alguno, no existe diferencia entre «yo» y «tú».

La experiencia de unidad e interrelación de Chadly eliminó toda división en la experiencia que tiene de la realidad. Esa experiencia estaba predicha en el modelo de transformación de la visión del mundo. Aunque duró tan solo un momento, sus implicaciones han sido permanentes. Con el paso de los años, el imán se ha preguntado cómo se relaciona su experiencia con lo que suceda tras la muerte. Nos contó:

Cuantos más años tienes, tanto más se transforma la espiritualidad en realidad para ti. Al principio solamente lo haces porque todos los demás lo hacen. Conforme envejeces ves que te va a ser útil para otra vida más allá.

Según te haces mayor, esas cuestiones se vuelven más realistas. Cuantas más canas ves que te salen, tanto más conoces. ¿Es la muerte el final de todo, y luego ya no hay nada más? ¿Hay algo más? Al principio ves que la muerte llega, pero crees que a ti no te pasará nunca. «La muerte les llega a todos, menos a mí», te dices. Pero conforme envejeces, la realidad de la muerte se vuelve auténtica.

Sé que mi día final está dentro de mí. Tengo en mí ese último día, pero ¿cómo voy a afrontarlo?, ¿cómo va a ser mi último día? Comienzas a pensarlo más, y entonces tu espiritualidad se vuelve más afinada, porque empiezas a comprender. Empiezas a comprender lo predestinado; te entregas a ello, te entregas a Dios.

Existe el miedo de ir entre la vida y la muerte, de cómo será eso. Dicen que la muerte es que te duela todo a la vez, y que eso te brinda compasión por toda la humanidad. Si ves a un ser humano muriendo, no piensas: «Yo soy marroquí, ese es norteamericano». No, tú piensas: «Ese es mi hermano».

Yo trabajo en la piscina, que abro a las cinco y media de la mañana. Abrí la piscina una mañana y vi que la cubierta no estaba. Entonces vi en ella a un hombre boca abajo, y que había un arma en el fondo. Se había pegado un tiro. Vi que estaba muerto, pero no pensé: «Él es norteamericano, yo soy marroquí». En lugar de eso, pensé: «Yo soy él, y él es yo».

Conocer la unidad de la vida llevó a que Chadly se hiciera las grandes preguntas: ¿qué hace que muramos?, ¿habrá alguien que nos acoja tras la muerte? Para él, la respuesta viene a través de la vida del alma:

Después de morir, el alma se hace preguntas sobre la obra de Dios. Dicen que venimos de un gran embudo, estrecho por abajo y abierto por arriba, que tiene agujeros como una colmena. Cada agujero contiene nuestras almas, de manera que tenemos un lugar preciso en el embudo. Si estás abierto a la luz, vives en un lugar despejado en el embudo; si no, vives en un lugar oscuro. Tenemos un sitio preciso en ese lugar.

SENTIR EL ESPÍRITU

No es preciso que tengamos una visión espiritual del mundo para que vivamos experiencias noéticas; ni tampoco es que cambien automáticamente nuestros puntos de vista tras haber tenido una experiencia así. Michael Shermer nos ofrece un ejemplo de ello. Nacido y criado como cristiano fundamentalista, Shermer es ahora ateo, además de director de la revista *Skeptic*. A él no le hizo falta un marco espiritual o una experiencia noética para superar pérdidas dolorosas. Me comunicó parte de su propia visión del mundo:

Mi padre murió de repente de un ataque cardíaco; yo no estaba con él. En el caso de mi madre, su muerte, por causa de sus tumores cerebrales, llevó diez años. Yo era su cuidador principal. Luego, mi padrastro y mi madrastra [...] se fueron muy despacio, de modo que [...] yo los llevaba a las consultas de los médicos. Pasé por todo eso. Estoy seguro de que mis telómeros (extremos de los cromosomas) son mucho más cortos debido a la tensión de ser cuidador [...] Esto te pone delante la realidad de la muerte, seguro. Pero se han ido, quiero decir que del todo; no creo que estén en ningún otro lugar.

No obstante, me sorprendió cuando reconoció que había tenido una experiencia noética tras la muerte de su madre:

Ya sabes, a veces, tras el hecho, creí que oía la voz de mi madre, ese tipo de cosas; pero todos tenemos un poco esas alucinaciones auditivas. Desaparecieron enseguida. De manera que son parte del crecimiento y del ciclo de la vida. Supongo que lo veo así, no me quedo mucho en ello.

Le pregunté cómo explicaba eso de oír la voz de su madre. Me contestó:

> ¡Oh!, no quiero exagerarlo. Me acuerdo de un par de veces, en la cama, más bien por la noche, bastante tarde. ¿Sabes?, cuando estás a punto de dormirte. Eso es solamente uno de esos momentos transitorios en los que la mente fabrica toda clase de cosas. No creo que sea nada más que eso, más que las demás alucinaciones que he tenido por falta de sueño, o en tanques de privación sensorial, nada más que eso.

Quizá la única diferencia real entre la experiencia de Shermer y las de Watson, Alexander, Reynolds, Brinkley y Chadly sea el significado que le otorgan a dichas experiencias. A diferencia de los demás que hemos conocido en este capítulo, Shermer consideró la experiencia de oír la voz de su madre como si hubiese sido simplemente una alucinación corriente, en lugar de examinar el significado que podía tener para su vida. Sin embargo, su rechazo de otorgar significado a su experiencia noética no le hace un pesimista. Calificó su acercamiento a la vida como de compromiso con ella. Su papel de cuidador le otorgó un conocimiento íntimo de la vida y la oportunidad de atender a sus seres queridos. Como vimos en el contexto de la teoría de gestión del terror, su autoestima, la confianza en sí mismo y la actitud que mantiene frente a su propia mortalidad le ofrecen barreras protectoras contra el terror a la muerte. Demuestra que la religión y las prácticas espirituales no son lo único que ayuda a que la gente sienta consuelo sobre su propia mortalidad.

RECOPILACIONES

Incorporar las experiencias noéticas a nuestras propias visiones del mundo nos ayuda a crear barreras protectoras contra el miedo a la muerte. Esto es cierto, independientemente de la naturaleza probatoria de regiones no ordinarias de la existencia.

Cómo respondamos a los encuentros directos con la muerte y la existencia más allá de lo físico es un asunto muy personal. Los diferentes individuos que se han retratado en este capítulo ofrecen formas distintas de conocer y de identificar lo que es cierto para cada uno de nosotros. Desarrollar la capacidad de mantener la ecuanimidad frente a encuentros difíciles y fuera de lo común nos lleva a sentimientos de intervinculación y de equilibrio. Las cuestiones sobre la vida más allá de la muerte pueden recibirse con curiosidad y expectación y nuestras preguntas pueden darse dentro o fuera de las prácticas espirituales. Tener una experiencia con la muerte tiene un potencial transformador profundo, independientemente de nuestra orientación espiritual. Acaso la gran obra del siglo XXI sea la de desarrollar nuestra capacidad de mantener múltiples modos de conocer y valorar la diversidad de perspectivas que constituyen el conjunto de nuestra experiencia humana compartida. Cada uno de nosotros aporta una pieza al rompecabezas. No existe ninguna experiencia, ni ontología alguna, que triunfe sobre todas las demás. Este punto de vista plural nos invita a cada uno de nosotros a aportar los sentimientos de humildad, compasión, agradecimiento e intervinculación a nuestra relación con la muerte y con lo que pueda haber más allá de lo físico. Esa es la gama de perspectivas que examinaremos más completamente en el capítulo siguiente.

◆ PRÁCTICA ◆
Conectarse al mundo

Prepara un lugar cómodo y tranquilo donde puedas estar sentado y relajado. Inspira despacio y profundamente, siéntete totalmente presente en este momento. Siente la silla en la que estás sentado, las ropas que llevas, el aire entrando y saliendo por las ventanas de tu nariz.

Ahora cierra los ojos e imagínate en tu lugar favorito de la naturaleza. Puede ser la playa, un sendero de montaña, el bosque o al lado de un río. Siéntete totalmente presente en ese lugar. Siente los dedos de los pies en la arena, o en el agua, o en la hierba, o en el suelo. Mira todo lo que tengas alrededor. Imagina el aire en tu piel: ¿es frío, o caliente? ¿Qué sonidos oyes, qué olores hay en el aire? Nota la alegría que sientas mientras experimentes la naturaleza en silencio durante unos momentos.

Todavía imaginándote a ti mismo en tu lugar favorito, siente el contacto entre tu cuerpo y el mundo a tu alrededor. Desde este lugar de unión, contempla tu visión del mundo sobre la muerte. ¿Has tenido alguna experiencia noética? ¿Cómo ha conformado tu propia perspectiva sobre la muerte y la vida ultraterrena? ¿Qué crees que le pasa a tu identidad personal en el momento de la muerte?

Cuando estés listo, vuelve mentalmente a tu habitación. Anota tus observaciones en el diario. Reflexiona sobre la transformadora naturaleza de situar tu atención en tu interdependencia con la naturaleza y de ampliar tus pensamientos más allá de tu cuerpo.

CAPÍTULO 4

COSMOLOGÍAS DE LA VIDA, LA MUERTE Y EL MÁS ALLÁ

*Tanto da que seas cristiano, budista, musulmán o ateo;
todos nos reunimos en ese punto que llamamos muerte.*

YASSIR CHADLY

Cuando le conocí, Gilbert Walking Bull («Toro Caminante») era un anciano de la tribu lakota. Se veía a sí mismo como un constructor de puentes entre los mundos. Creció en un pueblecito al borde de la reserva Pine Ridge, en el extremo de las Badlands de Dakota del Sur. Fue criado por gentes sagradas tradicionales y escogido por los espíritus para servir a Tunkasila, el Gran Espíritu. A Walking Bull lo instruyó su abuelo, que también trabajaba en el mundo espiritual (*wanaoi*, en lengua lakota). Su abuelo era daltónico, como él: «Era daltónico, sanaba a la gente y la gente le respetaba».

Le hizo falta valor a Walking Bull para contar su visión del mundo a personas de fuera de su tribu. Mucha de su gente hubiera preferido que no comunicase su conocimiento cultural al mundo no indio. Y aun así, él sintió que el Gran Espíritu lo guiaba para impartir el poder sanador de su tradición «de modo que pudiera ayudar a los demás en el futuro».

Walking Bull nos contó su singular infancia y sus experiencias al haber sido criado fuera de la reserva:

Es donde todos los hombres santos vivieron una vez, donde trabajaron juntos. No querían que nuestra cultura y nuestras tradiciones lakota se perdieran, de modo que encontraron niños a los que mantenían lejos de las escuelas de la reserva y los criaron en las formas tradicionales de los lakota. Por casualidad, yo fui uno de ellos. Yo nunca fui al colegio, pero he estado en las ceremonias y me guiaron mis abuelos [...]

Para comprender todo esto tienes que estudiar para familiarizarte con el mundo invisible y alcanzarlo. Para alcanzar el mundo invisible debes proceder desde tu fe y tus creencias interiores, no desde un libro. No se aprende así, sino de la gente que tiene un camino religioso o espiritual sólido que enseñar y que te guiará para que aprendas a concentrarte, a orar y a sacrificarte; entonces sentirás la energía y el poder del Gran Espíritu.

Me es difícil explicar el nombre de mi sendero espiritual. El ser que creó todo el universo, Tunkasila, es el Abuelo. Cuando nos dirigimos al Poder Supremo, lo llamamos Wakan Tanka. Los grandes escritores no comprendieron nunca, y siguen sin comprenderlo, lo que significa *Wakan Tanka*; nunca le pidieron a los hombres santos que les explicasen lo que quieren decir esas palabras; todo lo que sabían era que su propósito era el de encontrar a Dios, al Dios supremo.

Los lakota celebran a Wakan Tanka como el contacto directo con el creador del universo. Walking Bull siguió diciendo:

Wakan es la arteria que une tu corazón con tu mente. De la misma manera, es una arteria que conecta nuestra mente con el Gran Espíritu. La energía de este poder está en el centro de nuestro cerebro y se activa por la manera como transmitimos nuestras oraciones mediante la concentración. Nosotros concentramos nuestros pensamientos y nuestras oraciones, y estos viajan al Abuelo a través del centro de nuestra cabeza. Así que eso es *Ka*, el poder invisible a través del que estamos conectados. Cómo te veas a ti mismo y cómo te concentres en esos poderes, es a menudo el resultado de cómo fuimos educados para comprendernos a nosotros mismos claramente. Yo crecí sabiendo todas estas cosas. A veces rezo por alguien por quien siento lástima. Me concentro, de manera que mi espíritu viaje hasta el mundo espiritual, donde se comunica con el Gran Espíritu para sanar a esa persona. Así que siempre tengo ese sentimiento dentro de mí, por eso puedo explicar a los demás cómo orar al Gran Espíritu, cómo conectar con Dios, con el poder que existe.

El anciano nativo americano nos contó también su visión del mundo sobre la muerte, haciendo notar su propia precaución en cuanto a tratar con el mundo de los espíritus:

Cualquiera que desee conocer fantasmas o espíritus comunes tiene que saber que existen. Existen buenos espíritus y malos espíritus. Nosotros lo sabemos, por eso nos protegemos de ese mundo. Cuando los espectros se ponen en contacto con nosotros, es muy peligroso. Estoy seguro de que otros creen que ven a sus amistades muertas y a otras clases de espíritus. Respeto a esos espíritus e intento no tener que tratar con ellos, pero ruego por los espíritus comunes. El Gran Espíritu tiene una forma de controlar a los espíritus del otro lado: un poder invisible —una dimensión— que bloquea a los espíritus comunes para que no puedan llegar, para que no puedan hablarnos. Pero si tú eres una persona muy sensible, podrás ver espectros, espíritus comunes, con el rabillo del ojo. No aparecerán frente a ti, que es donde tú enfocas tu poder; porque proyectas poder por los ojos. Los espíritus comunes lo respetan y no se mostrarán justo delante de ti; de modo que solamente los espíritus sagrados aparecerán frente a ti.

UNA REUNIÓN DE VISIONES DEL MUNDO

Reunirse con Walking Bull en los albores del siglo XXI me aportó el carácter único de este momento de la historia. Nunca antes se habían puesto en contacto tantas visiones del mundo, tantos sistemas de creencias, tantas maneras de vincularse con la realidad. Todos disfrutamos de los enormes éxitos de la ciencia y la tecnología. Celebramos la forma en la que hemos sido capaces de dominar el mundo físico: clonamos gatos, llevamos el ordenador personal en forma de teléfono inteligente en nuestro bolsillo o controlamos una estación espacial internacional. Ahora también tenemos acceso a la sabiduría del mundo y a las tradiciones espirituales, por medio de unas cuantas pulsaciones en un teclado de ordenador, o por un vuelo a través de los continentes. Las diversas formas en que los seres humanos pueden expresarse a sí mismos están entrando en contacto entre sí a un ritmo sin precedentes.

Así son nuestras vidas. Por una parte, los estudios publicados en la bibliografía de la teoría de la gestión del miedo, como los que vimos en el capítulo 2, revelan las formas en que las indicaciones sobre la mortalidad pueden conducir a una fuerte identificación de grupo. A su vez, esta identificación lleva a que unas personas se opongan a otras que vean las cosas desde una visión del mundo alternativa. En resumidas cuentas, es un conflicto. Las guerras por motivos religiosos e ideológicos han sido responsables de muertes y destrucciones masivas. Por otra parte, la gente tiene creencias muy diferentes sobre la realidad pero, en general, nos llevamos bien. Lo mismo que mantenemos diferentes visiones del mundo, también hemos construido maneras de coexistir. Cristianos, judíos, budistas, hindúes, musulmanes, ateos... todos comparten las mismas tiendas de alimentación, los mismos centros médicos y los mismos colegios. A la vez que se adhieren a maneras distintas de comprender nuestra experiencia humana. Como también hemos visto, elevar la consciencia de la muerte en el contexto de la compasión, la curiosidad y la valoración cultural puede evitar realmente que estemos a la defensiva y que seamos antagónicos entre nosotros.

Las lentes de tradiciones espirituales diferentes nos proporcionan recursos para transformar el miedo a la muerte. Rupert Sheldrake es un biólogo que aboga por una ciencia nueva y más evolucionada espiritualmente. Me contó sus puntos de vista sobre la muerte:

Creo que observar agonizantes es esencial para vivir. Si tienes miedo de la muerte, o la rechazas negándola, eso significa que tu vida va a ser una especie de evasión de la muerte, que te mantendrás tan ocupado que no podrás pensar en ella.

Creo que una de las grandes ventajas de la mayoría de las religiones tradicionales es que hacen que la gente tenga menos miedo de la muerte. La muerte da miedo, especialmente si es dolorosa, pero las religiones y tradiciones hacen que no se esté asustado, porque existe el sentimiento de que la muerte es una transición. Si crees que la muerte es el final y que la mente se queda en blanco, es posible que le temas a esa experiencia, o que te asuste envejecer. Así que cualquier cosa que haga que las personas tengan menos miedo de morir probablemente es una gran ayuda para que lleven su vida hacia adelante.

A decir verdad, es difícil encontrar a alguien que sea exactamente de una tradición determinada, ya que las culturas se mezclan, se conforman unas a otras. Cada uno de los portadores de sabiduría con los que he hablado está influenciado por sus tradiciones y costumbres propias y las de otros. Algunos actúan de puente para pasar de una visión del mundo a otra, y otros mantienen el suyo propio y también, la mismo tiempo, un sentido de curiosidad y valoración por los enfoques alternativos.

Lo que sigue son diversas perspectivas desde una variedad de visiones culturales del mundo que ilustran las variadas creencias sobre las cuestiones de la muerte y la vida ultraterrena. Oiremos hablar otra vez de Yassir Chadly, el imán marroquí que toca música rock; Lewis Rambo es un cristiano evangélico que se ha desplazado desde el fundamentalismo en el que se crió para estudiar el islam; el rabino Jonathan Omer-Man es un judío que celebra el budismo; al maestro de chi kung Mingtong Gu le atrae profundamente la genética, y Rick Hanson es un neurocientífico que practica la meditación. Dejar paso a una visión del mundo del siglo XXI es claramente una tarea de bricolaje de lo más atractivo y poderoso. Al acoger las posibilidades, dentro de este pluralismo dinámico, podremos conseguir nuevas y poderosas perspectivas sobre nuestra relación con la vida, con la muerte y con lo que creamos que viene después de ellas.

Naturaleza y espíritu

Existen muchas tradiciones que basan su espiritualidad y su visión del mundo sobre la muerte en un contexto naturalista. En mis esfuerzos para conectar con este arraigado punto de vista de la humanidad y la naturaleza, pasé cierto tiempo en el Amazonas ecuatoriano. Me guió a la selva profunda Santiago Kawarim, que por entonces era presidente de la Federación Achuar (pueblo indígena americano). Santiago llevaba la cara pintada de rojo brillante, en bandas que cruzaban sus redondeadas mejillas, y un tocado de plumas brillantemente coloreadas. Me habló (por medio de un intérprete) de su pasión por preservar a su pueblo indígena, los achuar, mientras lo llevaba a la modernidad:

En nuestro mundo creemos que, cuando muere una persona, se transforma en un animal. Cuando alguien tiene una experiencia con una fuerza espiritual, se transforma para transmitir esa fuerza a otra persona, de cara a ayudarle. Hablando en general, nosotros creemos que cuando muere una persona, se transforma en algún animal, como el búho, el ciervo o el pájaro. Del mismo modo, estos animales pueden transformar a otra persona y llevársela [al reino espiritual].

Por ejemplo, si alguien ha sido transformado en un ciervo o en un pájaro, puede penetrar en la realidad, puede ser capaz de ver que las cosas existen realmente en ella. Podrá ver a sus abuelos muertos, la abuela o el abuelo, o a hermanos y hermanas muertos. Casos así se han dado entre nuestro pueblo, incluso en niños. Por ejemplo, el ciervo ha llevado a niños ante sus mayores, que habían muerto. A veces aparece un ciervo y se acerca sin asustarse. Y luego se apodera de la esfera de la persona que aún vive. Cuando te envuelve la energía del ciervo, eres capaz de ver un mundo diferente. Y una vez que una persona ha entrado en ese otro mundo, es capaz de ver a ese ciervo como una persona. De modo que quien no haya sido transformado para ver el ciervo, solamente verá un ciervo; pero cuando esté cerca del ciervo, verá a una persona, como un antepasado fallecido.

Los achuar creen que el alma abandona el cuerpo durante el sueño o cuando se utiliza la medicina de una planta como la *ayahuasca*. En esos estados ampliados de consciencia, el alma interactúa con los espíritus de la selva y los de los seres queridos muertos. Los achuar se reúnen en pequeños núcleos familiares a primera hora del día para establecer la guía de sus acciones diarias. Consiguen importantes intuiciones sobre la vida al vincularse con el reino espiritual. Su vida de sueños está llena de mensajes simbólicos de dimensiones no físicas. Sin embargo, con el influjo creciente que tiene el mundo moderno sobre esta sociedad antaño aislada, muchos achuar están perdiendo su estrecha relación con el mundo espiritual. En un tiempo en el que anteriormente la gente compartía sueños, ahora se transmiten en la radio programas de noticias, lo que crea una forma nueva de contactar con el mundo de más allá de la selva.

La danza de los aros

Muchas poblaciones indígenas creen que vivimos en un ciclo que gira en las cuatro direcciones. Para comprender mejor esta visión del mundo, busqué otra vez a Tony Redhouse. Él tiene una visión del mundo ecléctica, y la fuerza de su mensaje ha ayudado a los que están en un hospital con una enfermedad terminal, a los que se recuperan del consumo de determinadas sustancias y a los que padecen de cáncer y sufren traumas emocionales. Me describió su conocimiento de la vida y de la muerte:

En la tradición nativa americana creemos que el círculo de la vida da vueltas y más vueltas. Existen cuatro puntos cardinales diferentes, cuatro vientos diferentes, cuatro direcciones diferentes [...]
Cuando nuestra mente y nuestro cuerpo son fuertes y sanos, cuando nuestra alma y nuestra vida de oración son pujantes y vivas, cuando estamos en comunión con el espíritu y cuando todas nuestras relaciones

están en paz, todo eso forma un círculo bello y equilibrado. Cuando el ciclo de la vida humana se conecta con el ciclo de la vida animal, y cuando eso se conecta con el ciclo de la vida de las plantas, y cuando eso se conecta con el ciclo lunar, lo que ocurre es que empiezas a hacer dibujos que representan lo que sería el universo, o el mundo, que es un círculo mayor. Y todos esos círculos forman el círculo de la vida, del mundo, del universo entero y completo; forman un lugar de armonía [...]

La danza de los aros consiste fundamentalmente en conectar entre sí todos los círculos de la vida para crear los dibujos mayores que representan mi trayecto en esta vida, mi vinculación con el águila y con el colibrí, con la sabiduría que he aprendido de esos símbolos y animales diferentes, de esas formas vitales que puedo aplicar a mi propio ser. Así que todos estos dibujos que creo son como el despliegue de una imagen de mi trayectoria vital, y de cómo me he conectado con todas las formas vivas diferentes para conseguir sabiduría.

La muerte como nuevo principio

Al igual que el de Redhouse, el punto de vista de Luisah Teish honra la naturaleza cíclica de la vida y de la muerte. Teish creció en Nueva Orleans, y ha pasado por prácticas que mezclan muchas tradiciones de la diáspora africana. Es practicante de la tradición Yoruba Lucumi, en la que ostenta el raro título de *yanifa*. Esta palabra significa «madre del destino», e implica que ha pasado por varias etapas, que ha acudido a muchas ceremonias de iniciación y que ha aprendido los suficientes rituales como para que se la considere lo bastante sabia como para guiar a otros a cumplir su contrato con la creación. Esto es lo que me contó sobre el punto de vista de su tradición sobre los muertos:

¿Ves?, los muertos no están bajo tierra; están en el agua, están en los bosques, están en el fuego, están en el aire; están en los pechos de una mujer, están en el niño que llora. Los muertos no están muertos.

Las gentes de mi tradición creemos que en esta encarnación puedes salir de tu cuerpo y volver a entrar en él. Lo que llamamos *muerte* consiste simplemente en abandonar el cuerpo y volver a la tierra de los antepasados. La mayoría de las veces hay un compromiso para volver de nuevo; en realidad no intentamos evitar la vida terrenal. Conozco a cierta gente que cree que la vida sobre la Tierra es algún tipo de maldición, de maleficio que uno quiere evitar. No, no es así.

En su visión animista del mundo, cada uno de nosotros está conectado con el espíritu, que siempre ha sido y siempre será:

En mi sistema de creencias, antes de venir aquí, yo estaba en la tierra de los antepasados, y cuando abandone este cuerpo, retornaré a ella. Todo el tiempo que estoy aquí estoy continuamente en contacto con los antepasados y con lo que ocurra. De ahí es de donde saco mucha parte de mi ayuda.

Decimos que el mundo es el mercado y que el cielo es nuestro hogar. Así que voy a casa y descanso, y luego vuelvo al mercado. Y luego voy a casa y descanso, y vuelvo otra vez al mercado. Eso se conecta con la idea de todo aquel que consigue atravesar el canal del parto y que elige quedarse aquí, llega a ser una persona concreta, a hacer cosas determinadas y a tener ciertas experiencias.

Venimos aquí con un contrato con la creación. La vida se trata de completar ese contrato. Yo soy el tipo de persona a la que la gente acude para guiarse con eso: «¿Qué tal lo hago con mi contrato? ¿Me he salido del camino? ¿Cómo elimino este obstáculo?». Nosotros pedimos una muerte que se adecúe al arquetipo bajo el que vive la persona. Nuestra creencia es que cada ser humano es un hijo de una fuerza específica de la naturaleza.

Teish es una intermediaria entre los vivos y los muertos. Cumple la función de *ip'ori*, o persona que ayuda a conectar las cabezas terrenales de la gente con sus cabezas celestiales.

Un *ip'ori* sabe cuál era tu contrato con la creación cuando escogiste tomar un cuerpo y venir a este mundo. Durante el nacimiento, y al convertirnos en seres sociales, hacemos todo lo que está en nuestra mano para recordar lo que podamos del contrato original, pero podemos desviarnos o encontrar una nueva dirección, tanto por azar como por elección.

Reflexiones sobre la no permanencia: acoger el chi (flujo vital de energía)

Mingtong Gu es profesor de Chi Kung y maestro espiritual. Es un hombre que crea puentes entre su educación tradicional en China y su ocupada vida en los modernos Estados Unidos. Compartió conmigo sus ideas sobre la diversidad de puntos de vista sobre la muerte:

Creo que debe existir alguna diferencia genérica entre el Este y el Oeste sobre el conocimiento de la muerte y las actitudes ante ella, y, sin embargo, cada tradición es muy diferente. No generalizaré sobre el Este y el Oeste. Existen tantas tradiciones diferentes en el Este como en el Oeste. Puede ser que haya más tradiciones en la cultura antigua, si la comparamos con otra que tenga una forma contemporánea de ver la vida, más distante del vínculo remoto. A ese nivel sí siento diferencia. En la cultura antigua hay más de honrar a la muerte, más de acoger a la muerte. Existen diferentes tipos de rituales. La gente va despacio cuando pierde a sus seres queridos. Por ejemplo, en China se pasa por un luto lento durante cuarenta y nueve días. Cada siete días equivalen a un ritual, no solamente para que los vivos se liberen del luto, lo que puede ser difícil, sino también como una forma de honrar a la gente que ha muerto, para que se disuelvan espiritualmente. Ese es un ritual maravilloso.

En la cultura más contemporánea lo pasamos mal al tratar con la muerte. En general, la muerte es lo más aterrador con lo que tenemos que enfrentarnos, de modo que diferentes culturas han desarrollado rituales distintos de cara a ese reto definitivo. Encontrar la paz en la muerte, encontrar el sentido de la muerte, es muy importante para cada cultura y para cualquier ser humano.

Desde ese nivel profundo, el ritual para la muerte es tan importante como el ritual del nacimiento. Sin la muerte no existe el nacimiento;

sin la muerte no existe la vida. Sabemos que, científicamente, hay unas increíbles vida y muerte que ocurren a cada momento a nivel celular. Las distintas células pasan por diversos ciclos a través de la muerte y de la vida, regenerándose de nuevo. Muerte y regeneración.

La gente dice que en siete años el cuerpo entero pasa por un ciclo completo. Siete meses es otro ciclo; siete días, otro más. Y profunda e instantáneamente en el campo cuántico, el ADN vibra en esos ciclos, enroscándose y volviendo a desenroscarse otra vez. Al final, ese es el nivel más profundo de la muerte y de la vida que ocurren en el cuerpo. Creo que aprendemos constantemente, que creamos un cierto vehículo no solo para la gente que muere, sino también para los vivos que tratan con la muerte como una lección muy significativa para la vida.

Cambiarse de ropas

Para Satish Kumar, a quien conocimos en el capítulo 2, la muerte no es el final de la vida, sino un nuevo principio. El filósofo social y ecologista se valía de prácticas y metáforas para expresar sus puntos de vista sobre la muerte como transformación:

Cuando tus viejas ropas se desgastan, ¿te da miedo ponerte ropas nuevas? De la misma manera debemos pensar cuando nuestro cuerpo se desgaste: no deberíamos tener miedo de vestirnos un cuerpo nuevo. Así, desde la perspectiva hindú, la vida continúa. La vida y el espíritu no se acaban nunca, nosotros solamente nos cambiamos de cuerpo.

La muerte nos liberará del pensamiento viejo, de la mente vieja, de las viejas relaciones y costumbres; es una fuerza liberadora. Deberíamos ver la muerte como una liberación. Si alguien me dice: «Satish, te hago un regalo: vivirás para siempre», yo diría: «No quiero vivir para siempre, ¡quiero vivir una vida nueva!». De modo que, para mí, no existe el miedo a la muerte.

Cuando llega el otoño, las hojas se ponen marrones y se caen. ¿Adónde van? Vuelven al suelo. ¿Y qué pasa con esas hojas? Que se biodegradan y se convierten en tierra. Entonces los elementos nutritivos de esas hojas, que se vuelven compost, van a las raíces y regresan al tronco y al árbol. Luego llega la primavera y nacen otra vez nuevas hojas. Así, si las hojas viejas tuviesen miedo de morir, ¿de dónde vendrían las nuevas? La gente que no cree en la reencarnación tiene que pensar que la vida sigue, que no acaba nunca. Solo es la forma lo que cambia.

Para Kumar, tener una relación íntima con el vivir y el morir nos transporta directamente a un proceso de transformación que sigue un ciclo orgánico: el ciclo de la vida. Cada uno de nosotros se mete en ese ciclo en un momento diferente y a su propia manera.

La canción del islam: la muerte es la vida

Como imán sufí que acoge el pluralismo, a Yassir Chadly el tema de la muerte le parece algo universal y unificador:

> Tanto si eres cristiano como budista, musulmán o ateo, todos nos re-unimos en ese punto al que llamamos muerte. Esto ocurre en general, pero en el mundo espiritual, en el Corán, por ejemplo, se menciona que el Profeta, que la paz sea con él, dijo: «Bienaventurado el que creó la muerte y la vida». Normalmente se piensa en vida y muerte: llama-mos a esto vida y [creemos que] la muerte está en el otro extremo; pero en esa enseñanza él llama muerte a esta vida, y vida al más allá. Porque esta vida tiene un límite; naces, y tienes un final. La otra no tiene fin, y él lo llama «vida». De este lugar dice que «está regido por la muerte», así lo llaman.
> Y más aún, él dice que lo ha creado: «Esta muerte y esta vida no son de tu incumbencia, no están en tu mano. Tú pasas por ellas porque son una creación, una creación como cualquier otra». Él creó al elefante, y la jira-fa, y las cebras, y creó a los seres humanos; él creó la muerte y la vida. Así que él dijo: «No te mezcles con esto, es mi creación, yo lo he creado». De manera que lo que nos queda es ver cómo vamos a responder ante eso.

Le pregunté cómo podemos responder a la muerte. El punto de vista de Chadly ofrece una mezcla de una práctica islámica rigurosa y el fluido concepto taoísta del yin y el yang:

Si comprendes así la muerte, la respuesta es verdaderamente positiva, porque ahora vas a un lugar en el que vivirás por siempre. Una de las más hermosas palabras del idioma es *eternidad*. Eternidad, ¿qué es esa palabra? Decimos que esta vida no sustenta la eternidad, por lo tanto debe de existir una vida que sea eterna, ya que están el yin y el yang y el equilibrio. Si una no lo tiene, la otra, sí; de modo que se equilibran la una a la otra. El motivo de que tengamos lo que llamamos vida, y que Alá llama muerte, es el de ponernos a prueba. ¿Cómo vas a responder? De manera que estamos aquí para escoger y ser examinados. La elección que hagas aquí es lo que vas a reflejar en el más allá, en el lugar de la eternidad.

Como musulmán devoto que habla desde una visión islámica del mundo, Chadly es parte de un grupo demográfico que asciende a aproximadamente mil seiscientos millones de personas en el mundo. Y cada persona representa un conocimiento diferente de estas ideas complejas. No existe visión del mundo alguna que defina a todos los musulmanes. Él nos explicaba que su cosmología, basada en las enseñanzas islámicas, abarca tanto la predestinación como la elección entre el bien y el mal. Esto último lo describía así:

A veces uno va a la panadería, allí tienen pequeñas muestras de prueba. El planeta entero es un pequeño átomo y nosotros estamos en él. El planeta mismo es una prueba, y en él todo lo que haces es una muestra. Así que si haces cosas malas, y las saboreas, dices: «Quiero hacer más cosas como estas», y, en la eternidad, Alá dice: «Si quieres, tengo muchas». Y eso es a lo que llamamos infierno, porque lo has deseado así. De manera que se te da más de lo mismo. Y si haces cosas buenas, y dices: «Escojo esto», Él dice: «También tengo mucho de eso». Así pues, te da una muestra de ambas cosas y luego te pone a prueba. Te da un poco de cosas malas y un poco de cosas buenas y dice: «Quiero que sepas cuál es la que te gusta. Sé la que vas a escoger, pero quiero que lo sepas por ti mismo». Y así, la gente prueba; y en el más allá se encuentra con lo que ha probado aquí, con muchísimo de ello. Y esa es la prueba.

«¿Qué ocurre cuando morimos –le pregunté a Chadly–. Cuando el ser físico se detiene, ¿qué dirías tú que viene después?». Al igual que Satish Kumar, que fue criado en la tradición jainista, Chadly utilizó la metáfora de la ropa para describir nuestra encarnación:

Nuestro ser físico es como un vestido. Nosotros, simplemente, nos ponemos este ser físico. Nuestra alma vive en este ser físico. Cuando te marchas, dejas atrás tus ropas. Es como cuando nadas en un lago y dejas las ropas en la orilla. Cuando nadas [...] vas echando ojeadas para asegurarte de que nadie te roba la ropa. Así pues, tienes una vinculación con tus ropas. Nuestras almas también tienen una vinculación con el cuerpo. Cuando nos vamos de un lugar, podemos decir: «Yo antes vivía aquí». Antes vivíamos en ese lugar; y así es como el cuerpo le va a parecer al alma desde ese lugar [...]

Tras cuarenta días, los ángeles traen un rayo de los cielos, desde tu alma, y lo ponen en aquel lugar donde las almas se reúnen. Imagínate un embudo, que esté abierto arriba y se vaya estrechando hacia abajo. En la parte alta del embudo, imagina que los agujeros son como una colmena de abejas. Cada agujero tiene un alma dentro. Las almas que están en la parte abierta del embudo son las almas que tienen luz. Las almas que están más abajo tienen menos luz, incluso luz oscura, porque han escogido estar allí.

Examinar el lado místico del judaísmo

El rabino Jonathan Omer-Man es un erudito religioso que encuentra puntos de contacto con los cristianos monásticos y al que le atrae el estudio del islam. Se desplaza en silla de ruedas, y ve que su carrera se va deteniendo. Aunque no tiene intención alguna de abandonar su camino judío, mantiene una visión del mundo que valora la multiplicidad de las perspectivas de fe. Cuando le pregunté por los objetivos de su propia práctica, fue capaz de utilizar una lente muy amplia:

En temas de espiritualidad, no me gustan la cuenta de resultados ni los beneficios. Para mí, es la capacidad de moverse entre lo exotérico y lo esotérico. Es la capacidad de alcanzar el lugar de unidad de todas las búsquedas espirituales sin ofuscarse, sin ignorar la completa separación de los diferentes caminos entre sí. Existe una unión trascendental entre las religiones; las formas de llegar a ello son bastante diferentes. No hay manera de combinar a un cristiano eucarístico con un estudio de la Torá judía. Posiblemente, el nivel del ser, o el conocimiento de lo divino que viene al final, sean lo mismo en todas. Existe un nivel en el que uno se mueve con facilidad y con conocimiento de causa, con conocimiento de la totalidad, y uno no se olvida del camino que lo llevó allí.

En la tradición judía, las vidas humanas se medirán tras la muerte para ver si han logrado alcanzar todo su potencial. La época de envejecer y de ser consciente de la muerte implica una reflexión, un volver a vivir los servicios que se hayan hecho en la vida. El concepto de un mundo venidero, o de vida tras la vida —al que llaman *olam ha-ba*— es fundamental en el judaísmo. Ese es el momento en que la gente será juzgada por sus buenas obras. La muerte no es un castigo, sino una parte natural del ciclo de la vida. Cuando muere una persona, su alma sigue viviendo y posee percepción y consciencia, según las enseñanzas básicas. Como haya sido la vida en este mundo es primordial para lo que ocurra después de ella. Ober-Man, reflexionando sobre las circunstancias de su vida cambiante, me relató sus propias reflexiones sobre si la suya ha sido una vida bien vivida, o no:

Hace varios años llegué a darme cuenta de que yo no iba a acabar esta vez; hay demasiadas cosas dejadas por hacer. En los últimos años siento que la mayor parte de mi trabajo consiste en limpiar el desorden de mis primeros años. Intento dejar esta propiedad ligeramente mejor que cuando vine a ella. Esto es mucho menos grandioso y muchísimo menos ambicioso, de alguna manera. Creo que me he vuelto más ligero, menos severo, menos amenazador. Creo que río más. Siento una mayor ligereza de ser, y, por supuesto, tengo mucho trabajo que hacer debido a mi falta de motilidad, con la vista puesta en la transición a la nueva etapa. En nuestra sociedad se supone que no haces eso, tú no piensas en tu propia muerte. Si lo haces demasiado, deberías tomar Prozac. Me he vuelto un ser humano más reflexivo.

El amplio espectro del cristianismo: más allá del cielo y del infierno

El cristianismo es una religión importante en la cultura norteamericana y en el resto del mundo. Hay unos dos mil millones de cristianos por todo el planeta, lo que constituye aproximadamente el 33% de la población global. Para comprender mejor cómo ven la muerte algunas personas de la tradición de mi propia niñez, recorrí el camino hacia las puertas, bancos y altares de los maestros de las diversas tradiciones que existen dentro de la fe cristiana.

Cuestionar las suposiciones

Lewis Rambo es un experto en conversiones religiosas. Creció en la Iglesia de Cristo, una rama conservadora del cristianismo que mantiene una interpretación literal de la Biblia. Hoy día califica su relación con ese sistema de creencias como complicada y ambivalente. Aun así, eso puso en él las raíces de su pasión por las prácticas espirituales y religiosas. Cuando le pedí que compartiera con nosotros sus percepciones de la visión cristiana del mundo sobre la muerte y la vida ultraterrena, se abstuvo de hacer generalizaciones:

La respuesta ortodoxa común –y no quiero decir *orthodox* en el sentido griego, sino en el que tiene en la corriente principal del pensamiento– sería que tu cuerpo muere y que tu alma, o espíritu, es una identidad que trasciende la muerte de alguna manera.

En palabras tradicionales católicas se lo llama *limbo*. O quizá eso sea alguna clase de estado, como en la Segunda Venida de Cristo. Se producirá la resurrección de todos. Hay un juicio cuando mueres; entonces se te enviará arriba o abajo (metafóricamente hablando), al cielo o al infierno. El infierno se concibe de formas varias, como un lugar de tormento eterno, de fuego y de toda clase de castigos. Por otra parte, si estás en el lado correcto, vas al cielo. Allí experimentarás la dicha eterna. Esto se visualiza de muchas formas diferentes. En el Libro de las Revelaciones (Apocalipsis) es la Nueva Jerusalén: la luz de Dios es eterna, hay ángeles y santos, y todo el mundo canta alabanzas a Dios. Es un buen lugar adonde ir.

Cuando yo era joven había muchos debates sobre el cielo y el infierno, aunque probablemente había más comentarios sobre el infierno que sobre el cielo [...] En aquella época no había demasiada gente atraída hacia las cosas buenas, era más bien que huía de las malas. Incluso entre los evangélicos existe la creencia del cielo y del infierno, pero hoy día no se habla mucho de ello. Tengo para mí que hay cierta gente a la que le da muchísimo miedo ir al infierno.

Como catedrático de religiones comparadas, Rambo habló con humildad y franqueza sobre su ambivalencia respecto al más allá y los valores que modelan su visión del mundo:

¿Que qué creo yo? De veras que no lo sé. Algunas veces tengo ese momento de terror en el que me pregunto: «¿Qué pasa si los fundamentalistas tienen razón y voy a ir al infierno?». Y entonces digo de broma: «Vale, ahí es donde va a estar toda la gente interesante; los aburridos van a estar en el cielo». Otros, como Freud, Marx, el Che Guevara y el Dalái Lama, no estarán en el cielo porque no son cristianos; así que allí tampoco estará un buen montón de gente interesante. Pero me meto en una especie de evasión del problema. La verdad es que no lo sé, esto es una verdadera lucha sobre la imaginación humana.

Creo que si presionase un poco, y en mis momentos mejores, diría que el creador del universo es benevolente y que, con seguridad, un Dios benevolente no castigaría a la gente mala cuyo mal, a la postre, es infinitamente finito. Recuerdo que de niño era bastante espeluznante pensar en esto. Recuerdo cuando me iba a la cama de noche y rezaba, y pensaba: «Va a ser para siempre jamás». Esto podía seguir así media hora, [eso de pensar en el] para siempre jamás. Pensar en lo que significaría la eternidad era una clase de terror hondo, verdaderamente profundo, de los que hacen temblar la tierra.

Si hay vida después de la muerte, me contentaría con que a Hitler sencillamente lo exterminasen, pero no estoy seguro de querer que sufra eternamente. A lo mejor, condenarle a diez mil años por cada persona que mató, pero ¿para siempre? Esto es solo una lucha que tengo: ¿puede un Dios creador, si existe ese Dios, castigar a una de sus supremas creaciones para siempre jamás? Si eso es cierto —y ahora estoy al borde de la blasfemia—, yo no quiero estar junto a esa clase de Dios.

Desde mis antecedentes, asusta mucho decir que por causa de que el mal es tan malo, tiene que existir un castigo eterno. Me es difícil imaginarme eso con mi cerebro, mi alma y mi corazón tan débiles. En el mejor de los casos, ni siquiera querría que la peor persona de la Tierra sufriese tanto. Indudablemente, si existe un Dios, ese Dios no sería el agente de una tortura por siempre jamás.

El Reino en la Tierra

A diferencia de Lewis Rambo, Lauren Artress se educó en la zona progresista de la tradición cristiana. Al igual que él, reconoció enseguida la distinta gama de las perspectivas sobre la vida y la muerte que existen dentro de la fe cristiana.

Ella nos dijo que «el principio fundamental es que existe vida tras la muerte». Un problema primordial a debate en el cristianismo tiene que ver con el concepto de la resurrección. Un acercamiento a ello supone la resurrección física, en la que te llevas a tu cuerpo contigo cuando mueres. Artress no acoge este punto de vista. Por otra parte, sí cree que exista la consciencia más allá de la muerte y del cuerpo. Esto modela su perspectiva sobre la vida y el más allá.

Se da el sentimiento de que ocurre algo tras la muerte. Creo que uno de los maravillosos dones que trae el cristianismo al mundo es que la muerte no es el final. Creo que eso es lo que queremos decir cuando hablamos del alma: el alma es la parte eterna que sigue viviendo tras la muerte. Y verdaderamente no es solo un enigma, sino que creo que aporta muchísimo consuelo realista. No es algo endulzado, es algo que tiene que ver contigo; tu esencia perdura.

En el cristianismo, como en muchas otras tradiciones, el concepto de alma es importante. Para Artress existe la posibilidad de que nuestra alma crezca en el transcurso del trayecto vital:

Creo que eso es parte del propósito de esta vida corporal. Según vamos haciendo elecciones en nombre de un bien mayor para nosotros, para encontrar nuestro propósito en la vida, para florecer de veras por nosotros mismos, para encontrar nuestro trabajo en el mundo, para hallar nuestros dones […] que aportar a esta vida. Siempre es un aprendizaje. Existe un sendero espiritual hacia ello.

En esta experiencia encarnada tenemos la oportunidad, según ella, de inquirir sobre nosotros mismos. Ha localizado cuatro preguntas que podemos hacer conforme buscamos el crecimiento de nuestra alma:

¿Estás profundizando en la compasión?, ¿aprendes a ser menos crítico?, ¿aprendes a ser más paciente? y ¿existe un camino que puedas encontrar que sea de servicio al mundo? Esa es la esencia de la espiritualidad. Crecer anímicamente tiene muchísimo que ver con cómo respondamos a estas preguntas.

Creo que el alma puede despertarse realmente. Sabemos que en mucha gente está frecuentemente dormida, pero puede despertarse. Conforme nos vamos haciendo más conscientes de esta parte de nosotros mismos de la que solo tenemos algunos vislumbres, que es eterna, queremos guardarla, protegerla, hacer que crezca, enamorarnos de ella.

Cuando hablábamos en la catedral de la Gracia en San Francisco, le pregunté a Artress si cree en el cielo. Me relató su punto de vista:

Probablemente, no; no en el sentido medieval de que exista un lugar ahí arriba adonde van los buenos y, por lo tanto, que exista un lugar malo ahí abajo adonde van los malos. Creo en el cielo, aunque pienso que podemos tenerlo en la Tierra. Creo que si nos ponemos en paz con nosotros mismos, si nos ponemos en paz los unos con los otros profundizando nuestra compasión, reduciendo nuestros juicios y fomentando nuestra paciencia, el cielo estará en la Tierra.

Cuando hablamos del Día del Juicio, creo que una de las enseñanzas importantes de la tradición cristiana es que ese juicio se lleva a cabo en el amor. La gente siente: «¡Ay, Dios!, el Día del Juicio va a ser un momento terrible en mi vida, o en mi muerte». Mucha gente cree que el Día del Juicio significa ser castigados, más que ser juzgados en el amor. Muchos piensan en sí mismos como intrínsecamente malos. Ese concepto del pecado original [...] tenemos que deshacernos completamente de él o explicarlo claramente. Creo que ese sentimiento de ser malos por naturaleza es una gran condena del espíritu humano; tenemos que sacar eso a la luz porque mucha gente se ha apuntado a ello. En lugar de eso, somos juzgados en el amor, lo que significa que a todos se nos libera en el amor, en la luz.

Todos aprendemos. Creo que las personas diabólicas existen. Tales personas no pueden comprender de veras el don que la vida nos otorga. Pero es un porcentaje pequeñísimo, ni siquiera el 1%. La mayoría de nosotros vamos por ahí torpemente, intentamos aprender a manejarnos, intentamos aprender de qué se trata todo esto, intentamos descubrir cuál es el propósito de nuestra vida. ¿Qué significa amar?, ¿qué significa recorrer un sendero espiritual? Creo que eso, cuando lo aprendamos, surtirá mucho efecto sobre lo que ocurra cuando muramos.

Despliegue de la vida

Como vimos en el capítulo 2, el reverendo Michael Beckwith es el fundador del Centro Espiritual Internacional Agape, radicado en Los Ángeles. Sus enseñanzas acogen la Sabiduría Eterna del Nuevo Pensamiento, tal como se enseña en el este y en el oeste. Según él:

En el lenguaje diario utilizamos términos como *vidas pasadas* y *muchas vidas* y, aunque no hay nada desacertado en ese lenguaje, yo prefiero decir que tenemos una vida hecha de capítulos diferentes. Esta vida contiene aventuras más allá del reino tridimensional, en las que exploramos nuevos territorios y también el paisaje de nuestra propia consciencia ampliada.

Nuestra vida individual es solamente un hermoso despliegue, que tiene una cantidad infinita de capítulos creados con el propósito de revelar el orden fundamental del cosmos –la belleza, la inteligencia, el amor, la alegría– según nuestro patrón de desarrollo individual y exclusivo. Este acercamiento permite que nuestra vida sea más una aventura, un descubrimiento, que despotricar e intentar superar la muerte física. La gente se pasa mucho tiempo intentando prevenir la muerte, en lugar de vivir la vida. Creo que la mayoría no tiene miedo a morir; en realidad lo que está es más asustada de vivir verdaderamente.

Para Beckwith, la muerte se asocia con el despertar de la esencia de nuestro ser central. Eso comprende tipos diferentes de despertares:

Hay un tipo de despertar que tiene lugar cuando una persona se despierta tras una larga noche de descanso y se da cuenta de que ha estado en la tierra de los sueños.

Luego está el despertar que tiene lugar cuando deja su cuerpo: decimos que «muere», aunque todavía está viva. La persona percibe que cada pensamiento, intención, acción y omisión que ha experimentado en el cuerpo físico se ha hecho ahora parte de lo que podríamos describir como su recientemente adquirido cuerpo sutil.

Cuando alguien muere no significa que se vuelva iluminado; simplemente, se despierta al hecho de que ya no está en el cuerpo físico. Se da cuenta de que ha empleado mucho tiempo preocupándose por una muerte que no ha sucedido nunca, porque la muerte no existe. Y luego están esas otras dimensiones del despertar, que ocurren cuando la persona se da cuenta conscientemente de su unión con el Espíritu y con toda la existencia.

Aceptar la verdad sobre la muerte nos permite vivir plenamente nuestra vida actual con un propósito nuevo, porque nos conocemos a nosotros mismos más allá de nuestra propia identificación con el ego.

Creo que al llegar al otro lado tenemos la oportunidad de revisar la vida que hemos vivido en la Tierra. Esta revisión abarca cómo hemos honrado los propósitos del karma y del dharma para los que tomamos forma humana. Nuestra revisión ocurre completamente libre de juicios y nos capacita para continuar nuestro progreso evolutivo en una nueva dimensión de vivir, que apoya el despliegue en marcha de nuestra alma-espíritu.

La materia no puede destruirse jamás

Huston Smith, excatedrático de religión de la Universidad de California en Berkeley, ha escrito y enseñado extensamente sobre la diversidad de las visiones espirituales del mundo. Nos contó su visión del mundo como cristiano, que vincula consciencia, ciencia y espiritualidad:

Una buena lección que podemos aprender es que la materia, que la ciencia considera el elemento más fundamental, no puede destruirse nunca. Puede cambiar de la corporeidad a la energía —en ambos sentidos— pero es imposible destruirla.

Si la consciencia es el elemento fundamental, tampoco puede ser destruida. Eso significa que, cuando abandonas tu cuerpo, tu conciencia va a permanecer. La luz de la televisión de tu mente no se apaga nunca. Por supuesto, es imposible saber qué imágenes estarán en esa pantalla después de que dejemos el cuerpo, pero la luz estará encendida.

Ahora bien, podría ser que alguien no se tomase esto como una buena noticia, si es que ha tenido una vida desgraciada. ¿Cuál sería la ventaja de prolongarla para siempre? Pero eso es solamente una minoría, y la transformación puede cambiar todo eso.

¿Qué le ocurre al ego cuando dejamos el cuerpo? Todas las religiones dicen que el ego contiene impurezas y que no puede entrar en la infinita perfección de la realidad definitiva de la vida. Por consiguiente, debe darse una limpieza. Simbólicamente, eso es el infierno. Vamos a tomárnoslo como lo hago yo: que el infierno es una metáfora de la limpieza. El fuego limpia, y, por lo tanto, la primera experiencia que tengamos después de abandonar el cuerpo pudiera no ser muy placentera. Como dicen los musulmanes, «recuerda el Día del Juicio». Tenemos que enfrentarnos a ese día, y tenemos que quedar limpios de todo aspecto sucio. Pero una vez que eso se haya quemado, las gotas de rocío se deslizan en el brillante mar, y el ego o bien se evapora y se desvanece o bien se expande hasta abarcar el infinito.

En ese período inicial la personalidad no sobrevive tras la muerte. La personalidad definitiva es el infinito. Hay un dicho que dice que cuando la gente se ahoga, toda su vida pasa ante ella. Avance rápido: fulano recibió una carta y es la experiencia de esa persona lo que va primero. Luego rebobina hasta al principio, y esta vez pasa por su vida conscientemente, sintiendo el dolor que ha infligido a los demás, y lo sentía como si el dolor fuese suyo. Sin embargo, rebobina al principio por tercera vez, y en esta era Dios el que decía: «Vale, has hecho muchísimo daño a los demás; no obstante, tan solo eres humano, y estás perdonado». De manera que estas tres fases mueren.

Ser agnóstico

Sam Kean, a quien conocimos en el capítulo 2, ha luchado con la muerte muchas veces en su vida. Igual que Lewis Rambo, creció en una tradición cristiana fundamentalista. La muerte de su padre le motivó a cuestionarse su propia visión del mundo:

[En la tradición religiosa de mi juventud,] la muerte no era un acontecimiento natural; lo que pasase después estaba determinado por tus creencias y por si creías o no en Jesús.

Crecí con el versículo de Juan 3, 16: «[...] porque Dios amó tanto al mundo que le dio su único hijo engendrado. Quien crea en él no perecerá, sino que tendrá la vida eterna». Vale, para un niño eso no es que sea muy simbólico. El truco está en ese «quien crea en él». ¿Qué pasaría si no pudiese creer? Yo nunca podría creer lo bastante sinceramente. En cuanto examinas tu creencia, estás obligado a averiguar que no es suficiente, por el motivo de que el hecho que estás examinando llega a su final.

Para mí la muerte tuvo un gran aguijón, y la muerte de mi padre me marcó muy seriamente. De manera que yo soy uno de esos que crecieron con la consciencia de la muerte, no de los que la negaban. Era muy crítico con muchas cosas todo el tiempo, pero creo que el fracaso del cristianismo fundamentalista a la hora de salvarme de la muerte llegó a su máximo cuando mi padre murió. Si va a llevarse al padre, se llevará al hijo. Así fue el inicio de mi transformación en ese sentido. Acudí a psicoterapia, y una vez ahí, la suerte estaba echada. Tuve que destruir sistemáticamente la armadura de mi personaje.

Tengo dos sentimientos sobre la muerte muy definidos y contrapuestos, que no puedo erradicar. Uno de ellos es que la pizarra se borre completamente. Desde la nada hasta la nada. A veces tengo que recordar que la nada desde la que Dios creó el mundo es la nada a la que iré en mi muerte. Y si es una nada la que creó todo esto, el «vacío fértil» de los budistas, entonces es que no hay que preocuparse demasiado por ello. De manera que uno de esos sentimientos es que voy a ser aniquilado, y el otro es que no voy a serlo. No creo en un Dios que no recicle de alguna manera, ese sería un Dios inferior desde el punto de vista ecológico. No estoy creando ningún dogma, solo digo que esos son los sentimientos. Y que son contrapuestos.

Cuando murió mi padre, me sentía muy angustiado por todo ello. Un día, de camino al trabajo, oí una voz que decía: «No tienes por qué saberlo». Y yo me quedé así como «no tengo por qué saberlo». Fue un alivio enorme.

Honrar al ateísmo

Como implica Kean, agnosticismo no es lo mismo que ateísmo. El primero supone preguntar y sentirse cómodo con no saber las respuestas fundamentales sobre la muerte y la vida ultraterrena. El ateísmo es una carencia de religión que sostiene la postura de que Dios no existe y la vida ultraterrena tampoco. Para mucha gente es una manera de que su vida tenga sentido. Los ateos, en su visión del mundo, a menudo articulan una perspectiva humanística o naturalista sobre la vida y la muerte.

Michael Shermer, conocido nuestro del capítulo anterior, es uno de los portavoces principales de una visión atea del mundo. Se deleita con actividades terrenales que se basen en su encarnación humana. Nos contó su perspectiva respecto a la muerte:

Es un poco una paradoja que observamos que ocurre por todas partes a nuestro alrededor. Unos cien mil millones de personas han vivido antes que nosotros, y ahora hay unos siete mil millones. Todos y cada uno de ellos han muerto y no han regresado, por lo que yo sé. Podemos ver el panorama, parece bastante sombrío.

No podemos imaginarnos lo que nos pasará realmente por una razón cognitiva muy sencilla: imagínate a ti mismo muerto. Se han hecho investigaciones sobre esto. Lo que siempre dicen los sujetos es: «Sí, puedo verlo; puedo ver mi cuerpo, y allí mi féretro, y allá mis amigos y mi familia rodeándolo». No; tú sigues aún en el cuadro; tú continúas observándolo. Cuando estés muerto, no podrás hacer eso; no habrá observador alguno. Dicho de otra manera, realmente no puedes concebirlo más de lo que podrías imaginar que el universo no existe. Sencillamente, no puedes. Llegas a un muro epistemológico con el que no pueden tratar ni el cerebro ni la razón.

Así que nos enfrentamos con una especie de realidad implacable. Creo que hay gente a la que eso le produce ansiedad. A mí no me molesta, no me preocupo por ello; pero conozco a muchas personas que sí. A lo mejor es solo mi temperamento. Algo así como cuando Sócrates advirtió de que tenemos que estar vivos para experimentar la vida, y cuando estás muerto no experimentas nada, de manera que verdaderamente no hay nada de lo que preocuparse. Ni siquiera hay nada en lo que pensar. No me preocupa. Solamente comer, beber y ser feliz, porque mañana moriremos. No, estoy bromeando; pero no estoy muy preocupado por ello. No es que lo piense mucho.

Una de las cosas que me abrieron los ojos cuando era cristiano y creyente fue estudiar las religiones mundiales y la mitología comparada. Me encantan esas cosas, pero fueron las que me abrieron los ojos: muchas buenas personas piensan como yo, excepto que sus ideas son muy diferentes; pero ellas son tan buenas como yo. Aunque, en un vasto mar de religiones humanas, ¿cuáles son las probabilidades de que yo tenga razón? Muy pocas. Probablemente ninguno de nosotros tenga razón. Tal vez es un subproducto de algún otro proceso cognitivo. Eso es lo que creo.

La idea de que existan un agente invisible, lo llamo Dios, y un lugar invisible [...] de manera natural hemos nacido con esta idea. Viene de forma natural para protegernos [...] De la teoría de la mente [...] Es solo un pequeño paso que imaginar, porque en realidad no podemos concebirnos a nosotros mismos muertos. De veras que uno no puede hacerlo. Así que son solo unos pasitos mínimos hasta imaginarse a uno mismo continuando en algún otro lugar.

Mucha gente asocia la religión con la moralidad y los valores. Anticiparse a una vida ultraterrena guía nuestras acciones diarias. Para Shermer no hay relación entre los sistemas de creencias religiosas de una persona y la naturaleza de sus valores o conductas hacia los demás:

Lo primero de todo es que no existen evidencias de que los ateos tengan una moralidad inferior a la de los cristianos o cualesquiera otros creyentes. Así que es una cuestión discutible: ¿quién de ellos es más moral? Pero ¿por qué actúan moralmente? Yo argumento que es porque hemos desarrollado evolutivamente emociones morales que estaban ahí mucho antes de que la religión evolucionase. Hace cientos de miles de años, o millones, desarrollamos, como la especie de primates sociales que somos, esas emociones para que nos ayudasen a llevarnos bien, porque teníamos que hacerlo. De manera que lo que hizo la religión cuando apareció es empezar a identificar ciertas características de la naturaleza humana que tenían que ser puestas bajo control: el problema de los aprovechados, las infidelidades, decir la verdad, todas esas cosas. La religión llegó después del hecho.

Los ateos somos morales porque nos dedicamos a ello. Somos criaturas morales la mayor parte del tiempo, y en la mayoría de las circunstancias muchos de nosotros somos buenos y hacemos lo correcto.

De la diversidad al pluralismo

Incorporar todas las diferentes visiones del mundo que existen sobre la vida y lo que puede haber después es un trabajo que amplía la mente y que en ocasiones es confuso. ¿Cómo hacemos para que tantos sistemas de la verdad tengan sentido? ¿Es posible adoptar una visión del mundo nueva, que incluya múltiples ontologías según va conformando una cierta totalidad de nuestra humanidad colectiva? Si elevamos nuestro nivel de consciencia de la muerte con diferentes modelos de realidad, ¿podrá eso ayudar a aliviar el terror a la muerte y a mejorar el impulso de agredir a quienes tengan puntos de vista diferentes de los nuestros?

Para conseguir una imagen completa de los muchos puntos de vista sobre la muerte y la vida ultraterrena, me he beneficiado de las percepciones de Diana Eck, catedrática de religiones comparadas y directora del Proyecto Pluralismo, de la Universidad de Harvard. En su trabajo reconoce que la diversidad de las culturas es un hecho demográfico. Por otra parte, el pluralismo nos permite celebrar las diferencias en un esfuerzo para encontrar nuestras propias verdades profundas y nuestros senderos hacia el significado. Más que aseverar la realidad definitiva de un sistema sobre otro, el pluralismo nos anima a que veamos nuestras creencias como marcos interpretativos que pueden respetar otros marcos. Eck argumenta convincentemente que, en nuestro interconectado mundo, necesitamos nuevas formas de pensamiento y de diálogo sin enfrentamientos que nos ayuden a encontrar los pasadizos entre las diferentes visiones del mundo y las perspectivas de la fe. Como ella misma dijo en su conferencia Gifford en la Universidad de Edimburgo en 2009, tales momentos ocurrirán a través de nuestros puntos de contacto, «no en nuestros estudios y en nuestras bibliotecas, sino en las relaciones con gente de otra fe, cuando aprendamos a hablar y a escuchar nuevamente, al alcance unos de otros».[1]

Como se dice en el modelo de transformación de la visión del mundo, participar de visiones del mundo diferentes puede conducir a cambios fundamentales a la hora de comprender nuestras propias experiencias y perspectivas. Eso puede reducir las afirmaciones dogmáticas y convocar una mayor humildad y compasión, según nos motivamos a mantener nuestros conocimientos —y los de los demás— y a encontrar una curiosidad y una apertura nuevas. Aprender sobre los sistemas de veracidad de otras personas nos ofrece lo que Eck llama «semillero de la verdad cruzada con la ontología». La germinación de nuevas perspectivas en un suelo común, que abarque muchas expresiones de experiencias vividas, nos permitirá profundizar y ampliar nuestra propia visión individual del mundo y nuestras prácticas transformativas. Nos llevará hacia una ecología de las percepciones que crean un contexto fértil para el crecimiento y el descubrimiento. Aportar una consciencia mayor a nuestra propia mortalidad y a nuestras creencias sobre la vida ultraterrena puede afectar a nuestra psique, al convocar nuevas formas de estar juntos en este mundo. También puede indicar nuevas vías de comprender lo que podría ocurrir después de haber muerto y cómo podemos encontrar paz en ese conocimiento. Podríamos sacar partido de la inteligencia completa de nuestras mentes y de la sabiduría de nuestras almas, para conseguir un conocimiento universal de nuestra unión y de nuestras experiencias humanas compartidas. Podría ser que en este cambio se revelasen más aspectos, o dimensiones, del mundo de los que habíamos observado previamente.

RECOPILACIONES

En este capítulo nos hemos encontrado con una sección representativa de las diferentes visiones del mundo sobre la muerte y la vida más allá de ella. Hemos escuchado las voces de personas que aúnan las perspectivas viejas y las nuevas, lo que ayuda a modelar un discurso emergente que respeta el pluralismo. Cada voz que escuchamos nos señala las formas en que podemos valorar las perspectivas de las diversas tradiciones, mientras nos mantenemos fieles a nuestra propia visión del mundo conforme crecemos y nos transformamos. Hemos escuchado a muchos que no temen la muerte; en lugar de eso, su consciencia de ella conforma cómo viven, con propósito y significado.

Las tradiciones mundiales ofrecen muchas vías para comprender la muerte y comprometerse con ella. Conforme vamos examinando la diversidad de las perspectivas, se nos invita a que reflejemos en nuestra propia visión del mundo lo que significa ser completamente humanos, ahora y más allá de esta vida. Al examinar nuestras propias creencias y suposiciones, podremos empezar a sacar el miedo a la muerte de las sombras de la negación hasta traerlo a nuestro diálogo vivido. En capítulos posteriores examinaremos más profundamente algunas de las prácticas transformadoras que se utilizan para superar el miedo a la muerte y para transformar el duelo en acciones que afirmen la vida.

Traer la consciencia de la muerte a primer plano, en el contexto del pluralismo, nos invita a ampliar nuestro grupo para que incluya un sentido del «nosotros» más extenso, como se predice en el modelo de transformación de la visión del mundo. Esta ampliación ofrece nuevas posibilidades para vivir plenamente en nuestro complejo y multicultural mundo. El gran trabajo de nuestro tiempo consiste en promover el surgimiento de una visión del mundo nueva, que sea lo bastante grande como para que abarque las muchas posibilidades y formas que existen de comprometerse con la verdad. Para conformar este nuevo compromiso, tenemos el sistema de veracidad de la ciencia.

En el próximo capítulo examinaremos las evidencias sobre la existencia de la consciencia más allá del cerebro y del resto del cuerpo. Examinar las evidencias científicas de la vida tras la muerte nos lleva al lugar de unión entre las vías noéticas de conocimiento y la búsqueda objetiva de la realidad.

◆ PRÁCTICA ◆
Cambiar del «yo» al «nosotros»

Encuentra un lugar cómodo donde relajarte. Reflexiona sobre tu propia curiosidad ante el mundo. Ten en consideración la forma en que cuestionas visiones del mundo que sean diferentes de la tuya.

Según lo hagas, piensa en alguna vez en la que hayas tenido una experiencia positiva con alguien cuya visión del mundo fuese fundamentalmente diferente de la tuya propia. Quizá ocurrió cuando viajabas y estabas en otra cultura. O acaso más cerca de casa, cuando conociste a alguien de una raza o grupo étnico diferente. Permite que la imagen de ese encuentro se convierta en un espejo donde veas lo que tú eres. ¿De qué manera era esa persona semejante a ti? ¿En qué era diferente? ¿Puedes encontrar áreas de propósito común que te brinden nuevas perspectivas para tu propia visión del mundo? ¿Aprendiste algo acerca de esa persona, o de ti mismo, que te sorprendiera? ¿Qué imágenes y pensamientos te surgieron? ¿Qué recuerdos concretos, qué sensaciones y experiencias específicas se alzaron en aquel momento? Escribe en tu diario, durante al menos diez minutos, esas o cualesquiera otras perspectivas que hayas podido tener de este capítulo.

Considera compartir esta práctica con un amigo o alguien de tu familia y debatid lo que cada uno hayáis observado. Permite que haya un tiempo para escucharse profundamente el uno al otro antes de participar en un debate sobre lo que hayáis visto en común en vuestras experiencias.

CAPÍTULO 5

LA CIENCIA DEL MÁS ALLÁ

En relación con las experiencias finales de la vida, al estudiar las paradas cardíacas y las experiencias cercanas a la muerte se me hizo perfectamente claro que, si la gente tuviera razón, este podría ser un modelo muy bueno para la muerte misma.

DOCTOR PETER FENWICK

La visión del mundo de la corriente científica principal se basa en el materialismo. Muchos consideran que la idea de que nuestra conciencia pueda ampliarse más allá del cuerpo es una herejía. Aun así, un pequeño círculo de científicos transdisciplinarios está investigando la espinosa cuestión que ha ocupado la imaginación de la humanidad a lo largo del tiempo: ¿qué ocurre cuando morimos? Estos científicos posmaterialistas están abordando el asunto de la consciencia y la supervivencia a la muerte corporal desde muchos ángulos diferentes, que se apartan de una ciencia estrictamente materialista.

Elaborar el caso científico para la supervivencia *post mórtem* es un poco como montar un rompecabezas. Reconstituir las evidencias implica utilizar el tipo de ciencia naturalista que Charles Darwin llevó a cabo cuando buscaba documentar la evolución por medio del uso de diversos conjuntos de datos. Los estudios sobre la muerte y las experiencias cercanas a ella, así como las experiencias de fuera del cuerpo, la reencarnación y la conciencia sin localización física, forman parte de una imagen que surge ante nosotros. Participan de este diálogo los apasionantes desarrollos científicos que aportan herramientas nuevas a las antiguas preguntas y nuevas preguntas a las hipótesis indiscutibles.

CARTOGRAFÍA DE LAS EXPERIENCIAS CON LA MUERTE Y EL MÁS ALLÁ

En el transcurso de su carrera académica, Peter Fenwick trabajó como neuropsiquiatra en el Hospital Maudsley, en Londres, donde dirigió la unidad de epilepsia y neuropsiquiatría durante varios años. Además, publicó una infinidad de artículos científicos tradicionales sobre la función cerebral. Menos tradicional es su pasión por el estudio de la muerte y de las experiencias cercanas a ella y del final de la vida. Nos explicó:

En realidad fue la casualidad lo que me llevó a este trabajo. Yo creía que no había nada digno de estudiarse en las experiencias cercanas a la muerte. Estas experiencias ocurrieron en California, y nunca cruzaron el mar hasta Inglaterra. Creí que probablemente eran más un producto de la imaginación. Entonces llegó un caso a mi consulta. El hombre había padecido un paro cardíaco; había tenido una asombrosa experiencia cercana a la muerte, y yo sabía que esa experiencia era verdadera.

La transformación le llegó a Fenwick cuando intentaba construir vínculos entre la ciencia materialista y la posmaterialista. Fueron los datos, más que sus propias experiencias noéticas, los que lo llevaron a replantearse su visión del mundo. Muchos lo considerarían un aventurero por examinar los reinos ocultos de la realidad. Tomando a William James como inspiración, adoptó la postura de un empirismo radical. A finales del siglo XIX, mientras trabajaba contra la marea creciente del conductismo en psicología, James había alegado que cualquier ámbito de la experiencia humana es un tema válido para la investigación científica. Acaso suponga la experiencia de una presencia fantasmal, o de una aparición. O quizá se trate de una experiencia extracorporal, en la que la gente relata que ha visto realmente a su cuerpo físico desde un punto de vista diferente. Tanto los diversos tipos de experiencias sensoriales que describe mucha gente, incluyendo la música y la armonía, como los estados místicos, cualquier cosa puede volverse un dato puntual que podemos analizar según diferentes sistemas explicativos: las vías noéticas de conocimiento y las racionales.

Igual que hiciera James un siglo antes, Fenwick buscó gente que hubiese experimentado estados especiales de consciencia. Escuchó muchas descripciones de estados trascendentes y extáticos y buscó los posibles patrones que conectasen los relatos entre sí. Los intereses que tenía al principio de su carrera le llevaron a leer gran parte de la bibliografía mística oriental y de las ciencias puras y duras. Me contó que «nuestra experiencia consciente del día a día es solo una pequeña parte de lo que es posible. Y aun así, no tenemos un conocimiento claro de la naturaleza de la consciencia, ni de lo que abarca».

Este neuropsiquiatra poco convencional ha documentado las experiencias que tiene la gente en el momento de la muerte. Utilizando su formación científica, ha recolectado informes en los que los agonizantes relataban vislumbres de la vida tras la muerte. Su meta ha sido trazar lo que ocurre cuando llega la muerte y la consciencia se desintegra. Muchos de sus pacientes hablan de haber tenido guías sobrenaturales —como familiares y amigos muertos— que venían a guiarlos en el reino de los espíritus. Fenwick informó también sobre aquellos que parece que hayan sido testigos de apariciones. Esto abarca a individuos que «no solamente sienten que están en comunicación con alguien, sino que tienen realmente una experiencia con algún tipo de energía».

Según Fenwick, tales experiencias indican que es posible que la gente tenga acceso a territorios alternativos de la consciencia. En 1987, él y sus colegas crearon la película documental *Vistazos de la muerte*, sobre las experiencias cercanas a la muerte. Los investigadores recibieron más de dos mil cartas sobre encuentros con otras esferas. Seleccionaron quinientas de estas personas que escribieron y les proporcionaron un cuestionario que daba ideas de cómo aumentar el trabajo futuro en asilos y residencias de ancianos por toda Europa.

Después de pasarse la vida profundizando en esos territorios ampliados de la consciencia, Fenwick está convencido de que la ciencia puede ser útil para llegar a comprender estas experiencias de la vida ultraterrena. Por ejemplo, en las experiencias cercanas a la muerte:

Sabemos muy bien lo que ocurre porque tenemos relatos muy buenos de aquellos que las han experimentado. También somos capaces de decir en qué estado se encuentra el cerebro, especialmente si se utilizan los casos de paradas cardíacas, porque en ellos no existe función cerebral alguna. De esa manera, la ciencia puede comprenderlo.

Entonces llegas al límite de la ciencia. Te ves con algo que la ciencia, hasta ahora, no ha examinado adecuadamente, o no lo ha hecho en absoluto en algunos casos. ¿Cómo es que esa gente puede tener experiencias si su cerebro no funciona? Necesitamos mucha más claridad en ese punto. Si es cierto que se pueden tener experiencias cuando el cerebro no funciona, eso quiere decir que la consciencia, o la mente, no es de hecho lo mismo que el cerebro. Eso es un paso fundamental.

Según él, existen semejanzas muy grandes entre la gente que ha tenido experiencias cercanas a la muerte y los agonizantes. Desde sus estudios de casos, informa que algunas personas que están agonizando o que han estado cerca de la muerte dicen que parientes muertos vienen a reunirse con ellos para ayudarles durante la agonía. En el transcurso de esta fase de transición, hay quien parece que transite entre esta realidad y otra distinta, de maneras que comparten las mismas características que se ven en las experiencias cercanas a la muerte. Fenwick siguió explicando:

Más o menos en el momento de la muerte, se ven formas que salen del cuerpo y a veces la habitación se ilumina por una luz espiritual, que es muy parecida a la que se ve en las experiencias cercanas a la muerte. Uno de los aspectos más interesantes de las experiencias de muerte inminente son las coincidencias in artículo mortis que se relatan. Estas muestran un vínculo entre gentes que están conectadas emotivamente, aunque estén a continentes de distancia entre sí, lo que indica que la mente tiene la cualidad de no ser localizable.

¿Cómo explica Fenwick, que es un neurocientífico de la línea dura, los fenómenos de los que informa? Inmediatamente admitió:

Va a ser algo muy difícil de encajar en la ciencia actual. Parece como si cuando la función de tu cerebro está apagada existiera un conjunto de experiencias en las que llegas a dejar el cuerpo, e incluso llegas a observar los esfuerzos de resucitación. Ahora bien, ¿qué sucede durante ese momento de estar fuera del cuerpo? No hay función cerebral; tienes una parada respiratoria, no respiras; todos los reflejos del tronco cerebral han desaparecido. De manera que, de hecho, eso es un modelo buenísimo para la muerte misma.

Desde ahí, toma en consideración la naturaleza de la mente. Plantea la pregunta de si la mente puede funcionar si el cerebro no lo hace. Conjetura que es posible que la mente funcione de manera diferente que el cerebro.

Por ejemplo, parece que sea capaz de hacer cosas que tú y yo no haríamos en nuestra mente normal. Si estás arriba, en el techo, como muchos están después de una parada cardíaca (al menos, la consciencia lo está), cuando miras abajo podrás ver la parte de encima de un objeto. Todos nosotros podríamos si estuviésemos allí arriba, pero lo que nunca podríamos es ver la base del objeto a la vez. Ellos pueden verlo por todos lados.

Es como si tuviesen una vista pluridimensional. Algunos dicen que pueden ver en trescientos sesenta grados, una vista pluridimensional de nuevo. Así que parece como si tuviese uno que argumentar que en ese estado somos seres pluridimensionales, de una manera que no somos cuando nos hallamos en el estado de consciencia normal. Es como si se levantase algún tipo de velo. Y luego, por supuesto, sigues adelante con el resto de la experiencia. El modelo para esto sería que, de una manera u otra, existe de hecho un período transitorio hacia otra dimensión antes de que se completen los cambios de la muerte.

Como médico y científico, Fenwick ha sido parte de la transición hacia la muerte de muchas personas. Ha examinado esas experiencias de muerte inminente y ha informado que parece que la gente se desplazase dentro y fuera de realidades no ordinarias.

Eso se enlaza muy bien con la experiencia cercana a la muerte. Y después, en el momento de la muerte misma, uno se ve con una asombrosa cantidad de fenómenos, a los que enlazo de alguna manera con la pérdida de la consciencia. Una luz puede rodear al cuerpo; la persona agonizante puede ir a visitar a alguien. Y luego tienes fenómenos que suceden en la habitación: la televisión se apaga sola, las alarmas suenan sin que nada las toque. Cuando la gente muere, a veces suceden todo este tipo de cosas. De modo que es algo muy complejo. No es solamente un interruptor que se apaga; podría serlo, pero, en general, hay circunstancias en las que ocurre un gran número de estos fenómenos.

Ilustra sus ideas citando el caso de una persona que «es la que más lejos ha llegado». Esta persona era un controlador aéreo que tenía una vida estable. Luego sufrió una parada cardíaca. Su experiencia conllevaba los típicos aspectos de las experiencias cercanas a la muerte: vio el túnel de luz, tuvo el encuentro con un ser de luz y entró en una sala donde consiguió información. Fenwick nos dijo:

Llegó a un punto en que se le hacían preguntas, y él conocía las respuestas a todas esas preguntas. El conocimiento que obtuvo tenía que ver con la estructura del universo y así. Luego salió de la sala y empezó a transformarse en energía. Se describe a sí mismo como flotando, hecho pura energía. Después se fue moviendo hacia una fuente de energía cósmica con la que iba a fundirse. Recuerda que cuando decimos «energía», hablamos de amor, luz y compasión; de eso se compone. Cuando iba a fusionarse con esa fuente, se había dado cuenta ya de que no morimos nunca. De hecho, la muerte es simplemente la transición desde nuestra vida aquí hacia la experiencia tras la muerte.

Tenía que volver y contárselo a su mujer. Ese acto por su parte le llevó de vuelta enseguida a su cuerpo. Dice que está muy claro que lo que ocurre tras la muerte es altamente moral. Tienes que afrontar lo que hayas hecho. Nadie te sermonea, pero tú te sermoneas a ti mismo. También está muy claro que el universo entero es solamente un objeto. Así que entonces el modelo es que existen filtros; y que aquí –y estoy con William James en esto– parece que los filtros no nos dejan ver mucho de lo que hay más allá. Pero en ciertas circunstancias los filtros se rompen y se puede tener un atisbo de lo que verdaderamente es. Esa es la experiencia que parece que tuvo el controlador aéreo.

Aunque no todos los casos son iguales, el controlador de tráfico aéreo tuvo «visitantes en su lecho mortal». Esos visitantes, o seres espirituales, se presentan en el 25% de los pacientes que estudió Fenwick.

En la gama inferior, tienes [visitas de] hermanos, y esposas y maridos. En nuestra cultura, en nuestro ciclo, solamente el 3% son [visitas de] ángeles. Esta es la gente que viene. Muchas veces, la persona está tan cerca de morir como para que ellos [los visitantes] puedan saludarle, sonreírle, darle la bienvenida. Ellos [los agonizantes] no pueden decir nada porque están demasiado débiles.

Los casos de lecho de muerte y de experiencias cercanas a la muerte parecen indicarle a Fenwick que la consciencia se extiende más allá del cuerpo: «La mejor evidencia es el hecho de que, en estas situaciones, parece que la consciencia no se termine; parece que siguiera adelante. Pero tienes que plantear la pregunta: si sigue adelante, ¿cuál es su forma?».

Fenwick compartió conmigo su propia visión del mundo acerca de la supervivencia de la consciencia y de la pérdida inevitable de su propio cuerpo físico. Su visión del mundo se basa en sus muchísimos años de experiencia. Su investigación le ha ofrecido una sensación de confianza libre de miedos.

Estoy absolutamente seguro de que no existe extinción de la consciencia. No es como si uno se esfumase, es un progreso hacia otra forma de realidad. Los relatos que hemos tenido de esa realidad significan que ahora es más bien como esta de aquí, pero que lo que la gente puede hacer, cómo se mueve y demás, es diferente. No obstante, parece como si existiese la continuación de la consciencia personal de alguna forma.

¿Tengo miedo a la muerte? En absoluto. He contemplado demasiadas experiencias cercanas a la muerte como para tenerle miedo. He visto también demasiadas experiencias de final de la vida para temer a la muerte.

Ahora bien, ¿tiene miedo la gente a la muerte? Sí. ¿Por qué? Porque no ha realizado la práctica de morir. La mayoría de las personas tienen miedo de la agonía, más que del apagón mismo; pero si estudiasen los datos, su miedo a la muerte desaparecería. Si aceptas que la experiencia cercana a la muerte, especialmente en los casos de parada cardíaca, es un buen modelo para morir, no tienes nada que temer en absoluto. Te cuidarán todo el camino, de modo que, cuando llegue el momento, disfruta.

AVANCES EN NEUROCIENCIA

En la ciencia moderna, el funcionamiento del cerebro es clave para el estudio de la consciencia. Por una parte, la visión del mundo «fisicalista» reduce toda experiencia a disparos neuronales. Por otro lado, Fenwick cree que la consciencia puede extenderse más allá del cerebro.

Lo emocionante no es realmente el cerebro mismo, aunque, por supuesto, la maravillosa complejidad del mecanismo y de la arquitectura cerebrales es completamente fascinante. Para mí, el hecho realmente emocionante es lo que parece que sea la entrada a la consciencia.

La técnica actual de neuroimagen, tanto por examen del flujo de sangre –por ejemplo, el escáner fMRI (imagen por resonancia magnética funcional, por sus siglas en inglés)– como magnéticamente –por magnetoencefalografía–, nos ha mostrado las estructuras físicas que sustentan la mente y la relación que tiene esta con la función cerebral. Los últimos imanes 9 Tesla fMRI, que ahora se están desarrollando, nos darán una resolución de la función cerebral por debajo del milímetro, mientras que la magnetoencefalografía nos dará una resolución de tiempo por debajo del milisegundo. Con estas resoluciones mejoradas, sospecho que vamos a encontrar muchos más detalles de los mecanismos que manifiestan la consciencia. Pero la consciencia misma seguirá esquivándonos.

Como indica Fenwick, los científicos contemporáneos, equipados con modernas herramientas y tecnología, cuentan con nuevos modelos explicativos que dividen las líneas entre la ciencia materialista y la infinidad de creencias y prácticas religiosas que existen. Tenemos los escáneres por tomografía de emisión de positrones (PET, por sus siglas en inglés), el fMRI y los electroencefalogramas (EEG) multicanal avanzados: cada uno de ellos ofrece un atisbo de los complejos disparos neuronales que ocurren en nuestro cerebro. Los científicos del siglo XXI están cartografiando las emociones y las asignaciones de intención con precisión creciente; incluso cómo creen que pueden explicarse los encuentros místicos con otros mundos, las experiencias cercanas a la muerte y las creencias en la reencarnación: por medio de un circuito fisiológico reducido a un lugar concreto dentro de nuestra cabeza.

La mayoría de los científicos no cree que las experiencias cercanas a la muerte sean evidencia de una vida ultraterrena, como informaron los psicólogos Dean Mobbs y Caroline Watt en un artículo de la revista científica *Tendencias en ciencia cognitiva*:

No hay nada de paranormal en las experiencias cercanas a la muerte; la neurociencia puede explicar lo de ver luces brillantes, lo de reunirse

con los muertos o lo de que estés convencido de que eres uno de ellos
[...]

Tomados en conjunto, la evidencia científica indica que todos los aspectos de la experiencia cercana a la muerte tienen una base neurofisiológica o fisiológica: el vívido placer que se experimenta frecuentemente en las experiencias cercanas a la muerte puede ser el resultado de la liberación de opiáceos provocada por el miedo, mientras que la revisión de la vida y los componentes REM (movimiento ocular rápido, por sus siglas en inglés) que se dan en ese tipo de experiencias podría atribuirse a la acción del sistema noradrenalina-locus cerúleo. Las experiencias de fuera del cuerpo y los sentimientos de desligazón con el cuerpo físico pueden surgir por una descomposición de los sistemas plurisensoriales, y las luces brillantes y el túnel pueden ser el resultado de la ruptura del sistema visual entre el periférico y la fóvea por causa de la privación de oxígeno. Las expectativas a priori, con las que la persona logra que la situación tenga sentido al creer que va a experimentar el típico paquete de la experiencia cercana a la muerte, también pueden tener un papel fundamental.[1]

Hoy día, varios neurocientíficos están trazando nuevos senderos en el conocimiento de los cambios neurológicos que subyacen en las experiencias extracorporales y las cercanas a la muerte. Se están llevando a cabo investigaciones vanguardistas en Suiza, por ejemplo, para edificar un argumento materialista que explique esos estados místicos de consciencia. En Estados Unidos se está tratando de inducir esas experiencias extracorporales por medio de un choque eléctrico que se aplica en una zona del cerebro llamada *giro angular*. Por ejemplo, una mujer informó que tenía la sensación de estar colgando del techo, de mirar abajo y ver su propio cuerpo, de una forma muy similar a aquella con la que otra gente ha descrito el sentimiento de su experiencia más allá del cuerpo. Los estudios sobre el cerebro les indican a esos científicos suizos que «la activación de esas regiones es la correlación neuronal de la desencarnación que forma parte de la experiencia de fuera del cuerpo».[2]

Pero ¿proporcionan evidencia estos estudios de una consciencia más allá del cuerpo? Mientras que las explicaciones materialistas que reducen el misticismo exclusivamente al cerebro son atractivas, muchos científicos posmaterialistas argumentan que, simplemente, estas explicaciones son incompletas. Como señalarían con rapidez Fenwick y otros, esta visión del mundo no explica realmente las experiencias que ha contado la gente. Correlación en la actividad cerebral no es lo mismo que causa; las actividades eléctricas del cerebro no son las experiencias mismas.

Aun así, estudiar el cerebro ofrece muchas perspectivas sobre la consciencia más allá de él. La neurociencia ha hecho que se desarrollen nuevas tecnologías y estrategias para comprender la consciencia. Los programas de investigación ampliada incluyen la posibilidad de alcances aumentados de la consciencia más allá del cuerpo. Estos estudios tienen implicaciones importantes para la posible supervivencia de la consciencia después de la muerte corporal.

MEDIUMNIDAD Y COMUNICACIÓN CON LOS DIFUNTOS

Para abordar de cabeza este asunto de la consciencia, varios científicos que están interesados en la hipótesis de la vida de ultratumba estudian para ser médiums. Se concentran en personas que relatan comunicaciones directas con los difuntos y evalúan la precisión de esas comunicaciones. Examinan también lo que ocurre en los cerebros y los cuerpos de estas personas cuando afirman que están hablando con los muertos.

Julie Beischel se doctoró en farmacología y toxicología, con un título secundario en microbiología e inmunología, en la Universidad de Arizona. Bajo todos los estándares académicos, es una científica de la corriente principal. Hoy día lleva a cabo investigaciones sobre gente que presuntamente habla con los muertos. Trabaja con su marido y dirige el Instituto Windbridge para la Investigación Aplicada sobre el Potencial Humano, en Tucson (Arizona). Se enfocan en las experiencias y la información dada por un equipo de médiums. Beischel me describió su propia visión del mundo:

Cuando pienso en mi propia muerte, estoy de acuerdo con Woody Allen, cuando dijo: «No me asusta la muerte, pero no quiero estar allí cuando ocurra». Tengo miedo a morir, pero no temo estar muerta. Entiendo que la supervivencia es una característica de la consciencia, sencillamente, es lo que pasa. Cuando mueres, entras en un tipo diferente de existencia, y lo mismo que como cuando vienes a este cuerpo tienes que aprender a utilizarlo y a mover sus miembros, tienes que aprender a no tener ya cuerpo y a existir de esa manera. Así que, como científica, más bien espero la experiencia de saber cómo se siente ser una mente sin un cuerpo.

La mayoría de los científicos materialistas estrictos descartan la mera idea de que se puedan llevar a cabo investigaciones serias sobre la mediumnidad y la comunicación con los espíritus. Para abordar los retos metodológicos, los científicos posmaterialistas hacen uso de procedimientos elaborados y de controles científicos rigurosos. Su meta es la de aportar un acercamiento objetivo al estudio de los fenómenos subjetivos que residen más allá del materialismo convencional.

Dos estudios innovadores con médiums demuestran este acercamiento objetivo. Arnaud Delorme es el experimentado psicofisiólogo que creó el EEGLAB, una caja de herramientas de código abierto para analizar la actividad de las ondas cerebrales. Después de haber establecido unos cimientos sólidos para su credibilidad y su experiencia profesionales, decidió continuar un encuentro que una vez tuvo con un médium. Una experiencia noética personal hizo que se catalizase su propio proceso transformativo, como se predice en el modelo de transformación de la visión del mundo, e hizo que su profesión cambiase de intereses.

Delorme dirigió sus dos estudios en el Instituto de Ciencias Noéticas, trabajando con Beischel y otros científicos. Los investigadores reclutaron a cuatro médiums que habían trabajado anteriormente con Beischel en su centro de Arizona. Se los escogió porque ya habían mostrado resultados esperanzadores de una posible comunicación espiritual bajo varias condiciones científicas, según Beischel. Como comentó Delorme, los médiums eran un grupo dispar:

Eran unas personas verdaderamente interesantes [...] había de todas clases. El único hombre era un médium de negocios que dirigía a otros médiums. Teníamos a una médium superprecavida que era del tipo «vale, tengo una lectura para mañana y la gente va a pagar mucho dinero por ir. Ahora voy a hacer mis dos horas de meditación [...] Tengo que aislarme a mí misma para poder estar en el mejor estado posible». Teníamos una médium que estaba muy emocionada por la investigación y quería convencernos de todas las maneras posibles de que valía la pena. Cuando tomábamos el almuerzo, hacía lecturas de todos los que estábamos en la sala... Todos ellos habían tenido experiencias en la infancia o tenían algún tipo de historia de familiares suyos anteriores que hacían cosas similares.

Los investigadores diseñaron el primer estudio para ver si los cerebros de los médiums funcionaban de alguna forma especial cuando sentían que estaban en contacto con los espíritus de los difuntos. Compararon sesiones que involucraron aparentes comunicaciones espirituales con las veces en que a los médiums se les dieron instrucciones para que utilizasen su imaginación, se inventasen mentalmente una historia o pensasen en algún pariente. Se midieron las frecuencias y la actividad cerebral, para ver si se daban cambios objetivos que se correspondieran con las experiencias subjetivas de los médiums. Se les colocaron electrodos sobre los cráneos para registrar la actividad electro-cortical. Luego, midieron la fisiología que tenían los médiums durante cuatro estados mentales distintos: recuerdo, percepción, invención y comunicación con los difuntos.

Según Delorme, los científicos consiguieron mostrar mediciones de precisión estadísticamente significativa para las lecturas mediúmnicas de tres de los cuatro médiums. Los resultados de la actividad electro-cortical mostraban diferencias significativas entre los cuatro estados mentales inducidos. Esas diferencias indicaron que la mediumnidad podría suponer una experiencia subjetiva especial, diferente de la actividad mental asociada a la imaginación o al recuerdo. En concreto, cuando los médiums se estaban divirtiendo con los espíritus, su estado mental presentaba una lentificación de la actividad de las ondas cerebrales theta, lo que a su vez se correlacionaba con una precisión mayor en sus lecturas espirituales. La interpretación de los científicos fue que cuanto más vacío estaba el cerebro, en lo que se refiere a la memoria en acción, tanto más fácil era para los médiums obtener información fiable sobre el difunto.

En una segunda investigación, el equipo se propuso medir los cerebros de los médiums cuando lo que decían sobre los espíritus era acertado. Hicieron que cada médium realizara una lectura de un difunto, al que se identificó como «muerto-diana» en el estudio. El objetivo era establecer cuánto coincidía la lectura con lo que los investigadores sabían del muerto-diana. Para evitar sesgos o ilusiones, le pidieron al «modelo» (la persona para la que se hacía la lectura) que evaluase la lectura hecha para el difunto a quien conocía (el muerto-diana); además, se llevó a cabo una lectura de otro difunto a quien el modelo no conocía (el muerto de control), sin saber qué lectura era cuál. Al modelo se le dieron instrucciones para evaluar, línea a línea, cada afirmación que se había hecho sobre los dos fallecidos. Utilizando un complejo sistema estadístico, los investigadores fueron capaces de evaluar la precisión global de las lecturas comparándolas entre sí. Encontraron evidencias estadísticamente significativas de que las lecturas eran más precisas para el muerto-diana que para el muerto de control.

¿Prueban estos dos estudios la existencia de vida tras la muerte? Delorme se arriesga y hace notar que estos son estudios preliminares. Podría haber algún fallo oculto, un problema de repeticiones o datos insuficientes, simplemente. También es posible que los resultados pudieran atribuirse al fenómeno conocido como «superpsi», lo que significa que, aunque válidos, podrían reflejar una suerte de telepatía entre los vivos, más que una comunicación con los difuntos.

Dean Radin, a quien conocimos en el capítulo 3, era miembro del equipo que trabajó con médiums en el Instituto de Ciencias Noéticas.

Nos contó lo difícil que es conciliar las experiencias que la gente relata en la vida diaria con la clase de investigación controlada en un laboratorio que a los científicos les gusta hacer.

Para responder a la pregunta de si la consciencia trasciende o no al cuerpo, tenemos que saber lo que es la consciencia. Y no sabemos qué es la consciencia. Sin embargo, lo que yo pienso, basándome en estudios científicos, es que existe algún aspecto de la consciencia que se extiende más allá del cuerpo.

Ahora bien, eso no significa necesariamente que la consciencia pueda mantenerse separada. Es como algo separado de alguna manera de ti, o que tú eres eso, o estás dentro de eso [...] Creo que en realidad aún no sabemos lo suficiente. No solo eso, sino que las evidencias de los estudios parapsicológicos no indican realmente que la consciencia esté separada del cuerpo. Cuando hablamos de la relación cuerpo-mente, podría ser las dos caras de la misma moneda, en cuyo caso se necesita un cuerpo para mantener la consciencia, y viceversa.

La hipótesis superpsi está capitaneada por Daryl Bem, a quien conocimos anteriormente. Se ha pasado muchísimos años estudiando los fenómenos psi (o psíquicos) y proporcionando evidencias convincentes para experiencias tales como la precognición, o conocimiento del futuro.[3] Bem reconoce que su visión del mundo es compleja y dinámica.

Mi cerebro está como dividido sobre dónde me sitúo en este asunto del materialismo contra el no materialismo. He consultado todas las investigaciones sobre la vida ultraterrena, y aún no estoy convencido del todo de ello, porque estoy abierto a la posibilidad de que estemos tratando con el psi, con la clarividencia, con la telepatía entre los vivos [...] Me resisto a la idea de que vemos una vida ultraterrena, o de que esencialmente nos comunicamos con gente fallecida; pero ciertamente estoy abierto a la posibilidad de que, como fuente de energía, [la consciencia] no desaparezca así como así con nuestro cuerpo.

Este tipo de investigación me hace creer que nuestra consciencia se extiende mucho más allá de nuestro cuerpo y de nuestro cerebro. De modo que de alguna manera una consciencia ampliada armoniza bastante bien con lo que intenta tratar la física moderna. En física, la cuestión del tiempo todavía está abierta [...] La mayoría de los físicos están de acuerdo en que las leyes actuales de la física son simétricas en el tiempo: no distinguen entre el tiempo que fluye hacia delante y el que fluye hacia atrás.

No todos los científicos aceptan los resultados de la investigación sobre el psi, ni la mediumnidad. De hecho, muchos son muy escépticos con los datos psi y con los estudios sobre la consciencia más allá de la muerte. Bem, que es psicólogo social, especula sobre por qué podría ser así:

Muchos científicos se oponen a esto porque tienen miedo de parecer insensatos y no quieren cometer errores. Lo que pasan por alto, y que deberían conocer por su asignatura de estadística, es que no puedes evitar cometer errores, pero sí puedes elegir qué error cometer. El error tipo 1 consiste en sacar la conclusión de que existe algo cuando ese algo no existe. [En este campo de investigación] eso es lo que temen verdaderamente los psicólogos, porque les hace parecer unos insensatos. Adoptar criterios muy estrictos antes de estar dispuestos a decir que algo existe es lo que se conoce como error tipo 2. El error tipo 2 consiste en pasar por alto algo que existe, porque eres un escéptico que exige un nivel muy alto de confianza antes de estar dispuesto a comprometerse a sí mismo.

Al final, la objetividad puede ser algo difícil de conseguir. Fuera cual fuese el mecanismo por el que los médiums consiguen información sobre los difuntos, Delorme se ha acercado a estos temas interesado por su propia transformación de la consciencia. Aprender cosas nuevas a través de la lente de la ciencia contribuye a ampliar su conocimiento del mundo en que vivimos. Me dijo:

La ciencia es muy fría: datos, estadísticas... Siempre es bueno tener a esos médiums para hablar con ellos, para tener más interacciones en directo, para hacer lecturas, para contar historias [...] Incluso si la mediumnidad no es real, se ha demostrado que es beneficiosa. Ayuda a la gente a salir adelante.

Creo que los datos de estos estudios sobre los médiums nos dicen algo acerca de la consciencia que ahora mismo no aceptamos en el mundo. Conseguir información que está más allá de la percepción sensorial nos habla de la no localización de la consciencia y de sus propiedades ampliadas, que creemos que no existen [...] Estoy profundamente anclado en el modelo científico occidental, donde es la ciencia la depositaria de la verdad. Si averiguo que tengo pruebas, al menos más allá de toda duda, de que «vale, existe un aspecto no localizable de la consciencia, o de la supervivencia de la consciencia», tiene que darse un chasquido en mi mente que me permita llegar a la etapa siguiente. Eso es solo porque mi mente está muy anclada en la ciencia, pero quizá mi modelo entero cambie, evolucione. Todavía no ha ocurrido. Ya veremos.

DOCUMENTAR EVIDENCIAS DE LA REENCARNACIÓN

Hay una pregunta básica relacionada con la vida tras la muerte que es fundamental: si hay algo que sobreviva, ¿qué es ese algo? Los científicos intentan responder esta pregunta estudiando las vidas pasadas.

Ian Stevenson se pasó muchísimos años recogiendo estudios de casos que sugieren la reencarnación. Con anterioridad a su muerte en 2007, Stevenson era psiquiatra jefe del Departamento de Psiquiatría de la Universidad de Virginia. Cuando llegaban a sus manos informes de varias partes del mundo sobre niños que decían que tenían recuerdos de una vida anterior, se decidía a investigarlos. Él y su equipo se ponían en marcha para documentar presuntos casos de reencarnación, sin tomárselos nunca por su valor nominal. Su método consistía en examinar lo que decía el niño y compararlo con el perfil biográfico de una persona que vivió y murió de verdad antes de que el niño hubiese nacido. Aunque los métodos no eran lo que se conoce como estudios bien controlados en laboratorio, Stevenson y su equipo se los plantearon con precaución y rigor.

Los métodos que utilizaron variaban con el transcurso del tiempo y con cada caso específico. Por lo general, Stevenson oía del caso de un niño que se refería a una vida anterior. Luego acudía a hablar con la familia y documentaba lo que decía el niño, tan cuidadosa y exactamente como fuese posible. Si se había identificado ya a la persona de la vida anterior, los investigadores se concentraban en lo que el niño había dicho antes de que su familia supiera nada de esa persona. Stevenson acudía después al otro lado del caso y hablaba con la familia del fallecido. Los psiquiatras repasaban cada declaración con un cuidado meticuloso para evaluar su precisión.

Algunos de los casos más evidentes que apoyaban la hipótesis de la reencarnación tenían que ver con marcas y defectos de nacimiento. En tales casos, el niño había nacido con signos corporales que encajaban con las heridas, generalmente mortales, que había en el cuerpo de la persona anterior. Los científicos buscaban los informes de las autopsias y entrevistaban a los testigos que hubiesen visto el cuerpo. Finalmente, Stevenson publicó un libro, *Reencarnación y biología: contribución a la etiología de las marcas y defectos de nacimiento*, en el que se describen más de doscientos de los mejores casos que él creía que sugerían la reencarnación.[4]

El doctor Jim Tucker es catedrático adjunto de psiquiatría y de ciencias neuroconductistas de la Universidad de Virginia. Junto con otros investigadores, continúa con el trabajo de Ian Stevenson en el Departamento de Estudios de la Percepción de la Facultad de Medicina de esta Universidad. Tucker mantuvo una consulta privada como psiquiatra infantil durante nueve años, antes de que le intrigasen los descubrimientos de la investigación sobre la posible supervivencia de la consciencia. Abandonó su consulta para centrarse en este asunto. Un segundo matrimonio y una transición vital lo abrieron a los fenómenos espirituales y psíquicos, lo que catalizó una transformación de su visión del mundo, aunque mantuvo una mente crítica. Para él, conocer la reencarnación no era un asunto de fe.

Tucker reconoció en una entrevista que la medicina convencional se enfoca en extender y mejorar la vida, pero que los profesionales sanitarios son reacios sobremanera a examinar el asunto de la vida tras la muerte. En la Universidad de Virginia se siente apoyado por un equipo de investigadores que está llevando a cabo un «trabajo muy cuidadoso, metódico y serio con este gran tema sobre el que todos nos preguntamos».

Basándose en esta investigación, está convencido de que existe algo más que únicamente el universo físico. El estudio de la reencarnación puede contribuir a ampliar nuestro conocimiento de la realidad. Él, al igual que otros científicos posmaterialistas, está intrigado especialmente por la idea de que pueda ser la consciencia lo que sobreviva a la muerte. En el caso de la reencarnación, las evidencias de los estudios de casos implican también que la identidad puede sobrevivir a la muerte del cuerpo. Tucker me explicó:

Existe eso de la consciencia, que tengo por una entidad aparte. Podría muy bien ser la entidad primaria desde la que crece el cuerpo. Esto suscita toda clase de preguntas, incluso las de si la consciencia de cada uno de nosotros la crea nuestro cerebro, o si el cerebro es un vehículo para ella, y si la consciencia sigue adelante después de que el cerebro y el resto del cuerpo mueran.

Después de haber evaluado los datos que apoyan la reencarnación, se dio cuenta de que muchos de los siete mil quinientos casos recogidos por Stevenson y su equipo eran evidencias. Los mejores de estos casos no tenían una fácil explicación científica materialista. Tucker me describió dos estudios de casos, tomados de sus propios datos en los Estados Unidos:

Uno es un niño llamado Sam Taylor, que nació dieciocho meses después de que el padre de su padre muriese. Cuando tenía un año y medio, más o menos, un día que su padre estaba cambiándole los pañales, Sam le miró y dijo: «Cuando yo tenía tu edad, te cambiaba los pañales a ti». Sus padres se quedaron pasmados con esto. Nunca habían tomado en consideración la reencarnación. De hecho, la madre era hija de un pastor baptista. El niño siguió diciendo ese tipo de cosas: «Yo era el abuelo, y era muy grande».

A los padres aquello les intrigó bastante. La madre le hacía preguntas, y el niño salía con algunos detalles muy interesantes. Hablaba de que la hermana del abuelo había sido asesinada. De hecho, la habían matado unos sesenta años antes. Los padres estaban seguros de que él no había oído hablar nunca de eso. Se refería también a su mujer en la vida pasada, que en esta vida era su abuela [...] que hacía batidos para él cada día, al final de su vida. Y no solo que hacía batidos, sino que utilizaba un robot de cocina para prepararlos en lugar de la batidora. Dio algunos detalles muy específicos.

La abuela murió cuando el niño tenía unos cuatro años y medio de edad. Su padre salió a recoger sus pertenencias y volvió con varias fotos —en casa de Sam no había fotografías de la familia de su abuelo—. Así que, una noche, la madre de Sam las esparció sobre la mesita de centro, simplemente mirándolas. Sam entró y empezó a señalar las fotos de su abuelo y a decir: «Ese soy yo, ese soy yo». Había también una foto del primer automóvil del abuelo. No había nadie en él, era solamente una fotografía del automóvil. Sam se emocionó mucho y dijo: «Eh, ese es mi coche». Para ponerlo a prueba, la madre le mostró la fotografía de una promoción de la escuela elemental y dijo: «Vale, enséñame dónde estás tú en esta foto». Sam recorrió con el dedo las diversas caras, se detuvo en la de su abuelo y dijo: «Yo soy este».

Esta es una situación de las que añaden lo que llamamos reconocimiento, por el que Sam fue capaz de escoger a su abuelo en una foto de grupo. También es lo que denominamos un «caso de familia», en el que el niño parece recordar la vida de un miembro de la familia. Estos casos presentan puntos débiles intrínsecos, ya que uno se pregunta si se pudiera haber captado información por medios normales. Pero incluso entonces, ya sabes, los niños podrían salir con detalles que los padres están seguros de que no han oído por casualidad; con el reconocimiento ya tenemos un caso más fuerte.

El segundo caso era uno que Tucker y Stevenson habían investigado juntos. Ofrece un ejemplo de evidencia biológica que apoya la reencarnación. Tales marcadores biológicos son quizá los datos más fuertes que apoyen la hipótesis de la reencarnación, porque son de naturaleza física.

El niño había nacido con tres marcas de nacimiento que parecía que encajaban con las heridas de su medio hermano muerto. A este niño se lo llamó Patrick. Cuando su medio hermano, Kevin, tenía más o menos un año y medio de edad, empezó a cojear y, finalmente, se cayó y sufrió lo que se llama una fractura patológica de la pierna. Acudió a una consulta médica, donde le hicieron una biopsia de lo que después resultó que era un tumor en el oído derecho. Le diagnosticaron metástasis cancerosa. Uno de sus ojos estaba magullado y era protuberante. Para el tratamiento, pusieron una gran vía intravenosa en el lado derecho del cuello, por donde le administraban la quimioterapia. A veces ese lado se inflamaba, pero en lo básico Kevin toleraba el tratamiento bastante bien.

Regresaron a casa, pero seis meses después [el cáncer] volvió. Su madre cuenta que en ese momento no veía con el ojo izquierdo y que tenía hemorragias porque [el cáncer] había invadido la médula ósea. De todas maneras, le administraron una sesión de radiación. Kevin volvió a su casa y murió un par de días después.

La madre estaba asolada por la pérdida. Al final, ella y el padre de Kevin se separaron. Ella volvió a casarse y tuvo una niña, un niño y, doce años después de que Kevin muriese, a su tercer hijo, Patrick.

Ella enseguida se dio cuenta de que Patrick tenía cosas que encajaban con las que Kevin había sufrido. Tenía el ojo izquierdo cubierto por un velo opaco, que más tarde se diagnosticó como leucemia corneal. Eso lo dejó ciego de ese ojo, lo mismo que le había sucedido a Kevin. Además, tenía un nódulo en el oído derecho que encajaba con el de la biopsia en el caso de Kevin y una marca en el cuello donde le pusieron la vía intravenosa a Kevin: parecía un corte pequeño, era solo una pequeña raya oblicua. Cuando empezó a andar, lo hacía cojeando, justo como hacía Kevin, aunque no había ninguna razón médica aparente para la cojera. Una vez que creció lo suficiente para hablar, contaba ciertos pormenores de la vida de Kevin, incluso descripciones acertadas de la casa donde él y su madre vivían por entonces y donde tuvieron lugar varios incidentes. Fuimos capaces de conseguir los expedientes médicos y de documentar varios detalles que su madre nos había contado sobre Kevin. Nos aportó una nota manuscrita que mostraba que Patrick tenía su marca de nacimiento en el mismo lugar [...] Para la madre era muy reconfortante pensar que, de alguna manera, tenía otra vez a Kevin con ella; pero eso no quiere decir que pueda descartarse el caso. Claro que estaba contenta por ello, pero se daban también los otros rasgos que justifican que se les preste atención.

Hay muchos científicos materialistas que mantienen un profundo escepticismo sobre esos datos, porque no encajan en el modelo materialista. Aquellos que son críticos con los descubrimientos sobre la vida ultraterrena utilizan palabras como *anécdota*, *coincidencia* o incluso *engaño*. Como recalcó Tucker, se han ofrecido explicaciones alternativas para estas recolecciones de casos; se ha afirmado que representan coincidencias sin valor científico. Ha habido mucha gente que ha vivido y ha muerto, así que ciertos detalles van a concordar solo basándose en la suerte. Tucker me explicó:

Algunos critican el trabajo rechazándolo de lleno, diciendo que la reencarnación no puede ocurrir, de modo que es evidente que no hay validez en este trabajo. Eso no es verdaderamente científico; será quizá una especie de cientificismo, pero no es una visión científica si se permite que las creencias propias perjudiquen la visión de las evidencias, cuando en realidad debería suceder al revés.

Para resumir la naturaleza de la evidencia, Tucker dijo:

Tras cincuenta años de investigación, ahora tenemos en nuestros archivos dos mil quinientos casos de niños pequeños que hablaban de recuerdos de vidas pasadas. Algunos de ellos ocurrieron en lugares donde existía la creencia en la reencarnación, pero otros se dieron en lugares, como los Estados Unidos, donde no existe una creencia general ni familiar en la reencarnación.

Varios cientos de casos comportaban marcas o defectos de nacimiento que encajaban con heridas en el cuerpo de la persona fallecida. Y algunos de ellos tienen también registros por escrito, por los que sabemos exactamente lo que el niño había dicho sobre la vida anterior. Podemos contrastar eso con esa persona, si ha sido identificada. Si tomas todos esos casos como un grupo, con lo que te quedas es con una evidencia significativa de que no existe una explicación normal que pueda descartarlos fácilmente.

¿Cómo sabemos lo que sabemos? ¿Qué cantidad de datos puede convencernos para que cambiemos nuestra visión del mundo? Como para Tucker, para el psicólogo clínico Rick Hanson existen las suficientes evidencias de la reencarnación como para sentirse seguro:

Hasta si eliminamos el 99% de los casos anecdóticos en los que la gente habla de reencarnación —o de los casos de gente que habla de experiencias cercanas a la muerte cuando regresa de ella, o aquellos en los que parece que haya tenido alguna clase de contacto con esencias, o influencias, o factores, o incluso personalidades que han pasado más allá—, incluso si eliminamos el 99% de eso, desde la perspectiva matemática es una prueba de existencia: solo necesitamos una. Un solo caso. Es difícil imaginar que todos y cada uno de estos relatos sean descartables. Todo esto me da una cierta sensación de que existe alguna clase de transformación que ocurre tras la muerte del cuerpo físico.

RECOPILACIONES

Evaluar las evidencias de una vida ultraterrena es una experiencia objetiva y subjetiva a la vez. En este capítulo hemos examinado cómo encara la ciencia estas cuestiones. Aunque el estudio de la vida tras la muerte está aún en su fase más incipiente, están saliendo a la luz pautas importantes. Es posible que la línea divisoria entre ciencia y creencia espiritual no sea tan nítida como algunos creen. Más que darse unos límites claramente definidos entre mente y materia, lo que surge es un modelo nuevo, más fluido, que borra la línea entre las hipótesis físicas y las metafísicas, como borran los pies de los niños la tiza en las aceras durante un largo día jugando a la rayuela.

Aunque los datos de las experiencias cercanas a la muerte puedan ser, o no, evidencia de que existe una consciencia que sobrevive a la muerte física, estas experiencias pueden tener consecuencias que cambien la vida. Son catalizadoras para las transformaciones de las visiones del mundo. Como hace muchos años señalaba William James, estas experiencias noéticas pueden conllevar una llamativa sensación de autoridad sobre la naturaleza de la vida y de lo que viene después. Para los investigadores Arnaud Delorme, Peter Fenwick y Daryl Bem, la ciencia es una práctica transformativa que les ayuda a conocer mejor lo que es cierto. Sin embargo, según explicaba Bem, en la naturaleza de la ciencia no existen respuestas absolutas ante la afirmación de verdad alguna. Gran parte de lo que sabemos se basa en nuestras hipótesis y nuestra experiencia personal directa. En el capítulo siguiente tendremos en consideración más profundamente varias prácticas sobre la consciencia de la muerte que contribuyen a que transformemos nuestra relación con ella.

♦ PRÁCTICA ♦

Contrastar las vías de conocimiento objetivas y subjetivas

Tómate unos momentos para centrarte y relajarte. Analiza tu propia visión del mundo y tus creencias sobre la muerte y la vida ultraterrena. ¿Cómo sabes lo que sabes? ¿Qué modela tu evaluación de las evidencias de una vida ulterior? ¿Cómo formas tus propias opiniones y creencias? ¿Hasta qué punto se basan en tus experiencias noéticas directas?

¿Qué papel tiene la ciencia, y su enfoque en un conocimiento objetivo, a la hora de modelar tu visión personal del mundo?

Luego dibuja en tu diario un círculo que llene toda la página. Dentro de él crea un gráfico circular que esté dividido para mostrar tu propia evaluación de lo que conforma tu visión del mundo, y en qué proporción. Si dibujas a lápiz, podrás cambiar las proporciones según lo necesites. Dedica unos diez minutos a escribir lo que hayas aprendido de esta experiencia, sobre lo que moldea tu visión del mundo, incluyendo tanto las vías de conocimiento subjetivas como las objetivas.

CAPÍTULO 6

LA PRÁCTICA DE MORIR

Estar en contacto con la consciencia, que es lo opuesto de estar en contacto con los contenidos, incluso si la consciencia no fuese algo que sobreviva en su forma presente [...] creo que esa postura te hace más capaz de tratar con lo que podría llegar en esos momentos de muerte.

CASSANDRA VIETEN

Existen muchos relatos de gente que tiene consciencia y volición durante la agonía. Para Satish Kumar, estar en presencia de la muerte intencionada de su madre le ha servido para conocer la muerte. Su madre decidió a los ochenta años de edad que era hora de hacer la transición. Le dijo a su familia: «Ahora este cuerpo es demasiado frágil. No veo bien, no puedo cocinar bien, no puedo atender bien el jardín, no puedo caminar bien. Quiero una vida nueva».

La creencia de la familia en la reencarnación fortaleció a la anciana. Se reunió con sus hijos y se despidió de todos. Cuando le preguntaron adónde iba, les dijo que había llegado la hora de su transformación. Había decidido ayunar hasta la muerte, empezaría al día siguiente. Estaba lista para un cuerpo nuevo y quería empezar el camino de tenerlo. Según se fue difundiendo la noticia, la gente fue a visitarla para cantar canciones, himnos y mantras.

Kumar me dijo:

Era una atmósfera de conmemoración de su vida; ayunó durante cuarenta y cinco días, ¿te lo imaginas?, ¡la fiesta duró cuarenta y cinco días! Ella no tuvo nunca miedo, porque era consciente de que era solamente el cuerpo lo que cambiaba de forma. La fuerza vital es constante; se despliega, evoluciona, pero no muere.

La experiencia le confirmó a Kumar que la muerte debería ocurrir en casa, de ser posible, y en la compañía de los seres queridos. «El estado, el pueblo, la familia, todos deberían apoyar la muerte en brazos de los familiares», manifestó. Luego me habló de otro miembro de la familia, su suegra, que murió a los noventa y cuatro años. Su muerte fue también una experiencia poderosa y transformativa, y un regalo para toda la familia:

Cuando mi suegra enfermó, mi esposa —su hija—, sus nietos —mis hijos—, un biznieto..., todos estábamos en su casa con ella. Una tarde dijo: «Tengo un poco de sed», así que mi hija le llevó un vaso de agua. Sin embargo, [mi suegra] no podía beber bien, de manera que mi hijo la cogió en sus brazos. Y cuando iba a beber, no pudo hacerlo. Murió en los brazos de sus nietos, que le daban agua. Esa es la mejor manera de morir.

Se necesita una nueva consciencia en los Estados Unidos, una consciencia que debería proporcionar a la gente una muerte digna, una muerte amorosa. La gente debería morir en brazos de sus hijos, de sus nietos, de sus amigos; pero una muerte solitaria en un hospital no está bien. Y en los Estados Unidos, un país tan rico, un país tan avanzado [...], si en los Estados Unidos uno no puede darle a la persona agonizante una muerte digna, ¿qué país puede hacerlo? Se necesita un nuevo movimiento de concienciación para una muerte digna.

EL IDEAL DE UNA BUENA MUERTE

La sociedad occidental ha trabajado para definir los caminos que llevan a la muerte. Sabemos que el corazón falla y que los riñones se apagan; pero en general se ha prestado muy poca atención a los cambios experimentados en el estado mental de los agonizantes, o a los modos en que cambiamos nuestra consciencia y nuestro conocimiento.

Como señaló Janet Quinn, enfermera, educadora y profesora, «cuando hay siete mil millones de personas en el planeta, es que hay siete mil millones de maneras de morir». Sin embargo, existen formas y modelos que conforman las tradiciones de la práctica. Se vuelve un obstáculo que hace que la gente sienta que no muere de forma correcta. Tener una buena muerte significa cosas diferentes para la gente. Ser capaces de morir donde y como queramos es importante para muchos de nosotros. Asimismo, disponer del control adecuado del dolor y de cuidados físicos es algo que también quiere la gente. Además, los cuidados sociales y espirituales son parte de la agonía.

Muchas tradiciones nos dicen que nuestras intenciones respecto a nuestra muerte y la atención que le damos a los agonizantes contribuyen a conformar el paso de la vida a la muerte. Al dejar establecido cómo queremos que sea nuestra muerte, y al atraer nuestra atención al poder transformador de la muerte, podemos recuperar nuestro poder personal en una sociedad que ha perdido en gran parte la práctica de morir.

La gran transformación de la muerte puede ser un tiempo de reconciliación. La persona que se enfrenta a ella puede hacerlo sin lamentarlo ni sentirse culpable, los desacuerdos familiares pueden sanar. Aportar consciencia a las experiencias del fin de la vida es consolador para los afligidos parientes, así como para los agonizantes mismos. Comprender la muerte como una parte natural de la vida elimina el estigma y la sensación de fracaso, a la vez que es útil para mejorar el temor y el sufrimiento.

Como miembro del clero, Lauren Artress ha formado parte del equipo de apoyo durante las horas finales de las vidas de mucha gente. Frecuentemente, la idea de la muerte no forma parte del diálogo que el clero mantiene con los agonizantes, aunque eso sea parte de la tradición cristiana. Artress describía su experiencia, como pastor canónico en la catedral de la Gracia, durante lo peor de la epidemia de sida a finales de la década de los ochenta, cuando examinaba detenidamente qué significa tener una buena muerte:

En un año tuvimos noventa y dos muertos en la congregación. Vivir una buena muerte, o morir una buena muerte (podemos verlo de cualquiera de las dos maneras), significa realmente que el agonizante se enfrente cara a cara con la transición y que entre en ella tan total y conscientemente como pueda.

La cualidad de tener una buena muerte es que la gente que recorre esa transición con el agonizante siente que ha recibido un don. Puede volverse más despierta, más iluminada; puede llegar a sentir que ha tenido una experiencia espiritual única en la vida.

Basándose en su propia experiencia al final de la vida, el médico, y paciente de cáncer, Lee Lipsenthal nos contaba sus sentimientos cuando sus días finales ya habían aparecido:

Personalmente, deseo que mi familia vea que muero bien. No quiero decir que eso sea una misión, quiero decir que sigo siendo yo conforme muero, que no estoy perdiendo el núcleo de lo que soy aunque mi cuerpo cambie y se marchite.

Al final consiguió su objetivo. Lee estaba en presencia de seres queridos cuando murió dignamente.

EL TIEMPO DE LA MUERTE

Diferentes estudios sociológicos han mostrado que no todos los días son iguales en lo que respecta a cuándo morimos. Por ejemplo, parece que los adultos tienen mayores posibilidades de morir el día de Navidad, el día siguiente o el día de Año Nuevo que cualquier otro día del año. Según los Centros para el Control de las Enfermedades, esto es cierto para la gente que muere de las enfermedades más comunes: problemas circulatorios, afecciones respiratorias, problemas endocrinos/nutricionales/metabólicos, enfermedades digestivas y cáncer. Es igualmente cierto si la gente muere de muerte natural. Llamativamente, eso no se aplica a quienes se quitan la vida.[1]

Los lunes son otro momento que se corresponde con la muerte. Un equipo de investigadores escoceses informó que hay más gente que muere de enfermedades cardíacas el primer día de la semana que cualquier otro día. Hasta la fecha no hay una explicación clara para este fenómeno. Está claro que el estilo de vida y los factores culturales están implicados: el exceso de alcohol durante el fin de semana, el temor a trabajar los lunes por la mañana y el estrés pasan factura a nuestro bienestar físico.[2] Estas tendencias de la muerte corroboran el vínculo que existe entre nuestros cuerpos, mentes y pautas sociales.

Aun así, existen otros factores que influyen en el tiempo de la muerte. Como en el caso de la madre de Kumar, que la muerte fuese un asunto intencionado. Desde sus estudios sobre sus experiencias con la muerte, Fenwick nos informa:

> Algunas de las personas que han relatado la aparición de visitantes en su lecho de muerte dicen que vienen a llevarlos a un viaje. Cuentan que han sido capaces de negociar un pequeño aplazamiento, acaso porque alguien que quiere despedirse esté aún de camino para verlos. Parece que se podría ser capaz de conseguir unos días más de tiempo extra por alguna buena razón.

PREPARARSE PARA LA MUERTE

En muchas religiones y tradiciones espirituales se han elaborado prácticas para ayudar a que la gente se prepare para su transición terrenal y, al hacerlo, transforme su miedo a la muerte. Los siguientes ejemplos son tres de estas prácticas transformativas.

Visualizar la muerte

En el sufismo existe una tradición llamada *Melami*. La tradición de visualizar la propia muerte se enfoca directamente en la realidad de esta, aunque también muestra a la muerte como una transición en la que se nos otorga la posibilidad de despertar. Aprendí esta práctica de

Metin Bobaroğlu, que es imán y vive en Turquía. El anciano maestro me explicó, por medio de un intérprete:

Nosotros creemos que hemos venido a este mundo para que experimentemos la muerte misma, para que nos preparemos para morir [...] Quiero hablar de las prácticas del antiguo Egipto, que son las que nosotros seguimos. Son muy complejas, pero lo explicaré de forma sencilla.

En esas prácticas hay cuatro grados. Los seguidores deben pasar por ciertas experiencias. Después de eso, deben tumbarse en una sepultura, en una tumba, para experimentar la muerte misma. Este es uno de los rituales, y se lo puede encontrar en todo tipo de tradiciones sufíes. El sufí es un hombre que muere antes de morir de muerte natural [...] Nuestros maestros nos preparan para este estado. Una vez terminada la experiencia, nos despiertan y ya estamos preparados para el servicio. En [esta] tradición, la gente que no muere antes de su muerte natural no puede servir al pueblo. Lo que se necesita para ser un maestro es tener esta experiencia.

Esta preparación sufí para la muerte es una práctica transformativa, que encarna los cinco pasos de la transformación de la visión del mundo (ver el capítulo 1). La gente tiene la intención mantenida de avanzar más allá del miedo a la muerte. Los sentimientos que se enconan en su subconsciente salen a la luz, con lo que cambia la atención hacia el despertar que llega en el momento de la muerte. La gente se entrega a actos repetitivos que le permiten vivir una nueva forma de comprender la muerte, basándose en la sabiduría y en los métodos de su tradición. En este desarrollo de su maestría, los derviches, o practicantes, son llamados a rendir servicio a una comunidad mayor en el espíritu de amor que caracteriza el camino sufí. Como indica la teoría de la gestión del terror, aprender a trascender el miedo a la muerte, en el seno de una comunidad solidaria formada por sus compañeros en la práctica, que fomenta la autoestima positiva y la vocación de servicio, ayuda a que la gente sane de lo que Ernest Becker definió como terror existencial.

Bobaroğlu contó su propia experiencia de anticipación a la muerte. La práctica sufí de concienciación de la muerte que describió, extraída específicamente de la tradición sufí de Naqshbandi, consta de cinco pasos. En ella es primordial el uso de la imaginación para conectar con la muerte. Los seguidores se dedican también a ayunar y a repetir nombres divinos. Después de estas acciones se ponen un velo, que representa a una cortina, sobre la cabeza.

Luego, empiezan a imaginarse que están muertos, que están enterrados en una tumba, que alguien lava su cuerpo antes del funeral. Se imaginan que su funeral ha concluido. Su muerte se ha realizado, y también los demás pueden ver que se ha realizado. El derviche debe visualizar estas imágenes en su propia cabeza.

Después de morir, la gente sigue existiendo en forma de cuerpo de luz. Cuando abandonamos nuestros cuerpos, seguimos viviendo en estado de sueño. Este estado es intermedio; se lo llama purgatorio, o, tal vez, el istmo. El profeta Mahoma dice: «Porque el dormir es una muestra de la muerte. Y el sueño es una muestra de la vida tras la muerte».

El punto principal de nuestra tradición es experimentar el amor, el amor divino. Lo primero: nacemos de nuestra madre con nuestro cuerpo, y ya tenemos una ansiedad fundamental en nosotros. Esta ansiedad fundamental ocurre por la muerte. Nacer es un trauma muy grande para el espíritu [...] Por eso, en nuestra tradición, el cuerpo significa una prisión. Y esperamos la experiencia de librarnos de esta prisión. Morir es una experiencia de renacer; estar muerto, morir, es la libertad misma.

La experiencia de la muerte es algo muy real y muy común en todas las tradiciones. En lo esencial, todas las religiones y tradiciones son lo mismo. Si pudiéramos comprender su esencia, podríamos vivir juntos en paz.

Ensayo mental

Tony Redhouse, el practicante nativo norteamericano, ha elaborado su propia práctica combinando formas tradicionales y noéticas como guía para prepararse ante la muerte. Mentalmente ensaya morir, con la intención de transformar su miedo a la muerte. Por medio de actos reiterativos y de la visualización busca suscitar su atención sobre aquellos aspectos de la vida que hubiese pasado por alto.

> Esto es lo que aprendo: voy a meterme en una cama de un hospital para enfermos terminales en este momento de mi vida porque observo ciertas dinámicas. Cuando estás ahí vas a observar toda tu vida, todo lo que hayas creado, y si has vivido fiel a ti mismo o te has pasado la vida entera viviendo las expectativas de alguien.
>
> Vas a estar en ese punto, y vas a mirar atrás, y habrá un cierto arrepentimiento. Lo que he aprendido con esto es que, ahora mismo, si me meto en una cama de un hospital para enfermos terminales y pienso en lo que ahora mismo quiero completar, en qué sueño quiero cumplir en mi vida ahora mismo, entonces tengo la capacidad, la pasión y la fuerza para lograrlos. Tengo la energía para cumplirlos. Lo voy a hacer ahora mismo porque no voy a esperar a estar muriéndome para decir: «¿Sabes?, yo no podré hacer lo que quería hacer».

El hecho de que emplee la intención, la atención, la repetición y la guía —cuatro de los cinco pasos del modelo de transformación de la visión del mundo (ver el capítulo 1)— es lo que hace del ensayo mental de Redhouse una práctica transformativa.

Hacer conscientes los pensamientos y las emociones

Cassandra Vieten es psicóloga clínica y directora general del Instituto de Ciencias Noéticas. Me contó que una forma de avanzar del miedo a la muerte al terreno de la posibilidad, tiene que ver con nuestros pensamientos y nuestras emociones:

> Estos pensamientos están siempre moviéndose por nuestras mentes, como si fuesen vagones de tren unidos unos a otros traqueteando de aquí para allá todo el rato [...] A veces sientes dolor, tensión, placer o la

infinita cantidad de sensaciones corporales que uno puede tener; pero estas sensaciones son siempre temporales y siempre están fluyendo. Luego, existe la esfera de las emociones [...] y de los sentimientos. Ahí puedes tener rabia, felicidad, tristeza, alegría y estados de ánimo como la presión o la ansiedad. Son casi como las tendencias del clima en el cielo. A veces hay huracanes, y tornados, y grandes tormentas, y rayos y truenos, y son muy intensos. A veces el cielo está relativamente claro, y en ti aparecen emociones, y pensamientos, y sentimientos muy sutiles. A veces están esas nubes como colgadas del cielo durante días, como un estado de ánimo. La idea es que el cielo es la consciencia que mantiene juntas todas esas emociones [...]

Cuando he experimentado ese cielo-mente, o esa consciencia que se da cuenta de todos los contenidos temporales y cambiantes que transcurren a través de la experiencia, casi se da la intemporalidad. Eso hace que me pregunte si la consciencia es quizá algo que sobrevive.

La práctica consiste en estar en contacto con la consciencia, que es lo opuesto de estar en contacto con los contenidos. Incluso si la consciencia no fuese algo que sobreviva en su forma actual, creo que esa afirmación te hace más capaz de tratar con lo que podría llegar en esos momentos de muerte.

Como describía Vieten, existen diferentes prácticas de meditación y de contemplación que pueden sernos útiles para desarrollar la capacidad de observar nuestros pensamientos y emociones. Esas prácticas nos ayudan a tratar con el miedo y las demás emociones que pudiéramos tener sobre la muerte. Por medio de la repetición se pueden desarrollar hábitos nuevos, con base en las historias que abundan en el marco de varias tradiciones contemplativas. De esta manera, la concienciación se puede convertir en una práctica transformadora para cultivar las experiencias positivas que rodean a la consciencia de la muerte.

RECOPILACIONES

En este capítulo hemos examinado varios modos de prepararnos ante la muerte para transformar el miedo que le tenemos. Esas prácticas transformativas son, de alguna manera, los cinco elementos del modelo de transformación de la visión del mundo, como se describió en el capítulo 1. Cualquier práctica de preparación a la muerte puede ser transformativa si nuestra *intención* es la de transmutar nuestro miedo a la muerte en una inspiración para los vivos, y si la práctica nos llama la *atención* hacia cómo vivimos actualmente nuestra vida. Por medio de la *repetición* de prácticas beneficiosas, como la visualización y la concienciación, podemos implantar nuevos hábitos y nuevas formas de desarrollar nuestros pensamientos y emociones. Hacer uso de la *guía* de expertos confiables, de las tradiciones establecidas y de los métodos noéticos de conocimiento contribuye a aplicar la práctica a nuestros actos y nuestras reacciones ante lo que la vida nos presenta a diario. De esta manera podremos fomentar la *aceptación* y la gratitud por las formas en que la muerte es una parte natural de la vida.

◆ PRÁCTICA ◆
Aceptación y autocompasión

Siéntate en silencio y concéntrate en tu respiración. Según lo vas haciendo, contempla la muerte, tanto la tuya como la de alguien diferente. Quizá te representes a ti mismo con una enfermedad terminal, o a lo mejor te ves cuidando de alguien que está al final de su vida.

Deja que la experiencia te vaya calando. Date cuenta de las sensaciones de tu cuerpo, no te preocupes si sientes miedo. Aporta una valoración al grado en el que ese ser dentro de ti no quiera morir.

Ten en consideración lo que le ocurrió a nuestros antepasados, que tenían que sobrevivir para transmitir sus genes. Los que transmitían los genes luchaban con uñas y dientes por permanecer vivos. No pasa nada si esa parte de ti está presente.

Esa parte de nosotros llama a la compasión, a una sensación de consciencia amplia y a un sentido interiorizado de amabilidad y buena voluntad con nosotros mismos. Tanto como aspiremos ser amorosos con todos los seres, otro tanto debemos aspirar a ser amorosos con nosotros mismos. Intenta simplemente calmarte y suavizar esos circuitos antiquísimos del cerebro que están trenzados en el cuerpo y que no quieren morir. Date permiso a ti mismo para estar asustado y no querer morir o experimentar la muerte de alguien. Recuerda no sentir vergüenza como si fueras un practicante espiritual malo o no hubieses leído el libro correctamente; en lugar de eso, siéntate con las sensaciones de aceptación y de compasión, dejándolas que calen en ti, y sencillamente observa tus propios pensamientos y sensaciones.

Siente la confianza que aparece cuando aceptas la profunda sabiduría que reside en ti. Sigue controlando la respiración. Cuando estés listo, tómate diez minutos para escribir en tu diario lo que hayas experimentado.

CAPÍTULO 7

EL DUELO COMO SENDERO DE TRANSFORMACIÓN

Para poder franquear de verdad este sendero, lo primero que debe hacer una persona es comprometerse a hacer el trabajo. Seguidamente, tiene que ser lo bastante humilde como para abandonar todo lo que ha servido en el pasado y estar dispuesta [...] a estar abierta y ser nuevamente inocente ante lo que venga. Hay muchísimo trabajo duro que hacer para transformarse uno mismo.

LUISAH TEISH

Un día de invierno de 1998, estaba sentada entre un gran círculo de personas sobre la moqueta del suelo de un taller en el norte de California. Era el despacho de Angeles Arrien, profesora transformacional que nos cedió el lugar. Éramos un grupo variado que abarcaba maestros espirituales y religiosos de todo género de tradiciones. Había también un pequeño grupo de científicos que grababan el acontecimiento.

Yo los había reunido a todos. Quería aprender de ellos sobre transformación de la consciencia, ya que por aquella época me dedicaba a analizar el arte y la ciencia de la transformación de la vida diaria. Confiaba en llegar a conocer lo que desencadena los cambios que te mejoran la vida, qué los sostiene y cómo afectan a la forma en que comprendemos el vivir y el morir. Me sentía muy humilde ante todos los que acudieron. Muchos venían del área de la bahía de San Francisco, aunque algunos colegas curiosos hicieron grandes recorridos para unirse a esta confederación de poseedores de sabiduría y buscadores espirituales. Tal como sucede, hasta los maestros de las transformaciones vitales pueden ser solitarios; estar en comunidad brinda una especie de sanación vital.

Compartimos las historias que habían definido nuestras vidas. Todos estábamos deseosos de encontrar verdad y perspectiva de la experiencia vital de cada uno. Incluso cuando nuestras visiones del mundo diferían y surgían puntos de vista encontrados, esta gente-puente buscaba vías comunes sobre las grandes diferencias contando sus propias historias vitales

Cuando le llegó el turno, Luisah Teish contó que su vocación de maestra empezó realmente al concebir a su hijo. El nacimiento era la entrada hacia algo profundo, como saben todas las madres. Para ella, eso era «primordial, antiguo y común a todo». Durante el embarazo se dedicó a una vida que no podía ver, ligada estrechamente con un enigma profundo y misterioso. Nos contó la experiencia de estar de parto veintitrés horas esforzándose para que aquel ser naciese. Doce horas después de nacer su amado bebé, tuvo que ver cómo moría. «Pienso a menudo: un día, menos una hora, para darlo a luz; medio día de vida; y luego se murió».

Durante el tiempo de tener que vivir con la muerte de su hijo, Teish experimentó un cambio profundo en su visión del mundo. No fue fácil. El catalizador fue el dolor. Como me dijo, algo dentro de ella murió con el bebé, pero durante ese tiempo nació algo nuevo: ella se transformó en una maestra y una guía para los demás. Se hacía esta reflexión: «Para poder franquear de verdad este sendero, lo primero que debe hacer una persona es comprometerse a hacer el trabajo. Seguidamente, tiene que ser lo bastante humilde como para abandonar todo lo que ha servido en el pasado y estar dispuesta a escuchar el mensaje del espíritu, a pasar tiempo en contacto con la naturaleza, a dejarse llevar y a estar abierta y ser nuevamente inocente ante lo que venga. Hay muchísimo trabajo duro que hacer para transformarse uno mismo», me dijo, riendo.

LA PRÁCTICA DEL DUELO

Al igual que Luisah Teish, la mayoría de nosotros hemos perdido a seres queridos en algún momento de nuestras vidas. Una de mis internas, una estudiante de veintidós años, dijo: «Creo que he estado en más funerales que bodas». Conforme se desarrollan nuestras vidas, vamos perdiendo y perdiendo seres queridos cuando el envejecimiento pasa factura. Podemos vernos superados por las innumerables emociones que sacuden nuestro mundo y nuestra visión de él cuando nos enfrentamos a la muerte de alguien a quien queremos. Nuestro cuerpo, nuestro espíritu y nuestra alma acusan la pérdida. Ciertos acontecimientos o épocas del año pueden hacernos recordar a alguien a quien echamos de menos. Y dependiendo de su visión del mundo, algunas personas hablan de la emoción ante lo que perciben como una gran aventura para el ser querido fallecido y, al final, por su propio encuentro más allá de la muerte.

El modelo de transformación de la visión del mundo pone énfasis en el papel que tienen las prácticas transformativas para ayudarnos a vivir profunda y plenamente. Estas prácticas toman muchas formas, desde una práctica regular de la meditación hasta un acercamiento conciencia do a trabajar en el jardín, o dar un paseo por la naturaleza. Como he dicho, las prácticas transformativas son la intención, la atención, la repetición, la guía y la aceptación. Estos cinco elementos pueden aplicarse también al duelo como práctica transformativa.

En un principio, podemos dedicar nuestra intención a aprender y crecer desde nuestro dolor o nuestra pérdida. También podemos cambiar nuestra atención hacia las experiencias noéticas interiores y hacia cómo podemos seguir conectados con nuestros seres queridos en nuestro corazón y nuestra mente. Al ocuparnos en prácticas transformativas de manera sistemática y repetitiva, podremos construir nuevos hábitos o respuestas para nuestro miedo y nuestro duelo, podemos descubrir la capacidad intrínseca de recuperación que tenemos en nosotros para vencer al duelo, podemos aprender a confiar en los recursos preprogramados para la supervivencia y para florecer por medio de la conciencia ción de nuestro duelo. Como destacó Teish, es necesario mucho trabajo para transformarse uno mismo, pero al final merece la pena. En definitiva, el don de la aceptación nos permite que experimentemos la vida bajo sus propias condiciones. La transformación no tiene tanto que ver con cambiar el mundo exterior, aunque eso es parte del modelo; principalmente tiene que ver con las formas en que respondemos ante las complejidades de la vida tal cual es.

FASES DEL DUELO

Existen diferentes modelos del ciclo del duelo. En su libro, ya clásico, *Sobre morir y la muerte* (1969), Elizabeth Kubler-Ross describía cinco etapas: negación, rabia, regateo, depresión y aceptación.[1] Este modelo convencional, ahora aceptado universalmente, podría no ser toda la historia. En su obra *La otra cara de la tristeza* (2009), el psicólogo George Bonanno destaca que este modelo se olvida de nuestra innata capacidad de recuperación.[2] Ofrece el argumento de que no nos licenciamos por medio de fases estáticas del duelo; en lugar de eso, la mayor parte de la gente está preprogramada verdaderamente con la capacidad de comenzar de nuevo. Según él, es como una oscilación que conlleva una gama de emociones y de formas de expresar nuestra pérdida.

En su artículo «El poder transformador del duelo», John Schneider brinda sus observaciones sobre el duelo y la capacidad de empezar de nuevo.[3] Señala que la primera fase del duelo es descubrir lo que se haya perdido. ¿Cómo conseguiremos arreglárnoslas sin tener a esa persona en nuestra vida? ¿Cómo vamos a enfrentarnos a que no esté aquí? Aguantamos, es lo que observó Schneider; o a veces lo dejamos estar de maneras que tienen que ver con el escapismo, o con la negación. Tendemos a definir nuestro duelo por lo que ya no tenemos, más que por lo que el fallecido nos haya dado.

La segunda fase del duelo implica descubrir lo que haya quedado. La sanación y el crecimiento pueden aparecer cuando nos damos permiso a nosotros mismos para arriesgarnos de nuevo, para seguir creciendo y para invitar a la transformación. La tercera fase comporta descubrir lo que es posible. De la pérdida o de la separación viene un cambio en nuestra perspectiva, o en nuestra visión del mundo. Podemos encontrar una relación con algo más amplio que los aspectos físicos de nuestro ser. Conforme nos desplazamos desde el «yo» al «nosotros», encontramos un territorio de amor e interrelación. El desarrollo de las virtudes que tienen que ver con los demás conduce a que nos conozcamos mejor y a una profundización de las relaciones con ellos.

ENCONTRAR EL SENDERO DE LA SABIDURÍA

Al inicio del trayecto, el duelo es doloroso. Para Karen Wyatt, su dolor personal se transformó en una oportunidad de crecimiento. Wyatt es una autoridad en el área de los cuidados sanitarios integrales y ha trabajado muchos años como médico de familia en hospitales con pacientes agonizantes:

Encontré mi camino hacia los hospitales de pacientes terminales tras el trágico suicidio de mi padre. Por aquel entonces yo era aún bastante novata en la práctica médica. Me sentí verdaderamente abrumada por el duelo y la culpa por su muerte; no podía recuperarme de ello, y eso al final me llevó a ofrecerme voluntaria en ese tipo de hospitales. Pensé que si me exponía a la muerte y la agonía, a la pena y la tristeza, encontraría mi camino a través de mi propio duelo y saldría de él [...] Estaba insensibilizada ante muchas cosas como para pasar por todos los ajetreos de la vida, incluso como madre, esposa y médico. Quería un cambio muy desesperadamente, quería crecer, quería sanarme del duelo, quería llegar al lugar en el que contemplé a los pacientes terminales del hospital en actitud de reverencia y agradecimiento por la vida. Así que me preparé para aprender qué era lo que estos pacientes comprendían sobre la vida y que yo me perdía, de alguna manera. Lo conseguí, encontré un camino hacia mi propia transformación, un camino que, en última instancia, sanó la pena y el dolor que sentía entonces y que también me ayudó a despertarme para la vida [...] y a agradecer las alegrías y las bellezas de la vida, así como a habérmelas con su dolor y su sufrimiento. Pienso en ese camino que encontré como el camino de la paz [...] De hecho, lo que encontré fue una experiencia que me cambió la vida.

Con el tiempo Wyatt se convirtió en una buscadora de sabiduría y de comprensión sobre la naturaleza del ser, del sentido de la existencia y de la esencia del vivir y del morir. El desarrollo de su duelo se convirtió el camino hacia su autorrealización.

Yo estaba en una situación en la que disponía de muchos conocimientos, que conseguí en mis estudios de medicina. Había leído mucho, había acudido a seminarios y a asesoramiento psicológico, y luego al yoga. Tenía abundantes conocimientos para curar mi duelo, pero carecía de la sabiduría que necesitaba en aquella época; esa es una de las razones de que no hubiese sido capaz de curarme. De manera que trabajar con pacientes agonizantes, que se enfrentaban con su propia mortalidad y que estaban al final de sus vidas, me dio la sabiduría que necesitaba para curar mi duelo y cambiar el modo en que había vivido cada momento de mi vida.

La experiencia de Wyatt confirma el proceso que se describe en el modelo de transformación de la visión del mundo. Su experiencia noética del dolor en primera persona condujo a una época de apertura. Se obligó a volver a evaluar su vida y lo que le daba sentido. Pasó por una etapa de examen y de descubrimiento. Solo después de empezar a trabajar en serio con sus pacientes agonizantes encontró la práctica transformativa que le hizo cambiar del «yo» en su propio sufrimiento al «nosotros» de interrelacionarse con una totalidad mayor. En su libro *Lo que realmente importa: 7 lecciones para vivir sacadas de historias de agonizantes*,[4] analiza lo que ha aprendido.

AUNQUE LA MUERTE ES INEVITABLE, CÓMO NOS ENFRENTEMOS A ELLA NO LO ES

Es importante que seamos capaces de transformar nuestro duelo y verlo a través de sus diferentes etapas. En el capítulo 1 hemos conocido a Margaret Rousser, que trabaja en el parque zoológico de Oakland, en California. En nuestra entrevista me habló de *Nikko*, un gibón macho que mostraba signos de duelo por la pérdida de su compañero de los últimos veintiséis años. Mostraba una notable reducción de actividad; durante un cierto tiempo había dejado de cantar, que es una característica de los gibones en estado salvaje, porque su compañero de dúo ya no estaba. Rousser reconocía que el duelo es una parte natural de tratar con la pérdida; pero fuera, en la naturaleza, penar demasiado tiempo es una gran desventaja que amenaza la supervivencia del animal. Por eso los animales, desde los gibones hasta los seres humanos, estamos preprogramados para seguir adelante, más allá del duelo y de la pérdida. En palabras de Rousser:

> Para los animales es tan importante seguir adelante como lo es para nosotros. Los animales que se apenan demasiado y padecen esa pérdida de actividad demasiado tiempo se ponen a sí mismos en peligro ante los depredadores. De modo que creo que los animales están diseñados para seguir adelante. Ya lo sabes, la vida sigue y uno tiene que seguir adelante, uno tiene que seguir viviendo.

PRÁCTICAS PARA TRANSFORMAR EL DUELO

A lo largo del tiempo he experimentado la pérdida de familiares, amigos y colegas. No ha sido fácil. Pero, con los años, a través de mis propias prácticas y por medio de las relaciones con gente que brinda grandes inspiraciones y perspectivas, he aprendido a transformar mi propio duelo en un don que me ha servido en la vida y en mi trabajo en el sector de la consciencia de la muerte.

Existen muchas prácticas relacionadas con el duelo que pueden ser útiles para la transformación personal y de la visión del mundo. En lo que queda de este capítulo nos centraremos en dos categorías generales: prácticas noéticas del duelo y prácticas de duelo compartido.

PRÁCTICAS NOÉTICAS DEL DUELO: ATENDER A NUESTRA PROPIA EXPERIENCIA INTERIOR

Las prácticas noéticas del duelo son aquellas que comprenden la reflexión, la imaginación y la percepción espiritual que nos permiten mantener a nuestros seres queridos en nuestro corazón mientras vivimos más plenamente nuestras vidas. Aunque existen muchos caminos para la transformación, en esta parte consideraremos tres prácticas útiles.

Caminar por el laberinto

En su primer libro, *Caminar por un sendero sagrado: redescubrir el laberinto como práctica espiritual*, Lauren Artress contribuyó a catalizar lo que ahora se conoce como el Movimiento del Laberinto.[5] Se evidencia el crecimiento de este movimiento, que se inspira en una práctica espiritual antigua, por la proliferación de estos caminos contemplativos en centros médicos, lugares de culto y centros comunales por todo el mundo.

Según nos dice Artress, normalmente el diseño del laberinto es un círculo de unos doce metros de diámetro «que tiene un camino que comienza en el límite exterior y se va trenzando hasta llegar finalmente al centro de manera muy enrevesada». Caminar por el laberinto es una forma de meditación andante que nos lleva hacia dentro. Como nos cuenta, caminar por el laberinto puede ser para el alma como acudir a un pozo de agua fresca.

A muchos de nosotros nos ocurre que al caminar la mente se acalle más fácilmente. Es una herramienta muy occidental. El laberinto es un camino de oración. Sé muy bien que el caos es solamente energía sin destino. La oración es una práctica que contribuye a dar un destino a esa energía a través de las intenciones, por el hecho de estar alineada con tu propia totalidad. Todo eso dirige la energía hacia la manifestación y la oración.

Artress abordó también alguna de las suposiciones asociadas con el duelo. A veces la gente siente la necesidad de procesar su duelo dentro de un plazo fijo: «Hay muchas veces que pienso: "Mira, ya hace un mes, ya hace dos meses, y ya debería haber terminado yo con esto", en lugar de darme cuenta de que el duelo tiene su propio desarrollo dinámico». Recomienda que aquellos que experimentan la pérdida presten atención a su duelo:

Estamos en una cultura que cree que las cosas tienen que ocurrir deprisa, que tienen que terminarse enseguida y que hay algo que va mal en nosotros si acarreamos un duelo. El desarrollo del duelo es algo que de verdad tiene que respetarse. Sugiero vivamente grupos de duelo, tanto da que estén en un hospital como en una iglesia.

Ahí es donde puede ser útil un laberinto; porque [cuando andas] es posible que a la vez llores, que dejes estar, que te liberes, y, de repente, que se te sequen las lágrimas hasta la siguiente ocasión, hasta la próxima vuelta, hasta que el pozo se llene otra vez con las lágrimas de duelo. Disponer de un lugar donde liberar ese duelo es realmente una piedra de toque para mucha gente; ayuda muchísimo en el duelo.

Cuando camines por un laberinto, encuentra tu paso natural. Abandónate a tu propio ritmo. Eso es algo desacostumbrado y la primera vez que camines puede costarte un poco. Nos obligan realmente de una u otra manera: rápido, aprisa, aminora, detente. Encuentra tu ritmo natural. Luego, sencillamente, dibuja mentalmente a la persona [fallecida], o empieza a hablar con ella. O utiliza el laberinto como un camino de oración y reza por esa persona.

Artress hizo notar que caminar por el laberinto «no es algo basado en la fe»:

Consiste simplemente en liberarse. Cuando caminas por el laberinto, te aquietas y dejas estar. Cuando estás listo, puedes desmenuzar los pensamientos. Atrae a esa persona a tu mente. Mira a ver adónde te lleva eso [...]

A menudo, lo que brinda consuelo a la gente es la universalidad de la situación humana. Creo que las personas que no se transforman están atrapadas en un papel de víctima. Si crees que tu dolor es más valioso que el de nadie, es que tienes un problema. Todos estamos en esto juntos, debido a nuestra condición humana. Es posible que nuestro dolor sea exclusivo, pero lo que ocurre en el laberinto es que es más que eso, ya que allí está la imagen completa.

Yoga de la risa

Jennifer Mathews es profesora titulada de yoga. Enseña a que la gente libere su risa como una forma de moverse por la vida diaria. Utiliza la risa como práctica transformativa.

En 2001, a su compañera de toda la vida, Kate Asch (también instructora de yoga de la risa), le diagnosticaron repentinamente un cáncer avanzado a los cuarenta y un años de edad. Murió solo doce semanas después. Conforme iban pasando los meses tras su muerte, la risa se convirtió en una de las herramientas que Mathews utilizaba para atravesar los momentos más difíciles. Me comentó:

Después de morir Kate, me enfrenté con el auténtico examen de lo que ambas enseñábamos, me vi utilizando la risa como una forma de hacer frente a los desafíos y al cambio de energía. Recuerdo que un día, cuando conducía a casa, sentí todo el peso de la falta de Kate y de saber que ya no la vería cuando entrase por la puerta. Entonces pensé: «Venga, Jennifer, ¡aquí tienes la oportunidad de practicar lo que predicas!». Cuando conducía por el bulevar Mount Shasta, me decidí a hacer el experimento. Primero, me dije que tenía que sonreír; luego fingí una risa suave. En aquel momento no me sentía feliz para nada, pero decidí que iba a reír durante diez segundos, al menos. El yoga de la risa es una práctica de cuerpo y mente, de modo que sencillamente le pedí a mi cuerpo que riese; solo es necesario estar dispuesto. Antes de darme siquiera cuenta, la risa creció y se hizo más auténtica. Sentía que mi estado de ánimo cambiaba. No me concentraba en el futuro que no tendría nunca con Kate y, en lugar de eso, disfrutaba del momento presente.

Mathews me dijo que en el yoga de la risa uno se ríe sin razón alguna, y que «decide» reír tanto si se siente así como si no. Cuando lo hace, ocurren cambios metabólicos en el cerebro y en el resto del cuerpo. Siguió contándome:

Ciertas teorías indican que la risa nos trae al momento presente porque cambiamos desde la corteza prefrontal al área límbica del cerebro, que es la que se interesa por el ahora. Desde mi experiencia digo que, en gran parte, tendemos a sentir el duelo cuando nuestra atención se enfoca en el pasado o en el futuro, en los remordimientos o en no volver a ver a alguien. Puesto que la risa nos trae al momento presente y nos libera de lo que nos mantenía sujetos, es una herramienta de curación sencilla, pero poderosa. Además, en mi opinión, darnos permiso a nosotros mismos para disfrutar de la vida es una de las mejores formas de honrar a los que han muerto.

El trabajo actual de Mathews consiste en compartir lo que más le ayudó a ella en el desarrollo de su propio duelo con aquellos que se enfrentan a la pérdida de un ser querido. Cree que la muerte puede ser la inspiración definitiva para la verdadera felicidad:

La muerte nos reta a encontrar alegría interna a pesar de las circunstancias externas de haber perdido a un ser querido. Elegir la risa es una forma de promover eso y de romper la tendencia a seguir con los pensamientos que conducen a la tristeza y al duelo.

Comunión con los muertos

Hacer comunidad con los muertos es una práctica que se utiliza en todo el mundo para transformar el miedo a la muerte y el dolor del duelo. La reflexión, la oración y el cambio de nuestra concienciación hacia nuestra voz son herramientas que la gente de muchas culturas diferentes utiliza para comunicar con territorios invisibles que están fuera de los vivos. Esta práctica puede cambiar el duelo en un sentimiento continuo de vinculación con los fallecidos.

Consultar a los espíritus ancestrales

Luisah Teish, sacando provecho de su tradición Yoruba Lucumi, nos explicó su método para interactuar con el espíritu, al que invoca diariamente:

Una vez que has logrado establecer una relación con la inteligencia superviviente de nuestros antepasados, el sentimiento de estar solo desaparece [...] Para nosotros, la reverencia a los antepasados es algo muy práctico. Y no solamente es un reconocimiento de que si yo tengo cuerpo, personalidad, conocimientos, propiedades [...] es por mis antepasados. Eso es un hecho.

Para nosotros la realidad es que cada pensamiento, cada emoción, cada experiencia que cada ser humano haya tenido jamás existe todavía como cápsula de energía con la que se puede contactar por medio de los rituales adecuados [...] Yo podría decir: «Es hora de prepararme la cena. Ahora invoco a la inteligencia de todos vosotros, hortelanos, cocineros y camareros, para que vengáis a ayudarme a hacer esto». Una vez que la persona sabe cómo hacerlo, le acompaña siempre un sentimiento de seguridad, incluso frente a las perturbaciones.

Para mí, la mayor perturbación que ha de superarse es la indecisión: «¿Debo hacer esto, debo hacer lo otro, debo hacer lo de más allá?». Ale, hablas con los antepasados sobre ello, y muy a menudo tendrás una perspectiva, o cualquier clase de información o de sentimiento que no hubieras tenido si no hubieses contactado con ellos. De modo que existe un punto en el que uno aprende un sistema sencillo para invocar y adivinar.

Espiritualismo

Otra práctica occidental de comunicarse con los difuntos es por medio de la mediumnidad. La gente en duelo busca comunicarse con sus seres queridos fallecidos por medio de un intermediario. Julie Beischel, científica que trabaja con médiums, observó que consultar guías espirituales puede ser de utilidad para procesar el duelo y sanarlo (ver el capítulo 5). Como vimos en el capítulo 3, hay mucha gente que habla de haber recibido visitas de los espíritus de sus seres queridos fallecidos; pero, según Beischel, a aquellos que no experimentan tales comunicaciones espontáneamente se les puede recetar una lectura mediúmnica. Por su propia experiencia, cree que una combinación de psicoterapia y de comunicación con los muertos es lo que mejor funciona para abordar el duelo.

Beischel comenta que el camino que se atraviesa en el duelo es el de redefinir la relación con la persona que se ha perdido. Trabajar con un médium para comunicarse con alguien que ha fallecido mostrará que el ser querido aún se halla en nuestra vida, solo que de manera diferente. Este conocimiento puede llegar a ser muy consolador. Luego se lleva este conocimiento a un profesional de la salud mental, que puede ayudar a redefinir la relación con el ser querido fallecido.

Beischel me relató:

> Escuchamos historias individuales muy convincentes. Una vez trabajamos con una niñera [...] que había perdido a su hijo recién nacido por problemas congénitos de corazón. Muchos años después, otro hijo ya crecido también murió. Ella decía que tras la devastadora pérdida de sus dos hijos [...] su vida era insoportable. Más tarde, cuando había recibido mensajes de sus dos hijos por medio de médiums, su vida ya era no solo soportable, sino que además merecía la pena vivirse. Eso se vendería extraordinariamente bien si lo pudieses meter en una píldora; la patente sería muy valiosa. Creo que es una opción de tratamiento que puede prescribirse.

PRÁCTICAS DE LUTO COMPARTIDO: PROMOVER LA COMUNIÓN Y LA RELACIÓN

Las prácticas de duelo compartido son aquellas que nos invitan a comunicarnos y a relacionarnos con los demás por medio de la comunión, la celebración y la colaboración. Saber que no estamos solos nos deja construir una red de interrelaciones que nos hace más fuertes y más resistentes. Hacemos que el concepto de muerte vaya del «yo» al «nosotros» y, a su vez, que se una completamente a la naturaleza transformativa de la vida.

Todas las culturas tienen medios de honrar a los muertos. Las prácticas funerales y de enterramiento son elementos importantes para la expresión y la transformación del duelo. Compartir nuestra pérdida por medio de esas prácticas es una forma poderosa de cambiar nuestra relación con la muerte. Esas prácticas pueden tomar muchas formas.

Recordar juntos

Regresar al lugar donde uno nació y se crió puede ser una experiencia muy emotiva. Lo fue para mí, debido a los familiares que ahora ya no están. Desde nuestro hogar en California me llevé a mi hijo Skyler de peregrinación a mi lugar de origen en Detroit, para rendir nuestros últimos respetos a mi madre y a mi padrastro, que habían muerto dos años antes. Mis hermanas habían hecho los arreglos para un servicio fúnebre. Fue una despedida amable para esas dos personas maravillosas que habían tenido un papel tan importante en nuestras vidas.

El oficiante expresó palabras bondadosas como guía del breve acto conmemorativo: «Y veo que se va la gente que amo, y los que amo me dejan atrás. Y luego tengo que decir las palabras más duras que existen, tengo que decir "te quiero, adiós". ¿Cómo puede ser eso, cómo podemos decir 'te quiero, adiós' juntos en una sola frase?».

Mi padrastro luchó en la Segunda Guerra Mundial. En su entierro, doce fusiles le brindaron un saludo. Los soldados, vestidos con ropas militares y armados con sus fusiles, se reunieron fuera de la pequeña capilla y dispararon su poderosa afirmación para uno de los suyos, caído ahora de este mundo. Después de ese intenso ritual, fuimos a la tumba familiar, donde enterramos sus cenizas. Allí, de pie en el cementerio donde están todos mis predecesores, mis antepasados, pensé en el enigma de la vida y de la muerte. Aunque en nuestra cultura intentamos evitar todo tipo de conversación relativa a la muerte, cuando vamos al cementerio y sentimos esa vinculación con todos los que vinieron antes, la muerte nos relaciona a todos. La vida sigue dentro y fuera de nosotros.

El velatorio

Luisah Teish me contó cómo se honra a los muertos en su tradición Yoruba Lucumi:

Por toda la diáspora africana existen rituales triples muy elaborados para honrar a la muerte. Se destinan al cuidado del cadáver, del espíritu y de la comunidad que queda atrás.

El velatorio implica sentarse con el cuerpo del muerto. Es un momento en el que todo el mundo de la comunidad va a traer comida, todos los niños van a estar allí y la gente se va a sentar toda la noche en vela, rememorando la vida del fallecido. Todo eso se hace por el luto de la comunidad.

Yo hago lo que se llama nueve días de elevación para ayudar al espíritu a marcharse de aquí y que sepa que está en otro lugar. Tenemos canciones que cantamos para eso; tenemos alimentos que cocinamos y rituales que seguimos. Todo es muy elaborado.

Al enseñar en entornos multiculturales, una de las diferencias realmente importantes que he aprendido con los años es que, aunque todo el mundo se dirige al cuerpo, al espíritu y a la comunidad, la clase de actitud emocional que haya varía de una cultura a otra.

Día de la Conmemoración

En 2012 visité el parque conmemorativo Cypress Hill en Petaluma (California), para los servicios del Día de la Conmemoración. Allí hablé con muchos veteranos de guerra, principalmente de la guerra de Vietnam. Llevaban consigo sus cicatrices y sus heridas ocultas. De ellos escuché historias de pérdida, de culpa, de fantasmas, y sus motivos para recordar a sus camaradas caídos en un día tan emotivo.

Mantener a la gente viva en nuestro recuerdo es una forma muy poderosa de expresión. Eso lo confirmó un veterano de Vietnam que participaba en los acontecimientos del Día de la Conmemoración:

Esto es para los que lo dieron todo, de eso se trata este día. Es un recuerdo y un homenaje. Creo que lo más importante es recordar. Todos servimos al país, pero nosotros somos quienes pudimos volver a casa; y toda la gente que está enterrada aquí no volvió a casa.

Creo que es importantísimo que todos recordemos a la gente que llevó a cabo el sacrificio definitivo en cualquier guerra: la Primera Guerra Mundial, la Segunda, Corea, Vietnam, la operación Tormenta del Desierto, Afganistán, Irak... La gente sigue muriendo hoy y debemos decirles que no vamos a olvidarla.

Con las cámaras rodando para la grabación de nuestra película *La muerte hace posible la vida*, otro veterano me dijo lo que significaba para él participar de nuestra pérdida colectiva y las preguntas personales que suscita esa pérdida:

Hoy es un recuerdo. Uno piensa en la gran pregunta: «¿Por qué he vuelto yo, y los demás no?». A mí me tumbaron dos veces; uno se pregunta por qué lo conseguí y acaso el piloto, no.

El miedo a la muerte es diferente para cada persona. Algunos ni siquiera piensan en el miedo cuando toca agarrar el arma y defenderse. Lo haces para sobrevivir. Muchas veces uno ve caer a los amigos que están sentados justo a su lado. Yo he tenido a varios pilotos que han salido de debajo de mí; el miedo llega después, lo sientes luego.

Breese Baker recibió entrenamiento como sanitaria cuando ingresó en el ejército en 1966 y fue destinada a Vietnam. Parte de su entrenamiento implicaba mantener una postura objetiva hacia sus pacientes conforme estos se enfrentaban a la muerte. Recordó que tener emociones sobre la muerte no forma parte del adoctrinamiento militar:

Es un trabajo, y así es como quieren que te lo tomes; pero lo que ocurre es que cuando tienes gente, especialmente los hombres que vienen del campo de batalla después de haber sido heridos mortalmente y no se espera que vivan, tus sentimientos personales aparecen y una empieza a ser más cariñosa. Para mí, no hay otra forma, yo tenía que parar y saber justo en ese momento que tenía que hacerlo. Te llena los ojos de lágrimas, de veras.

Al venir aquí y hacer esto tengo el sentimiento de que en este lugar hay alguien que perdura. Siempre he tenido la sensación de que puedo entrar en un sitio y saber que hay alguien ahí. Es como si los pelos se me pusieran de punta, una tiene esa clase de sensación de que sí, que aquí hay alguien.

Muchos otros veteranos manifestaron un contacto ininterrumpido con los que murieron en la batalla durante el tiempo que pasaron en Vietnam. Para los soldados veteranos es muy importante formar parte de un grupo. Uno de ellos me dijo que, hasta en la muerte, los soldados que habían fallecido eran conscientes de las honras que se les tributaban entre las estelas funerarias:

Entre los veteranos existe una camaradería especial. Cuando estás de servicio, son la gente más cercana a ti. Cuando tu vida depende de otros, y esos otros confían sus vidas en ti, no existe un lazo mayor que ese. Es posible que no los vuelvas a ver nunca más al finalizar el servicio, pero eso siempre permanece.

Creo que esa camaradería no se pierde ni tras la muerte. Siempre serás parte de la hermandad de personas en el ejército; eso nunca se pierde. He estado en el ejército casi cuarenta años, y todavía sigo sin perderla. Uno no la pierde, es parte de uno; se hace parte de ti.

Ese sentido de pertenencia puede ser todavía más importante tras la muerte. Creo que todos los veteranos que hay aquí lo saben. Todos ellos conocían el Día de la Conmemoración y el Día de los Veteranos antes de ir a la guerra, y saben que recordar significa muchísimo. Así que creo que lo saben; creo que saben que estamos pensando en ellos y que cada año todas estas banderas estadounidenses ondean sobre sus tumbas.

Se sienten muy orgullosos, están muy orgullosos en sus tumbas. Dieron su vida por su país y están orgullosos de ello. Siempre estarán orgullosos de lo que han hecho, creo que eso seguirá por toda la eternidad.

Dia de los Muertos

Una de mis celebraciones favoritas tiene lugar cada año, el día 1 de noviembre. En las semanas anteriores a esa fecha, la población donde vivo acoge la festividad del Día de los Muertos. Aunque es originaria de México, esta celebración de la muerte atrae a gentes de diferentes procedencias étnicas y culturales. Tiene sus orígenes en las comunidades indígenas del pasado precolombino.

Los amigos y parientes se reúnen en la festividad para recordar a sus seres queridos fallecidos. Quienes participan en la tradición creen que el velo entre los vivos y los muertos se hace más fino y que los difuntos se vuelven más activos en esta época, cuando el otoño ya está asentado y se ha terminado la cosecha. En Petaluma, como sucede en otras ciudades de los Estados Unidos, en México y por toda América Latina, la gente construye altares elaborados para honrar a sus seres queridos desaparecidos. En los santuarios se colocan ofrendas de comidas y bebidas, flores de caléndula y velas. Estas son las cosas con las que los fallecidos disfrutarán. Habitualmente, los altares muestran fotos para que la gente recuerde a los que ya no están. Como me explicaba uno de los celebrantes, crear un altar «nos brinda un vínculo muy fuerte con nuestros seres queridos».

Los rituales del Día de los Muertos consisten en desfiles vigorosos y bulliciosas celebraciones. Hay una sensación palpable de alegría y cordialidad. La gente baila, toca música, canta y habla con sus antepasados fallecidos. Es una forma tanto de honrar a los muertos como de apaciguarlos, de manera que no creen problemas a los que permanecen en el reino de los vivos.

Varios meses después de la muerte de mi madre me encontré a mí misma en el centro de Petaluma el primero de noviembre. Me atraían los coloridos disfraces y las macabras imágenes de esqueletos y ataúdes. Las mujeres iban vestidas de la Dama de Blanco, o del símbolo popular Catrina («la dama garbancera»), que es un esqueleto femenino vestido solo con un sombrero de fantasía. Los niños se metían dentro de los muñecos gigantes de *el diablo* como un recordatorio de las fuerzas oscuras que acompañan a la muerte. Una banda de mariachis tocaba cerca del puente sobre el río Petaluma. Un poco más allá, una banda de esqueletos andantes se ponía en formación.

Mi amiga Gloria MacAllister (es de origen mexicano, pero tomó su apellido de su marido, escocés) me saludó con entusiasmo. Ella es una catalizadora cultural que aúna su herencia mexicana con su vida en California. Junto a ella, me vi atrapada en la agitación, mientras caminaba en el flujo del espíritu y la inspiración. Yo llevé una vela para honrar a mi madre, Gloria estaba vestida de espíritu. A mi izquierda estaban la Dama de Blanco y la Catrina, una presencia inquietante que permea este acontecimiento tradicional. Los muñecos cambiaban de mano, ayudé a Gloria a llevar una de las grandes y pesadas construcciones hechas de papel maché. El peso era notable, honrar a los muertos no es asunto ligero, ni fácil. Esa carga se compartía, ya que todos son responsables de los antepasados. Yo sentía dolor de corazón por la reciente muerte de mi madre; desapareció pronto al paso del desfile y me vi a mí misma caminar con la gente. La muerte hace posible la vida.

RECOPILACIONES

Como hemos visto, la gente se dedica a prácticas diferentes para honrar a sus seres queridos perdidos. Tales prácticas se utilizan para contribuir a transformar el duelo en un homenaje a la vida. En este progreso, el duelo se transforma en una herramienta que nos ayuda a crecer y a prosperar frente a la muerte. Hemos considerado las prácticas noéticas del duelo dirigidas hacia dentro, que nos ayudan a encontrar nuestro propio camino a la sanación; esas prácticas son la comunión, la celebración y la colaboración. Compartir el duelo mediante una práctica colectiva nos traslada desde nuestra pequeña identidad a un sistema de significado mayor. Nos ayuda a ver que no estamos solos y que no tenemos que olvidar a aquellos que han muerto, porque están vivos en nuestros corazones.

Estas herramientas son útiles para nuestra transformación individual, ya que nos proporcionan consuelo y perspectiva. Podemos utilizarlas para redefinir nuestra relación con los que han muerto. También podemos utilizarlas para vincularnos con nuestra comunidad en la celebración de los que se han ido y de aquellos que estamos aquí para recordarlos.

La pérdida es un asunto muy complejo; puede sacarnos de nuestra situación estable. Al hacerlo, es capaz de sacudir nuestra visión del mundo desde sus raíces, interrumpiendo las partes de nuestra vida ·que habíamos dado por hechas. Podemos negar el dolor. Sin lugar a dudas, el dolor es un mecanismo de defensa natural y muy valioso. El duelo es un proceso natural que necesita su tiempo, tiene sus propios ciclos y etapas. Como predice el modelo de transformación de la visión del mundo, de nuestro sufrimiento pueden surgir descubrimientos transformativos. La pérdida y el duelo son sentimientos profundos que, llevados con intención y atención, pueden crear un caldero energético en el que dar a luz a nuevos conocimientos sobre quiénes somos y cómo nos relacionamos con los demás. Como nos dice el famoso poeta Rumi, «tú no eres solo una gota en el océano, tú eres el poderoso océano en la gota».

◆ PRÁCTICA ◆
Laberinto para el dedo

Encuentra un lugar cómodo donde puedas apoyar este libro y utilizar el laberinto para el dedo que se muestra en la figura 2.

Empieza por hacer tres respiraciones profundas. Entra en el laberinto colocando el dedo en la abertura. Sigue el diseño con el dedo, aporta atención e intención a tus actos.

Cuando lo hagas, reflexiona sobre la pérdida de alguien que hayas amado. Siente el vínculo constante con esa persona mientras sigues con el movimiento del dedo. Es posible que desees hablar con ella en tu mente, o que le envíes una intención cariñosa. O que, simplemente, tengas a tu ser querido en tu corazón mientras te aclaras la mente y atiendes al diseño que tienes bajo el dedo. Date cuenta de cómo respondes cuando el laberinto te ofrezca retos o te haga sentir que has perdido pie por el camino.

Figura 2. Laberinto para el dedo.

Cuando llegues al centro del laberinto, haz una pausa para meditar sobre lo que sentías en tu cuerpo. ¿Qué clase de sensaciones te venían? ¿Qué pensamientos y emociones se suscitaban en ti?

Cuando deshagas el camino a la inversa, desenroscándote del diseño circular, libera todas las tensiones, miedos o tristezas respirando profundamente según vas terminando la práctica.

Cuando la hayas terminado, tómate diez minutos para expresar lo que has sentido y escríbelo en tu diario. En particular, pregúntate a ti mismo cómo puede transformarte el duelo de manera que te permita experimentar gratitud por lo que hayas aprendido.

CAPÍTULO 8

SOÑAR Y LA TRANSFORMACIÓN DE LA MUERTE

Cuando al final salgamos de nuestros cuerpos y nos convirtamos en algo semejante a un sueño coherente y constante, descubriremos con suerte nuestra mano en el timón según atravesemos aquellos estados.

LAUREN ARTRESS

Los sueños son poderosas herramientas para transformar nuestra relación con la muerte. Pueden usarse para asimilar nuestro duelo, para mejorar el sentido de nuestra relación con nuestros seres queridos fallecidos y, en potencia, para prepararnos hacia la gran aventura que tenemos por delante.

Cuando me hallaba inmersa en la escritura de este libro y el rodaje de la película *La muerte hace posible la vida*, mis sueños eran muy activos. Algunos estaban llenos de esperanza y optimismo, otros se dirigían a mis propios miedos y ansiedades. En uno de esos sueños, yo llegaba a casa después de un día difícil. La casa era una versión de la casa de mi infancia. Para mi gran sorpresa, todas las luces estaban encendidas y las puertas completamente abiertas. Estaba asustada porque mi madre estaba allí y yo debería haber estado ya en la cama. Cuando conducía el automóvil hacia el acceso, vi que ella estaba sentada en el pequeño porche frente a la entrada de la casa principal. Estaba conversando con un colega mío, que me había ayudado con el rodaje de *La muerte hace posible la vida*. En aquella época habíamos compartido nuestras visiones del mundo sobre la muerte. En el sueño, mi madre y mi amigo estaban sentados juntos como vecinos muy bien avenidos. El tono del sueño era de una paz y una buena voluntad totales. Me chocó ver lo bien que se llevaban y lo cómodo que estaba mi amigo José en presencia de mi madre, a pesar de que ella había muerto varios años antes. Los saludé cuando aparqué en el acceso. Mi madre me llevó aparte y me dijo cuánto le gustaba la compañía de José. Nos abrazamos. Luego seguí con la versión soñada de nuestra casa en la parte trasera. Mi mejor amiga del instituto estaba allí. Aparentemente, en mi sueño era mi compañera de cuarto. Le comenté que podía notarse el encanto juvenil de mi madre y lo clara que estaba su relación con José, aunque estaba muerta.

Cuando me desperté, me costó un rato adormilado acordarme de que mi madre ya no vive. Me quedé desconcertada, ya que parecía muy animada y viva en el sueño. Me pregunté también sobre José y recordé todas las entrevistas y las conversaciones tan energéticas que habíamos mantenido durante años. Es un hombre muy profundo y tiene una postura muy iluminada respecto a la muerte. Yo tenía el corazón desbordado de regocijo y gratitud porque él hubiese ayudado a mi madre.

Este sueño ha permanecido conmigo y me ha proporcionado un vínculo con mi madre a pesar de que ya no esté entre nosotros y mucho agradecimiento a mi amigo. Como me explicó mi amiga Luisah Teish, «los sueños son los lugares donde nos hablan nuestros antepasados; los sueños son los lugares donde se ve claro que los muertos no están muertos, que se relacionan».

LOS SUEÑOS Y NUESTRA EXPERIENCIA HUMANA COMPARTIDA

Los sueños son enigmáticos. Nos ofrecen vistazos a nuestros mundos interiores utilizando un lenguaje simbólico que puede resultar esquivo y velado. Pueden ser difíciles de comprender, incluso si reflejan nuestras experiencias interiores y nuestras creencias culturales y visiones compartidas del mundo. A menudo recurrimos a ellos por su significación personal. La naturaleza figurativa de los sueños, basados en metáforas ricas y pluridimensionales, puede ser una ventana a nuestras experiencias individuales y respuestas al mundo físico en el que estamos sumergidos. También pueden conectarnos con la naturaleza inmaterial de la vida y de la muerte.

A lo largo de la historia, y en toda cultura documentada, los seres humanos han prestado mucha atención a los sueños y a sus significados. Muchas culturas tienen los sueños en alta estima, y las gentes los utilizan para conformar sus prácticas diarias y sus planes a largo plazo. En los primeros textos bíblicos se aceptaban como comunicaciones de Dios, o del diablo. En los templos de sueño de la antigua Grecia se utilizaban para tratar enfermedades y como medio de diagnóstico. William James respetaba la extraordinaria naturaleza de los sueños como una forma de existencia en sí mismos. Escribió en su magnífica prosa:

Mientras dormimos, el mundo de los sueños es nuestro verdadero mundo, porque nuestra atención se desvía entonces del mundo sensible. Al contrario, cuando nos despertamos, la atención por lo general se aparta del mundo de los sueños, que se vuelve irreal. Si un sueño nos persigue y se impone a nuestra atención durante el día, será muy propenso a permanecer figurando en nuestra consciencia como una especie de subuniverso junto al mundo despierto. Es probable que la mayor parte de la gente haya tenido sueños de una clase que es difícil imaginar que no hayan sido vistazos a una región del ser que realmente exista.[1]

Los sueños tienen muchas funciones en el contexto de la muerte. La imaginería del sueño podría sernos útil para incorporar los cambios principales en nuestra vida, como la muerte de un ser querido, la nuestra inminente o nuestro terror general ante ella. Pueden ayudarnos a sentir un vínculo con aquellos que hemos perdido. Los sueños son herramientas para conocer lo que necesitamos para nuestro crecimiento y desarrollo, y ofrecen una entrada a la transformación personal. Las emociones y las sensaciones físicas se expresan en sueños, y esos sentimientos brindan vislumbres sobre nuestra propia relación con la muerte y con lo que suceda después. Nos ofrecen un medio de incorporar nuestras experiencias con la muerte en una nueva visión del mundo que aúne la vida y la muerte. Y por último, pueden ser un medio de comunicarse directamente con los difuntos.

SUEÑOS PERSONIFICADOS

Conocí a Kathy Chang-Lipsenthal unos dos años después de la muerte de su marido, Lee. Quería que la ayudase a entender un par de sueños que había tenido.

El primer sueño era sencillo, pero profundamente estimulante. En él, sentía a su marido en la cama con ella. Él la abrazaba y ella sentía un vínculo renovado. Por la mañana, cuando se despertó, se sintió muy feliz.

—¿Era él realmente? –me preguntó.

—Fuera lo que fuese, me parece precioso –le contesté.

En su segundo sueño, ella estaba en un gran salón. El techo subía y subía. En el centro del salón había una piscina. De repente, Lee estaba allí con ella y se la llevó hacia el techo. Él sabía que a ella le daban miedo las alturas, pero insistió. Un pequeño sendero servía de puente desde un lado del salón al otro. Estaba asustada. Lee la empujó por sorpresa hacia el espacio abierto. Según caía, él se acercó desde atrás y la sujetó, guiándola después en un vuelo de acá para allá. Ella tenía la esperanza de posarse en el agua y se sintió aliviada cuando estaban sobre la piscina. Pero Lee siguió guiándola, entre el consuelo de un aterrizaje suave en la piscina y el miedo a uno doloroso sobre el duro cemento.

Este sueño le hizo sentir que Lee todavía estaba con ella, intimándola a superar sus propios miedos y a vivir plenamente. Ella sintió también que el sueño simbolizaba que Lee seguía apoyándola y guiándola. El sueño le ayudó a recuperar algo de la proximidad que tenían en el transcurso de su propio crecimiento y su transformación. Al contarme sus experiencias, me invitó a que colaborase en su etapa de entender los significados que nos servían a las dos al relacionarnos con Lee.

ATENDER A NUESTROS SUEÑOS

El doctor Stephen Aizenstat es psicólogo, fundador y presidente del Instituto de Posgrado Pacifica. El enfoque de su trabajo es la psicología profunda y lo que él llama «atender al alma». La psicología profunda está arraigada en el trabajo de Carl Jung, William James y Sigmund Freud y se centra en la relación entre nuestra mente inconsciente y nuestra mente consciente. Esta área de la psicología reside en la esfera de la psiquis, en esa cualidad inefable conocida como alma, mente, o espíritu. Aizenstat ha desarrollado una práctica específica para trabajar con los sueños: la práctica de atender a los sueños. En ella nos anima a trabajar con los contenidos del sueño como si fueran «imágenes vivientes». Nos explica:

La sabiduría de las llamadas ancestrales, el conocimiento instintivo de las visitas de animales, las cavilaciones del alma se atienden desde una perspectiva centrada en la psiquis, más que en la persona. La «inteligencia» del sueño se escucha de dentro hacia fuera, accediendo al conocimiento innato que es nativo en todas las figuras de la imaginación.

Según él, atender a los sueños va más allá de las formas más causales y de los modos más reduccionistas de analizar o interpretar los sueños. En lugar de eso, los que sueñan experimentan el contenido de los sueños como algo dinámico y vivo. Se los instruye para que estudien profundamente los mensajes de las figuras soñadas, así como las imágenes de paisajes y objetos, de cara a conseguir percepciones y perspectivas. La práctica de Aizenstat va más allá del examen de la comunicación humana en el mundo de los sueños, para conectar al que sueña con la naturaleza de los territorios ocultos de la psiquis. Todos somos parte del «sueño de la naturaleza», como dice, y, cuando percibimos la psiquis como una parte de eso, experimentamos el tránsito entre vida y muerte como algo que aúna los sueños en particular con el soñar en general. En el caso de Chang-Lipsenthal, por ejemplo, ella fue capaz de encontrar significados en su encuentro soñado con Lee. Utilizar la atención a los sueños proporciona intimidad y fortalecimiento.

Empleando un método de asociación, cada uno de nosotros puede atender a nuestros sueños de cara a abrirnos a la naturaleza simbólica de nuestras experiencias personales. Examinar nuestros sueños nos ofrece nuevas percepciones en nuestra vida despierta. Nosotros, los cuidadores de los sueños, podemos examinar mediante el proceso de amplificación el contenido de nuestros sueños para localizar aspectos simbólicos o arquetípicos, para aplicarlos en el conocimiento de nosotros mismos y de los demás. Gracias al método de animación podemos atender al contenido de nuestros sueños en lo que respecta a nuestra relación con el mundo y al lugar que ocupamos en los sistemas ecológicos de la Tierra. Cada método supone lo que Aizenstat llama una «actitud para cómo trabajar con el sueño». Observa que los sueños están vivos y llenos de su propia intencionalidad o propósito:

La idea es atender a los sueños como si estuviesen ocurriendo ahora mismo. Si le estamos contando un sueño a alguien, el que sueña se sienta y lo cuenta en tiempo verbal presente. De este modo, el sueño viene a nuestra experiencia actual. Una vez que se ha contado el sueño como si fuese una historia, que ocurre en el aquí y el ahora, las figuras de los sueños saltan a la vida, se animan y se abren a una relación entre el que sueña y ellas. En esta manera de atender a los sueños, las imágenes de la muerte o de los agonizantes están disponibles para que conversemos con ellas.

Según Aizenstat, existe una naturaleza pluridimensional en la experiencia de los sueños. La muerte puede estar hablándonos en términos metafóricos, más que como en una comunicación literal.

Frecuentemente la muerte lleva con ella una sensación de final. Nos lleva a un sitio concreto de la consciencia, como un descenso en el reino de la experiencia de inframundo. En el lugar del Hades, el dios griego del inframundo, se imagina que la muerte colinda con toda la vida, que conforma la vida en todos los aspectos. Más que de estar asustados de la muerte, representa algo con lo que hemos estado en contacto toda nuestra vida; a veces conscientemente, pero la mayoría de ellas solo como una percatación [...]

Nuestra muerte es siempre parte de nosotros. Estamos programados desde el principio para morir. Existe una inteligencia genética que trabaja constantemente en la condición humana. La psiquis que sueña se percatará de esa inteligencia. La reacción, o respuesta, en nuestra cultura es retirarse o asustarse de alguna manera. Y más que alejarse o asustarse, sugiero que dejemos realmente que la imagen esté presente, de manera que podamos salir de nuestro miedo y entrar en nuestra relación con la muerte [...] conforme ella nos vaya abriendo a la abundancia de la vida.

El punto de vista de Aizenstat es coherente con la bibliografía de la teoría de la gestión del dolor. Aboga por que saquemos nuestra relación con la muerte a la consciencia, incluso si toma forma en el estado de sueño. Me dijo:

También la muerte, como imagen viviente, aporta su valor al tejido natural de nuestros sueños. Cuando se la reprime o se la deniega, la muerte como imagen empuja con más intensidad y expresión todavía. Cuando se la ve como parte de nuestro panorama natural interior, la muerte, como compañera de la vida, brinda perspectivas y posibilidades generativas. Cuando el fuego avanza por el bosque, se hace sitio para el crecimiento nuevo. Cuando cambian las estaciones, la primavera trae la germinación de las semillas latentes y el brote de las flores. La muerte como compañera, que es un miembro activo de los sueños, nos lleva más plenamente a la abundancia y la belleza de nuestra experiencia vivida. Agradecemos estar vivos: nos detenemos y olemos las flores, conservamos momentos especiales y estamos menos asustados ante lo inevitable e irreversible. En los sueños, lo mismo que en el estado despierto, cuando se experimenta la muerte metafóricamente y se la acompaña como a una pariente en un viaje ininterrumpido, recibimos el mundo con gratitud renovada. Cuando se aproxime la muerte literalmente, estaremos menos asustados, menos horrorizados y, de hecho, seremos más capaces de mantener nuestra calidad de vida. Viviremos de maneras que verdaderamente echan mano de los recursos y de la inteligencia que nos ofrece la muerte como imagen. Viviremos más tiempo y más plenamente en nuestro morir si tenemos a la muerte como una invitada bienvenida.

VIVIR, MORIR Y SOÑAR

Fariba Bogzaran es artista visionaria e investigadora de la consciencia. Se enfoca en los sueños, la ciencia y la consciencia. Sus propias experiencias de sueños son fundamentales para su vida y su trabajo. Utilizaba el poder de los sueños para ayudar a su amigo y guía Gordon Onslow Ford en su agonía.

Por algún sitio he sabido que el sistema auditivo de los agonizantes funciona muy bien. Yo le hablaba a Gordon al oído. Cada vez que le veía cara de estresado, le decía: «Tranquilo, Gordon, no hay nada de qué preocuparse. Todo lo que ves es un sueño». Se quedaba tranquilo un par de horas. Y luego podía ponerse un poco más nervioso. Probablemente, en ese momento la gente está teniendo un sueño en el que lucha, porque no sabe si es una realidad verdadera o es un sueño. Yo estaba justo diciéndole al oído que eso era un sueño y que podía descansar en él. Ese fue el preciso momento en que murió. Fue muy hermoso. Le encantaba pasear por el bosque; su respiración se hizo lenta y profunda, como si estuviese de paseo por el bosque y fuera desapareciendo lentamente. Sencillamente caminando, desapareciendo.

Bogzaran es además observadora de sueños y soñadora lúcida. Se ha dicho que los sueños lúcidos son herramientas poderosas para la preparación a la muerte y para la transformación espiritual. Un sueño lúcido es cualquier sueño en el que nos demos cuenta de que estamos soñando. En cierta ocasión mencionó:

Uno de los mayores trabajos en el campo de los sueños lúcidos tiene que ver con nuestra preparación para la muerte. El núcleo de esa práctica es estudiar nuestro comportamiento habitual, tanto dormidos como despiertos. ¿Cuáles son los puntos en los que nos quedamos bloqueados y repetimos los mismos hábitos? ¿Cómo nos desbloqueamos?

Como predice el modelo de transformación de la visión del mundo, construir nuevos hábitos es fundamental para la práctica transformativa. Al igual que ocurre en la atención a los sueños, los sueños lúcidos nos ofrecen percepciones para aportar concienciación a todo en la vida. Como nos explicaba Bogzaran en su visión del mundo, la práctica de soñar lúcidamente tiene que ver con vivir lúcidamente:

Se trata de hacerse consciente en el estado despierto, de hacerse consciente de cada minuto de nuestro devenir despiertos. De cada respiración; porque lo que ocurre es que en el momento en que estés hablando de morir, estarás hablando de la respiración, del último aliento. Venimos a este mundo en una inspiración, salimos de él con una espiración. Existe ese estado singular «entremedias» que está suspendido a mitad de camino entre inspiración y espiración:

Los sueños lúcidos nos sirven como guía para ponernos en contacto con lo que Bogzaran llamaba «ese aspecto expansivo del yo». Ella hablaba de sincronicidades y de acontecimientos significativos que revelan cierta interrelación en nuestra existencia. Los sueños lúcidos, así como la meditación y las demás prácticas transformativas, contribuyen a que la gente desarrolle una consciencia reflexiva. En ese estado podemos observar los miedos y las angustias que pueden asociarse a la muerte, pero sin atarnos a ellos. Como observó Bogzaran, «lleva su tiempo aprender a observar realmente, aprender a presenciar». Nos explicó:

La muerte es un tabú del que no se puede hablar, y a veces creemos que es algo que le pasa a los demás. La muerte no conoce culturas, la muerte no sabe de religión, la muerte no discrimina. Esa es la cuestión, que va a ocurrirnos a todos nosotros y que tenemos que estar preparados para ella en todo momento, en toda ocasión. Para mí, el momento es este. Estoy aquí, hablando, ese es el momento. Podría ser que al momento siguiente ya no estuviese aquí. De manera que este es el momento en el que tengo que estar presente. No sé lo que ocurrirá el momento siguiente; podría no respirar, podría caerme muerta. No lo sé. Y es lo mismo para todos nosotros. Mi práctica para los sueños lúcidos consiste en que cada mañana, al despertar, me digo: «Buenos días, Fariba, estás despierta, estás en esta vida; esto de ahora es nuevo». No doy por hecho que vaya a despertarme. Cada mañana la práctica es que abro los ojos a la vida. Lo que tengo es este día. Este es el momento. Cada noche, al ir a dormir, mi práctica es: «Este podría haber sido el último día y yo estaría ya en la transición; voy a entrar conscientemente en mis sueños». La práctica de los sueños lúcidos y del despertar lúcido consiste en traer esa clase de consciencia a la vida [...] Por supuesto, me encantaría creer que existe algo mayor que nosotros al otro lado, y que probablemente lo haya, pero si transformase eso en una teoría, no funcionaría.

¿NOS PREPARAN LOS SUEÑOS PARA LA MUERTE?

David Hufford es antropólogo cultural y autor del libro *El terror que llega de noche*. Es un experto en sueños y en experiencias relacionadas con presencias sobrenaturales en los sueños. Duda que los sueños sean el terreno preparatorio para la muerte. Lo explica así:

Siempre he tenido un problema con el concepto ultratumba/sueños. Mis sueños van desde el sinsentido (no entro en el punto de vista freudiano que diría: «¡Ajá!, ahora estamos llegando a algo; dime algo más de ese sinsentido») hasta estampas argumentales y los escasos destellos precognitivos metafóricos. Quizá los sueños lúcidos se conecten por medio de su relación aparente con las experiencias fuera del cuerpo, pero hasta en esas soy poco estable. Parece que los sueños sean un montón de sinsentidos al azar, acaso proporcionados por el cerebro (más que por la mente). La comparación viene desde los muy diversos puntos de vista que tenemos por informes ya sea [de los] médiums, ya sea de las experiencias cercanas a la muerte o de lo que sea. Esa variedad de informes se puede atribuir, en gran medida, a «ruido en la señal».

Parece que, definitivamente, nuestros relatos sobre la ultratumba incluyan ciertas observaciones estables de la realidad, pero eso incluye también un elemento imaginal (que no imaginario) que complica la interpretación. Aparte de eso, existen también la realización de los deseos, la revisión periodística hecha de oídas, las mentiras, etc. Me temo que la analogía de los sueños sea una pendiente resbaladiza. No es que considere que los sueños no tengan importancia en este tema, pero dudo que tengamos razón al pensar que la ultratumba funcione de la manera que lo hacen los sueños. Al utilizar la imagen del sueño, siquiera como metáfora del más allá, sencillamente ayudamos al punto de vista escéptico materialista, lo que hace que cualquier experiencia visionaria en los sueños se quede vagamente definida.

De la misma manera que hemos visto puntos de vista diferentes sobre la muerte y el más allá, existen varios puntos de vista, a veces contradictorios, sobre el papel que tienen los sueños en la muerte. Nuestra perspectiva –o quizá nuestras experiencias en los sueños– está conformada por nuestra visión del mundo.

¿MOLDEAN LOS SUEÑOS LA REALIDAD?

Como muchos otros expertos religiosos que hemos tenido en cuenta, el biólogo y escritor Rupert Sheldrake cree que los sueños pueden ser un ensayo para la muerte. Argumenta que las creencias influyen en nuestro estado de sueño. Si las experiencias de la gente están moldeadas por su visión del mundo, también lo estará la forma que tengan de prepararse para su vida de sueño y su muerte final. Sheldrake me dijo:

No estoy muy seguro de lo que pasa cuando uno se muere, pero creo que lo que pase depende sobremanera de lo que uno crea que va a pasar. Creo que [...] cuando morimos, entramos en un estado que es similar al de sueño. La única diferencia [...] es que no podemos despertar, porque no tenemos un cuerpo físico en el que despertarnos. Así que, si tras la muerte uno se encuentra en una especie de estado de sueño, entonces en el estado de sueño uno sí tiene un cuerpo.

Todos nosotros practicamos cada noche para morir, en el sentido de que tenemos un cuerpo en el sueño. En nuestros sueños existe otro cuerpo al lado de nuestro cuerpo físico. Estamos en él varias veces cada noche, aunque no lo recordemos. No es un cuerpo regular, físico, pero está modelado según nuestro cuerpo físico. Lo que ocurra después de que estemos muertos depende de nuestros recuerdos, de nuestros deseos y de nuestras creencias.

La pregunta se transforma en ¿qué creemos sobre la muerte? Incluso si el nuestro es un punto de vista metafísico que no puede ser medido científicamente, ¿qué significa cómo vivimos, cómo crecemos o cómo nos transformamos? ¿Cómo conforman nuestros sueños nuestra visión del mundo sobre la muerte y nuestra preparación para la transformación inevitable?

VÍNCULOS CON LOS DIFUNTOS

Los sueños podrían servir como puntos de contacto con nuestros seres queridos difuntos; y podrían ser mensajes de la parte sabia de la psiquis del que sueña. Esto es el punto de vista psicológico corriente. También es posible que nuestros seres queridos que han hecho la transición acudan a nosotros en nuestros sueños para guiarnos e instruirnos.

Como miembro del clero, Lauren Artress, a quien conocimos en el capítulo 4, ha sido llamada a asistir a los agonizantes y sus familias en muchas ocasiones. Esto le ha permitido formular sus propias perspectivas sobre morir y sobre el papel que tienen los sueños en nuestra relación con los difuntos:

Como pastor, he experimentado a menudo que cuando una persona está muriéndose, tiene lo que yo llamaría «infiltraciones». Entra en contacto o, ya sabes, le visita un pariente muerto que acude a estar con ella, acaso para guiarla. Esta infiltración en el otro mundo, como un inicio de la transición hacia él, es importantísima.

Creo que esas infiltraciones se hacen parte de los sueños de la persona. Si alguien está muriendo, podría decir: «Acabo de ver a mi marido». Él murió hace varios años, pero la persona que sueña podría no ser consciente de ello. Mi madre, que ya es muy anciana –tiene casi cien años–, padece demencia vascular grave. A menudo siente que la visita mi cuñado, que murió recientemente. Vivían juntos antes de que ella se mudara a una residencia de ancianos y antes de que él muriese. Ella siente como si la visitase, así que nosotros fingimos: «¿Qué tal está?, me alegro de que te visite».

Creo que tras la muerte podría darse un estado continuo de sueño. ¿Es que podemos controlar verdaderamente nuestros sueños? No lo creo, porque nuestros sueños vienen realmente del inconsciente. Cuando nos dormimos, el alma reside en el inconsciente, o parte del alma está inconsciente. Esa es una de mis preguntas. Cuando al final salgamos de nuestros cuerpos y nos convirtamos en algo semejante a un sueño coherente y constante, descubriremos con suerte nuestra mano en el timón según atravesemos aquellos estados.

Luisah Teish me contó su visión del mundo sobre la validez de los sueños para transformar nuestra relación con la muerte:

Los sueños son los lugares donde nos hablan los antepasados. Los sueños son los sitios donde se hace claro que los muertos no están muertos, que están conectados [...] Creo que tenemos que valorar que lo que creemos que es invisible, o sutil, es realmente energía moviéndose en un medio no material.

Del mismo modo, Tony Redhouse ve los sueños como prácticas transformativas para entrar en contacto con la gente o con los espíritus que han pasado a mejor. El sanador nativo norteamericano cree que cuando soñamos entramos en un estado especial de consciencia que nos hace más fácil relacionarnos con reinos invisibles.

Cuando pedimos un sueño, el espíritu es capaz de hablarnos porque nos encontramos en un estado vulnerable. Cuando nuestra consciencia se duerme, no utilizamos nuestro pensamiento racional, sensato y práctico; por eso puede hablarnos el espíritu en ese estado. A veces pasan muchísimas cosas y mi mente puede andar a mil kilómetros por hora, con lo que el espíritu lo tiene difícil para captar mi atención. Cuando estoy dormido, sé que el espíritu tiene una capacidad ampliamente abierta, una oportunidad de dejar caer un montón de sabiduría, de hablar conmigo directamente y de captar mi atención. Estoy abierto para esa oportunidad.

Tengo para mí que morir es simplemente llegar a la verdad del asunto. Todo lo que hayamos hecho en la vida, todas las relaciones que hayamos tenido, todo lo que hayamos esperado, todo lo que hayamos soñado se hará transparente como el cristal en ese momento.

RECOPILACIONES

Los sueños son un enigmático camino para acceder a nuestra mente inconsciente y una forma de aglutinar elementos de la experiencia diaria. Nos ofrecen vías para enfrentarnos a nuestros miedos y nuestras angustias acerca de la muerte y para sentirnos en contacto con aquellos que han pasado a mejor vida. El soñar puede ayudarnos a experimentar la vida más allá de nuestra encarnación y a encontrar territorios de percepciones noéticas que amplíen nuestra visión del mundo.

Varias culturas se plantean los sueños como caminos para atraer a nuestras almas, o a nuestras psiquis, porque no son parte de la experiencia despierta y trascienden nuestro intelecto racional. Como ocurre con otras prácticas transformativas, podemos abordar nuestros sueños con intención, atención, repetición y guía, cambiando el conocimiento de nosotros mismos y nuestra relación con los que perdimos. Por medio de atender a los sueños podemos conseguir nuevas percepciones en el oculto lenguaje de los sueños. Asimismo, en los sueños lúcidos podemos conseguir percepciones sobre el alcance ampliado de la mente y de la consciencia que reside más allá del cuerpo físico. En el soñar podemos empezar a conocer y dirigir nuestras propias preocupaciones y esperanzas de manera que nos concedan consuelo y paz. Podemos encontrar formas de contactar con los que han pasado a mejor vida. Encontrar intimidad en nuestras relaciones de sueño nos ofrece sostén y esperanza en nuestra vida despierta.

◆ PRÁCTICA ◆
Recuerdo de los sueños

Recordar los sueños nos brinda percepciones importantes sobre nuestra mente inconsciente. Recordar los sueños es algo que se puede aprender. Empieza por tomar nota de la cantidad de horas que duermes por lo general. Cuanto más duermas, tanto más fácil te será recordar los sueños.

Para recordar tus sueños, cuando te despiertes en medio de la noche, pregúntate sobre qué estabas soñando. Mantén los ojos cerrados y no te muevas; tú solo invita a tu mente a que responda. Sé paciente. A lo mejor lo que recuerdas es solo un fragmento de un sueño. Empieza a hacer asociaciones libres con ese fragmento, busca detalles que puedan ayudarte a recordar el sueño completo. Ten tu diario cerca de la cabecera y toma notas de tu experiencia. Observa los elementos de tu sueño como si cada componente tuviese una voz propia; esta técnica te será útil para comprender el mensaje oculto. Permite que tus sueños te hablen y que te ayuden en tu transformación personal.

CAPÍTULO 9

ARTE TRANSFORMATIVO

Estamos llenos de gracia y de briznas de las estrellas;
¿recuerdas quién eres?

GARY MALKIN

El arte es una herramienta poderosa para expresar nuestras emociones y las perspectivas que tenemos del mundo. Por medio del arte podemos comunicar nuestras actitudes hacia la muerte y compartir las lecciones que hayamos aprendido acerca de cómo llevar una vida con significado y rica en experiencias. Crear arte es una práctica transformativa que nos permite atravesar por nuestro propio duelo y nuestro sufrimiento y contribuir a transformar los de los demás. A través de medios diferentes, como la música, la danza, las artes visuales, las narraciones o la poesía, la gente ha encontrado formas de examinar su propia relación con la muerte y el más allá en todas las culturas.

No es necesario ser un artista de talento para descubrir que el arte nos acerca a nuestro ser más auténtico. Hay un artista en cada uno de nosotros. El arte se vuelve un amigo fiel en momentos de transformación profunda, un amigo que nos ayuda a expresar nuestras emociones. El corazón desea lo que desea; el alma está ansiosa de fuentes nuevas de conocimiento e inspiración. La pérdida de un ser querido, el duelo y el renacimiento son todos ellos cambios que pueden llevar al arte hacia formas nuevas. El arte nos transporta a un estado de consciencia alterado y ampliado; nos brinda nuevas lentes para percibir quiénes somos.

El arte sirve de puente entre nuestro mundo newtoniano, basado en causa y efecto, y los reinos teóricos de la imaginación. En el transcurso podríamos descubrir el delicado equilibrio entre las formas físicas y la dinámica de la consciencia desconectada de nuestra naturaleza material. El arte puede utilizarse también para crear ceremonias y manifestaciones de gratitud por el hecho de vivir con el morir.

Tanto los artistas maduros como aquellos para quienes el arte es un concepto ajeno pueden averiguar que el arte es una forma de comprometerse con el enigma de la vida y de la muerte. Crear arte es una herramienta para transformar el duelo, o una forma de celebración por el don de la vida. Brinda una manera creativa de indagar la consciencia y la esencia de quienes somos, incluidas las muchas maneras que tenemos de relacionarnos con la muerte. Cuando aportamos intención al arte como práctica transformativa, crearlo es un medio de emprender el establecimiento de hábitos nuevos o de nuevas maneras de ser. En nuestra mente creativa podemos encontrar una guía. En definitiva, la práctica de la creación y de vivir artísticamente ayuda a transformar nuestra visión del mundo sobre la muerte.

LA VIDA COMO CEREMONIA

Para Tony Redhouse la vida está llena de arte y de música. Su ceremonia nos transporta con cada paso más allá del lugar, del tiempo o de los acontecimientos. En sus grabaciones e interpretaciones, ve intuitivamente una correlación entre la música y el ritmo sanador de la vida. Asegura que el arte nos conecta con el espíritu de la vida y de la muerte:

Todos los pueblos indígenas del mundo han utilizado la voz, el tambor y la flauta para introducirse en las ceremonias, para ser capaces de expresar la parte más profunda de sus almas. Yo me he dedicado a esos mismos instrumentos, y lo he hecho para ser capaz de relacionarme con la gente en un espacio espiritual, con un sentido espiritual [...]

Cuando oímos los antiguos sonidos –cuando oímos el pulso del corazón y la melodía de la flauta, cuando utilizamos la resonancia de nuestras voces–, nos transportamos de nuevo hasta nuestros orígenes. Nos lleva otra vez adonde estábamos antes de toda la tecnología, antes de que se escribiesen todos los libros, antes de todos los gobiernos, antes de todas las instituciones, antes de todas las lenguas, antes de todas las épocas diferentes por las que hemos pasado en este universo. Volvemos a eso, volvemos a ese lugar del origen. Eso es lo que todos nosotros queremos hacer: queremos volver a esa esencia, a la verdad de quien somos realmente.

Cada día es una oración. Cada acción que emprendo, cada pensamiento o sueño que tengo crea esa ceremonia ante mí. ¿Qué es lo que realmente quiero como ceremonia? Veo que ocurre cada día que vivo y que se transforma. Es una hermosa ceremonia.

Redhouse comparte su música con muchas gentes de todas clases, sanando almas y haciendo que recuerden sus identidades más profundas. Algunos están de duelo; otros, terminales en un hospital esperando la transición desde la línea terrenal. A veces toca su flauta de sonido etéreo a la cabecera de un paciente agonizante. Cuando le invitan a ello, lo hace para «ayudarles en la transición desde este mundo al siguiente». Trabaja también con familias, con las que crea un espacio pacífico y sagrado en el que puedan decir adiós a su ser querido. Eso es lo que quiere decir con *ceremonias*. Se ve a sí mismo como un embajador:

Miro a las puertas y veo a la persona que yace allí. Cuando toco la flauta, se despiertan y me miran; y luego vuelven como antes. Toco cosas muy sencillas, no hay palabras, ni siquiera una salmodia. Es una sencilla canción de cuna, un simple canturreo. Eso es cuanto quieren en ese estado, cuando están en transición entre la vida y la muerte. Es muy consolador para ellos.

Sentado, rodeado de sus muchos instrumentos diferentes, como campanas, cascabeles y tambores, Redhouse me contó una historia sobre una mujer que estaba en terapia intensiva, que le miraba en silencio mientras él tocaba la flauta:

Cuando estaba tocando, podía sentir que yo mismo iba con ella y experimentaba lo que ella. En ese momento me di cuenta de que tengo muchos amigos en el otro lado, porque con gran parte de esta gente me ocurre que cuando regreso al hospital, me encuentro con su cama vacía. Se han ido; pero los he ayudado durante esa transición. Se han elevado con mi música; se han marchado al siguiente reino.

Cuando trabaja con la gente para transformar su duelo, al principio utiliza el tambor para crear un latido concreto; luego, otro tambor para crear un latido diferente, y finalmente une los dos. Me lo explicó así:

Uno de los latidos representa a la persona que ha fallecido; el otro es el de la persona que experimenta el duelo. De modo que esos dos latidos latirán juntos.

Ocurre muchas veces que el duelo se produce porque hay asuntos sin terminar, porque nos hemos dejado algo a medias, o algo que no se dijo y tiene que decirse. Cuando junto esos dos latidos y esas dos vidas, seguirán estando juntos estén donde estén, en el otro lado o aquí. Sus corazones laten juntos. Luego hago que la persona del duelo hable con la otra. Todo lo que no habían sido capaces de decir se lo dirán a la otra persona.

TRÁNSITOS AIROSOS

Para Gary Malkin, fundador de la empresa editora multimedia Wisdom of the World, la música y los medios envolventes nos ofrecen una vía para ayudar a que las personas se despierten a lo que más les importe y a que recuerden quiénes son realmente. Él tuvo su propia transformación de consciencia, que le llevó a las profundidades del arte y del vivir:

Si vives lo suficiente, experimentarás bastantes pérdidas. La más importante para mí no fue una muerte literal, sino la muerte de mi vida tal y como la conocía. Yo quería una vida de fama y fortuna como compositor para el cine y la televisión. Me quedé muy atrapado en el pensamiento de que mi valía eran mis accesorios: mi casa, mi automóvil, mi salud, mi fama...

No voy a entrar en detalles sangrientos, pero me estrellé. Y todo murió. Gracias a Dios, aún me quedaba mi hija, que tenía seis años por entonces. Todo aquello con lo que me había identificado me fue arrebatado.

Luego me hicieron el regalo de una idea maravillosa: contribuir en la creación de un nuevo tipo de recurso que lubricase, catalizase e hiciese que los debates sobre nuestra mortalidad fuesen más fáciles. Se puede utilizar en el momento clave, cuando la gente se enfrenta a morir en hospitales y demás entornos en los que la muerte está justo a la vuelta de la esquina.

A la vez que trabajaba para otro músico, Malkin creó un programa experimental titulado *Tránsitos airosos*. Utilizando lo que él denomina la «última droga sin regularizar» (la música), los artistas intentaban ampliar la capacidad que tienen las personas para aceptar lo que anteriormente le parecía inaceptable. La música, en conjunto con pensamientos e imágenes inspiradores, ha ayudado a que la gente se abra a una intimidad y a una autenticidad en sus puntos de vista sobre vivir y morir. Malkin nos dijo:

A la muerte la llamo la madre de toda vida. Todo lo que existe en esta vida se define en contraste con el alivio de la concienciación, con la fragilidad y la precariedad de esta vida que tan afortunados somos de vivir. Agradezco a las estrellas cada día que vivo. Sé que puede terminar en cualquier momento; eso es lo que la hace tan valiosa, una vez que lo sabes de verdad. Por eso creo que meterse en este tema es tan vitalmente importante para los seres humanos.

Todos los estudios y todas las tradiciones religiosas verifican que estamos hechos de vibraciones, frecuencias, ritmos, tonalidades y resonancias; de eso estamos hechos, desde el Big Bang hasta ahora, en este preciso momento. Creo que el primer sentido que se desarrolla en el vientre materno, a las veinticuatro semanas de gestación, es el oído, y también es el último en desaparecer. Para mí eso significa que esa pequeña pista dice que hay algo primordial sobre el sonido que puede vincularse con el mundo no visible.

Malkin manifiesta que el poder del sonido se afirma por sus experiencias directas y por la pujante ciencia de la acústica. Para él, como compositor, oír con nuestros corazones y nuestras mentes hace que profundicemos nuestra consciencia de vivir y de morir.

La música tiene un importantísimo papel medicinal para esta época, como forma de encauzar al momento presente nuestra intención [...] La música cambia el aire y te trae al presente. Eso hace que sientas lo que quiere ser sentido, que es la parte mayor del reto de la muerte: la denegación, la evitación y el miedo que representa. Denegamos la muerte porque todos queremos evitar el dolor. Irónicamente, antes de comenzar a trabajar con este asunto no me he sentido nunca tan vivo y tan en contacto con mi significado. Es como la fuente de la eterna juventud. Enfrentarte a tu muerte posee la cualidad de ser verdaderamente una entrada a la gratitud radical por estar vivo. Es extraordinario.

LA DANZA DE LA GRULLA

Se considera que el poeta islámico del siglo XIII, Rumi es uno de los mayores filósofos místicos del mundo. Sus escritos religiosos y su poesía se sitúan entre los más admirados y queridos, tanto en el islam como en otros dominios. Tras su muerte, sus seguidores formaron la hermandad llamada Mevlevi, o derviches giróvagos. En esta hermandad la danza es una de las prácticas transformativas principales.

Se cree que los elegantes, suaves y airosos movimientos de la danza conectan al danzante con las fuerzas que ligan cielo y tierra. Los practicantes se desplazan de manera circular, con un brazo extendido hacia el cielo y el otro hacia la tierra. Se deslizan con objetivo y propósito: creen que por medio de la danza renacen en una reunión mística con Dios. Los danzantes se desplazan al unísono, como una constelación de formas giratorias. La danza se repite una y otra vez.

Bobaroğlu, el anciano imán turco que conocimos en el capítulo 6, me explicó el significado de la danza en su relación con la práctica de la concienciación de la muerte:

En la tradición sufí, tras haber terminado la experiencia de visualizar la propia muerte, el derviche empieza a conectarse con su maestro por medio de un vínculo interior. En ese vínculo, el derviche debe imaginar el rostro de su maestro en su sueño y en su visión interior; para ello se requiere un franco vínculo interior con el maestro. El tercer grado en esta vinculación interior consiste en experimentar la imaginación de uno mismo en presencia de Dios.

Después de esos grados de vinculación interior, los derviches comienzan a llevar a cabo ciertas experiencias. Son experiencias de la muerte misma, porque ocurren sin su cuerpo. Cuando salen de su cuerpo y lo miran desde arriba, ven un cordón de plata. Es como un cordón umbilical, pero de plata, que sale de su cuerpo.

Ahora podemos comprender las palabras de Jesucristo cuando dijo: «Cuando naces del cuerpo, eres cuerpo; pero si naces del espíritu, eres espíritu». Lo que quiere decir que cuando nacemos de nuestra madre, estamos atados a ella por un cordón umbilical. Esta ligazón ocurre de cuerpo a cuerpo. Luego, la desconectan. El segundo cordón se da entre el maestro y su discípulo: consiste en la decisión de entregarse a alguien. La experiencia sin cuerpo significa nacer de nosotros mismos. Esa vez está el cordón de plata. Es una vinculación interior, es la religión.

EL ARTE DE LA NARRACIÓN

La música, el movimiento y la voz ofrecen medios de expresar nuestras visiones del mundo. Las palabras son un reflejo de nuestras visiones del mundo y una forma de compartir esas visiones con los demás. Las narrativas que tenemos sobre la muerte están incrustadas en nuestros miedos, opiniones y aspiraciones. Para Jane Gignoux, artista social y narradora de talento, las historias de muerte y agonizantes contribuyen a que la gente imagine lo que podría sobrevenir en la experiencia de la muerte y del más allá. Cree, como los demás de este capítulo, que crear arte es una práctica poderosa para transformar nuestra relación con la muerte. Al emplear nuestras imaginaciones podemos llegar a nuevas percepciones o a experimentar nuevas sensaciones que amplíen nuestra visión del mundo. Así lo explicó:

> Todas las formas de arte que conocemos —desde el arte visual, tanto si es bidimensional como tridimensional, la música, la narrativa en la poesía o en el teatro, al arte cinético en el que nos desplazamos...— son medios de expresar experiencias y sentimientos profundos difíciles de poner en palabras.
>
> Lo que ocurre es que cuando vemos y escuchamos una bella pieza de Mozart o Brahms, digamos, nos conmueve de una manera muy profunda. Nos llega hasta las entrañas: algo muy profundo de lo que dependemos, o que nos hace sentir más vinculados con una parte de nosotros de la que no nos habíamos dado cuenta. El arte ayuda a liberarnos de alguna de las piezas —tal vez del duelo— que persistan.
>
> El duelo es algo natural. Es difícil aceptarlo todo de golpe cuando alguien que ha sido muy importante para nosotros ya no está vivo en un cuerpo. Nos lleva tiempo pasar por el duelo. El arte nos ayuda a estar en contacto con nuestros propios sentimientos, podemos sentirnos menos aislados. Tanto da que se disfrute de él mirándolo como creándolo, eso no importa.

POESÍA DEL ALMA

Como dijo Gignoux, la poesía y la literatura son herramientas poderosas para expresar nuestra vinculación con la muerte y con los fallecidos. Situar la intención, prestar atención y fluir con la experiencia de las palabras transforma cómo vemos la muerte. Elena Ávila nació en El Paso (Texas). Acudió a la escuela católica durante sus primeros ocho cursos con las Hermanas de Laredo, quienes, destacó, le pegaban por hablar en español. Contaba que su primera comunión era un hermoso recuerdo de sí misma vestida con un vestidito blanco, con su rosario y su misal en la mano.

Entonces fue a México por primera vez. Allí supo que su padre tenía raíces aztecas y zapotecas, y que su madre era una mezcla de mayas y europeos. Esta mezcolanza de sangres y tradiciones la llevó a describirse a sí misma como una *mestiza* (de la mezcla de las razas que empezaron a interactuar en el continente americano hace más de quinientos años, cuando los españoles se repartieron por el Nuevo Mundo y dominaron a los indígenas). Cuando conoció su propia historia, se vio situada entre culturas y visiones del mundo. Cuando hablé con ella, se definía como una mestiza que sentía la opresión de crecer en los Estados Unidos como *chicana*.

Me contó algunas de las complicaciones de su propio trayecto transformativo: «Me llevó mucho tiempo encontrar mi lugar en la espiritualidad; y luego me di cuenta de que creía en ambos mundos, que podía ser cristiana y ser también una persona indígena espiritual».

Finalmente, se hizo enfermera de formación occidental. Volvió también a México para estudiar con sanadores indígenas. Se convirtió en un ejemplar de sanador integral que combina la medicina occidental con la práctica tradicional del *curanderismo*. Me dijo que invitaba al alma y al espíritu en sus sesiones de sanación y de enfermería. Es también una poeta dotada que reconoce el poder sanador de las palabras.

En la época de nuestra última conversación, padecía un cáncer avanzado y estaba muy presente en el momento. Me dijo: «Ahora mismo es lo que hay, ¿qué le vamos a hacer?». Con su lírica voz me comunicó su sentido mensaje por medio de un poema que había escrito:

Sanar es recordar quiénes somos. Remembrar, no ser desmembrados, sino rememorar.
Ya nos han otorgado el poder que rige nuestro destino,
no nos aferremos a nada y así no tendremos nada que defender.
No tengamos pensamientos, y así podremos ver.

No tengamos miedo, y así podremos recordarnos a nosotros mismos, distantes y en paz.

Pasaremos como una flecha por el ego para ser libres.

Soy una mujer del tercer mundo, temerosa de Dios, que corre por los caminos del cielo con su falda de estrellas, y tropiezo conmigo misma al hacer la señal de la cruz.

Sí, soy diferente.

Pero hay sitio suficiente en el universo para las paradojas y me gusta ser piramidal, cruciforme y humana a la vez.

Doy vueltas a las antiguas oraciones en mi boca como gárgara sagrada, pero no las escupo sobre ti.

Unjo tu cuerpo con el huevo sagrado para ayudarte a dar tus heridas a Dios.

No seas miedica.

Deja que el huevo sea el instrumento que se lleve la caca cósmica de nuestro cuerpo.

Y ahora, ¿quién te crees que eres?

¿Superman?

¿Superwoman?

Me he tragado el mito, como vino consagrado, porque esta tierra irá al cielo al morir.

¿Y tú?

Tú puedes hacer lo que quieras.

Yo soy.

Yo solo quiero ir al cielo con el último suspiro de la Tierra, y necesito tus brazos para volar.

Necesito tus brazos para volar.

Ávila falleció el 17 de marzo de 2011, en Albuquerque (Nuevo México), acompañada por sus familiares y amigos.

LOS ESPACIOS INTERMEDIOS

En el capítulo anterior conocimos a Fariba Bogzaran, artista visual y psicóloga que ha utilizado el arte de gobernar su propio duelo para que le ayude con la marcha de su querido guía, Gordon Onslow Ford.

Ford era un artista que pintaba todos los días. Después de su primer derrame cerebral, tres semanas antes de morir, ya no era capaz de acudir a su estudio a pintar. Tras su segundo ataque, era incapaz de hablar. Sentada a la cama del artista y maestro de noventa y dos años, Bogzaran se sorprendió de lo alerta que seguía siendo su mente. Tres días antes de morir, notó también que empezaba a ponerse muy nervioso. Poco a poco comenzó a salir de su encarnación.

Durante esa época, Ford no podía concentrarse, lo que le frustraba mucho. Bogzaran le escribió una tarjeta postal con una pintura suya, porque sabía que a él le era cada vez más difícil meditar y, por consiguiente, se iba poniendo cada vez más inquieto.

Le dije: «Gordon, mira esta pintura. Ya has pintado el lugar adonde vas». Me miró y dijo: «Genial». La tenía siempre entre las manos. Cuando se alteraba, la tomaba y miraba su cuadro, meditando en él. El cuadro es muy hermoso. Tiene toda clase de lo que él llamaba «agujeros negros» y «agujeros blancos»; es la expresión del cosmos entero. De alguna manera se lo ve como algo incorpóreo, porque no se ve a nadie en el cuadro. Para él era la visión de todo el universo. Este es un momento del progreso de su fallecimiento: él no podía ir a parte alguna, solo podía meterse en lo que hubiera pintado. De modo que es casi como si su cuadro fuera una premonición de un momento de su agonía, cuando su medicina era meterse dentro de él.
En el momento que se ponía nervioso, miraba al cuadro. Y, lentamente, entró en coma y falleció serenamente.

Por supuesto, no todo el mundo es un artista de talento, pero ¿importa mucho eso? El arte es una herramienta poderosa para todo el mundo. La terapia artística lo utiliza como un modo de expresar el duelo y las demás emociones.

Bogzaran me dijo: «Son importantes los colores que atraen a la gente y la forma en que uno se adentra en esos colores. Tengo para mí que el arte es un modo de indagación en la consciencia».

También compartió conmigo su forma más reciente de expresión artística: el deshilado. Me invitó a ir a su estudio. Sobre una mesa colocada en el medio de una habitación había un trozo de lienzo corriente de color beis. Hizo que me sentara ante él y me guió por una meditación sencilla, en la cual también se trabajaba con el lienzo. Muy suavemente, fui sacando de él un trozo de hilo cada vez, como deconstruyendo delicadamente la tela mientras se creaba algo nuevo y bello.

De alguna manera, el deshilado es lo inverso de la creación. Bogzaran me recordó que tuviese paciencia y mucho cuidado mientras sacaba los hilos; que me concentrase en mi respiración en cada momento mientras los hilos iban cayendo. Me invitó a poner atención en los espacios entre los hilos y entre cada inspiración y espiración de mi aliento. Me animó a que pensase en el deshilado como si fuera una revisión de la vida. Es una práctica expresiva poderosa, la obra artística es una metáfora importante. Conforme iba sacando los hilos atentamente y los veía abandonar los lugares que ocupaban en el lienzo, me imaginé que los seres humanos nos desplazamos a través de varias experiencias vitales antes de que nos liberen del lienzo de la vida.

REPARAR LO QUE ESTÉ ROTO

Es algo poderoso transformar el duelo utilizando el arte, y cuando hace participar a toda la comunidad, es socialmente transformativo. Lily Yeh tuvo su propia llamada a la transformación. Ella buscaba sentido y autenticidad en su vida. Había sido artista de estudio con un éxito considerable. Un día, una vocecita en su interior le dijo que era hora de que usase su don para ayudar a sanar el sufrimiento y el duelo tan profundos comunes en nuestro planeta. Se metió en el proyecto y el trabajo le pareció tan potente que cambió el curso de su vida. Su método consiste en comprometer a miembros de la comunidad en proyectos colaborativos de arte que aporten belleza y solidaridad a sus vecindarios.

Las obras de su arte transformativo la han llevado a muchos lugares del mundo. Cuando la conocí, estaba contando los esfuerzos que hacía para poner en marcha lo que ella llama Artistas Descalzos y Cía. Su objetivo es inspirar a los artistas y a otros agentes del cambio a que desarrollen proyectos artísticos comunitarios para convocar esperanza y movilizar acciones sociales. Esto la llevó a colaborar con personas de las comunidades más desfavorecidas del mundo, desde un barrio marginal del norte de Filadelfia hasta el inhóspito cementerio del inmenso vertedero de basuras cerca de Nairobi o a una escuela para inmigrantes en China.

En uno de esos viajes, Yeh fue a Ruanda. Allí empezó en 2004 el Proyecto Sanación de Ruanda. Su objetivo era aliviar la profunda desesperación que persistía aún con motivo de las secuelas del genocidio masivo que tuvo lugar en 1994. Pudo encontrar un pueblecito de supervivientes. Sus esfuerzos artísticos se organizaron en torno a una fosa común, llena de los huesos —incluidos los cráneos— de los asesinados. Cuando llegó allí, los huesos estaban encajados en un montecillo rectangular de cemento sin pulir que tenía un oxidado techo ondulado por encima. Me contó apasionadamente: «Nadie podría imaginarse que la belleza puede existir en un lugar así». La depresión y el vagabundeo eran comunes entre los supervivientes. Utilizando el arte colaborativo, hizo que la comunidad participase en la creación de un centro dinámico en honor a los muertos y que crease un monumento de conmemoración del genocidio, integrándolo en una de las cámaras de los huesos. Con poco más que pintura y trozos de cerámica rota con los que crear coloridos mosaicos, captó a numerosos niños y adultos para que construyesen un espacio de sanación para el pueblo. Su visión y la colaboración con la comunidad transformaron la sombría y deprimente fosa común en un monumento que aporta esperanza y dignidad al pueblo.

Yeh ayudó a que los supervivientes transformasen el duelo por sus horribles pérdidas compartiendo sus experiencias, redefiniendo su sufrimiento y utilizando sus vidas rotas para crear lugares de solidaridad y de belleza. Me contó: «Poco a poco, pieza a pieza, la gente fue transformando su duelo. Al honrar a sus muertos y llevarles belleza, empezaron a reconquistar su corazón humano». Echando la vista atrás, se sorprende de que el proyecto tuviera éxito, pero la vida hacía señas y mucha gente respondió.

Cuando contemplo el quebranto, veo también un potencial y una disposición enormes para la transformación y el renacimiento. Estamos creando una forma artística que brota del corazón y refleja el dolor y la pena en las vidas de la gente. También expresa alegría, belleza y amor. Este desarrollo ha establecido las bases para construir una comunidad verdadera en la que la gente se nutra del apoyo y de los cuidados mutuos.

Como se predice en el modelo de transformación de la visión del mundo, en su propio proceso transformativo Yeh se ha desplazado del «yo» al «nosotros». Conforme se ha ido transformando su visión del mundo, ha ayudado a cambiar las vidas de mucha gente a su paso. Su objetivo no es el del arte por el arte, sino conocer que la creatividad es una herramienta fundamental para la sanación social. Argumenta que, por medio de la inspiración, la educación y el compromiso, el arte puede transformar el duelo individual en una fuerza para los vivos y para el crecimiento. En los lugares más oscuros del planeta emergen comunidades de esperanza, donde la gente se desplaza del duelo individual a la fortaleza colectiva. El trabajo de Yeh desvela las formas en que la creatividad ayuda a que la gente supere su quebranto para reivindicar su plenitud. Según sus elocuentes palabras: «La acción creativa, guiada por la compasión, lleva a la transformación».

RECOPILACIONES

El arte nos permite vincularnos con múltiples caminos del conocimiento, lo que nos abre a nuevas percepciones sobre nosotros mismos y al lugar que tenemos en la gran red de relaciones. Podemos crear arte para procesar nuestras emociones, para desarrollar nuestra imaginación y para vivir en las dimensiones de la experiencia humana que nos lleven más allá de nuestra encarnación individual. Crear obras de música, de danza, de pintura, de literatura y de escritura nos sirve a todos de prácticas transformativas, ya que nos permiten expresar nuestras identidades más profundas y auténticas. Los elementos de la práctica transformativa –intención, atención, repetición, guía y aceptación– revelan las vías en que el arte refleja y transforma nuestro miedo a la muerte. El arte se puede utilizar para nuestra transformación individual, nos ayuda a encontrar esperanza a la vez que se refiere al potencial de cambio de sistemas enteros, comunidad a comunidad. A través de la belleza y la esperanza llega el camino hacia los nuevos principios.

◆ PRÁCTICA ◆
Revelar los espacios intermedios

Esta práctica, basada en el lúcido arte de Fariba Bogzaran, nos invita a experimentar la práctica transformativa del deshilado. Tienes que hacerte con un trozo de lienzo. Puedes experimentar con el tamaño máximo de la tela, pero es mejor tener algo que sea poco mayor de 60 por 60 cm.

Coloca el lienzo frente a ti sobre una mesa. Con mucho cuidado, y con intención y atención, saca uno de los hilos del tejido. Tendrás que sujetar el lienzo con una mano mientras tiras del hilo con la otra. Tómate tu tiempo, porque al apresurarse se formarán enredos. Mira cómo revelan la vaciedad los espacios entre los hilos. Date buena cuenta del momento en el que el hilo se libera finalmente del paño; siente su liberación del conjunto. Coloca los hilos en un montón según sigues deshilando y creando una nueva obra artística de lo que ha sido transformado.

Repite el acto, permaneciendo consciente del momento y de la graciosa manera con que el hilo se mueve por el lienzo. Deja que tus sentimientos de ese momento te calen. Date cuenta del espacio entre los hilos.

Disfruta. Decide tú cuánto deshilado quieres en tu arte. Con el tiempo, es una maravillosa práctica en la que participar.

Cuando hayas llegado al punto final adecuado, tómate diez minutos para escribir tus impresiones en tu diario. Reflexiona sobre la manera en que el deshilado es una metáfora de la vida y de la muerte. Ten en consideración tus propios sentimientos y actitudes hacia ese espacio que reside entre los hilos. Considera también la creación de belleza al crear cambios en la forma cuidadosamente.

CAPÍTULO 10

LA VIDA, LA MUERTE Y EL ALMA CUÁNTICA

Al menos sabemos que no se puede destruir toda la consciencia que hayamos experimentado en la vida. No se destruye, se guarda en algún lado.

RUDOLPH E. TANZI

Thomas Kuhn fue un historiador científico muy conocido; para ser precisos, hoy es una leyenda. Contribuyó a desprenderse de toda ilusión de que nuestros modelos científicos de la realidad sean objetivos y absolutos. En su ahora ya clásico libro *Estructura de las revoluciones científicas*, examina la idea de que nuestros paradigmas de la realidad se construyen socialmente.[1] Además, demostró que, a lo largo de la historia, los paradigmas cambian periódicamente de forma revolucionaria. Ni siquiera en las ciencias llamadas duras, como la física y la química, existe nada fijo.

Para ilustrar uno de esos cambios fundamentales de paradigma, Kuhn echó mano de lo que se ha dado en llamar «revolución copernicana». Fue el astrónomo polaco Copérnico quien descubrió, en pleno Renacimiento, que el Sol era el centro del Sistema Solar, y no la Tierra. Su descubrimiento, herético por entonces, se conoce hoy como modelo heliocéntrico y establece que los planetas giran en torno al Sol, y no alrededor de la Tierra. Esta idea radical hizo que la gente de la época se repensara sus visiones del mundo, lo mismo que el conocimiento que tenía de sí misma, de Dios y de los cielos. En definitiva, esta transformación catalítica de la visión del mundo condujo al desarrollo de la ciencia natural y de los métodos de observación empírica.

Según Kuhn, cuando se dan los cambios de paradigma, aparecen nuevos planteamientos y preguntas. Esos cambios son desestabilizadores porque los paradigmas contrapuestos son con frecuencia inconmensurables y no se compaginan fácilmente. Los escépticos y los proponentes de una visión del mundo siempre han tomado partido. En el Renacimiento, y en otros períodos históricos, aquellos que desafiaban los paradigmas establecidos eran tachados de herejes, se los expulsaba de las instituciones religiosas dominantes e incluso se los quemaba en la hoguera. Hoy día, a los científicos que desafían los paradigmas dominantes se los condena al ostracismo o bien resultan objeto, ellos y sus obras, de campañas de difamación. Como hemos visto en los capítulos anteriores, se ha venido informando de muchas experiencias transpersonales por parte de gente de todas las edades y de muchas culturas diferentes. Las guerras de paradigmas no conocen barreras históricas. Aun así, la ciencia ha rechazado esas alegaciones como fraudes, ilusiones o epifenómenos del cerebro.

Los cambios de paradigma pueden darse también por los descubrimientos, como hemos visto a lo largo de la historia. Cuando emerge una nueva visión del mundo que pueda contemplarse desde muchos puntos de vista diferentes, las nuevas posibilidades abren puertas inesperadas. Ideas que previamente se rechazaron se vuelven a considerar bajo una nueva luz. En este capítulo examinaremos varias ideas revolucionarias en el nuevo campo de la ciencia posmaterialista, que ofrece percepciones nuevas sobre las preguntas inmemoriales acerca de la vida, la muerte y lo que pueda ocurrir después.

LA REVOLUCIÓN DE LA CONSCIENCIA

Es innegable que la lógica de bolas de billar de la física newtoniana sigue prediciendo el mundo físico con gran precisión. Hemos clonado un gato llamado *Carbon Copy*, hemos fabricado un campeón de ajedrez llamado *Deep Blue* (el primer ordenador capaz de vencer a campeones mundiales de ajedrez, como Gary Kaspárov) y hemos situado en órbita una estación espacial internacional llamada *Discovery*. Todo eso atestigua el poder que tiene la física clásica a la hora de controlar al mundo de fuera de nosotros. Cualquier esfuerzo de abordar la cuestión de la supervivencia más allá de la muerte recibe una respuesta sencilla: cuando estás muerto, estás muerto, y ya está.

Al mismo tiempo, la realidad se define ahora como una compleja sopa cuántica llena de no localización, de resultados probabilísticos, de teoría de cuerdas, de ciberespacio, de computación en nube, de biocampos, de potencialidades en los campos de información, incluso del principio de incertidumbre. Las cosas van cada vez más aprisa, cada vez son más pequeñas e infinitamente más complejas y difíciles de captar, hasta para los expertos. En medio de todo este cambio, las percepciones que tienden puentes entre ciencia y espiritualidad se reúnen ahora para desvelar nuevas vías del conocimiento de quiénes somos y en qué somos capaces de convertirnos. En concreto, la consciencia, que alguna vez fuera un tema tabú en la ciencia, se ha convertido en la chispa que está cambiando el discurso científico, académico, religioso y social.

Estar presente en la convergencia de definiciones diversas y a menudo contradictorias de la realidad proporciona desafíos alucinantes. También nos ofrece la oportunidad de reflejar nuestra propia visión del mundo y formular —o reformular— nuestro conocimiento de la vida, la muerte y lo que pueda haber más allá del último aliento. El modelo de transformación de la visión del mundo establece que la transformación social sigue el mismo patrón general que la individual. Indica también que ambos caminos son más fractales que lineales. La transformación puede ser un embrollo. Los descubrimientos que emergen hoy aparecen en las intersecciones de las visiones del mundo, de las materias científicas y de las vías para conocer y ser. El cambio que tenemos encima representa una ontología, o modelo de la realidad, de más allá de los sentidos y hacia esferas ampliadas del ser.

¿SOBREVIVE AL CUERPO LA CONSCIENCIA?

¿Sobrevive la identidad a la muerte del cuerpo?, y si es así, ¿cómo? Este tipo de preguntas son las que definen el discurso de la ciencia posmaterialista. Como hemos visto en los capítulos anteriores, a lo largo de la historia muchas culturas mantienen la visión del mundo de que cuando morimos, algo distinto vive. ¿Cómo combinan esos puntos de vista con el modelo físico que define a la ciencia occidental? ¿De qué manera aborda la ciencia posmaterialista las experiencias noéticas de consciencias ampliadas y las cercanas a la muerte, la comunicación con los muertos y la reencarnación? Aunar perspectivas de los caminos interiores (noéticos) y exteriores (racionales) del saber nos será útil para vivir en una nueva visión de la posibilidad humana, ahora mismo y después de que muramos. Cuando la religión y la ciencia se cruzan, lo que emerge es una espiritualidad basada en la evidencia. Eso es una visión del mundo completamente nueva para el siglo XXI.

El doctor Rudolph E. Tanzi es uno de los mejores portavoces de esta visión emergente del mundo. En su trabajo combina unas referencias científicas impecables con una práctica espiritual profunda. Tanzi es catedrático de neurología en la Universidad de Harvard. Asimismo es director de la Unidad de Investigación sobre Genética y Envejecimiento del hospital general de Massachussetts, donde su investigación se centra en las causas genéticas de la enfermedad de Alzheimer. Es también de los que ven la consciencia fuera del cuerpo. Se ha comprometido a establecer los lazos existentes entre los reinos visibles del materialismo y los reinos invisibles que residen más allá de nuestra encarnación corporal. Sus puntos de vista sobre la consciencia y sobre lo que pueda haber más allá de la muerte corporal son poco convencionales y muy provocativos. Me lo explicó así:

Científicamente no sabemos si la identidad, la autoconsciencia, puede sobrevivir a la muerte. Uno pensaría que lo relacionado con desarrollar una red de consciencia alrededor de uno mismo que interactúe con todas las consciencias del universo es información. La información es lo más básico del universo.

La estructura de la materia es información, o cómo se configura la energía. Creemos que la información no puede destruirse. Así que al menos sabemos que toda la consciencia que hayamos experimentado en nuestra vida no puede destruirse, que se almacena en algún lugar. Un neurocientífico te dirá que tu identidad está en tu red neuronal, que todo lo que haces y lo que aprendes está asociado con lo que ya sabías. Así que eso nos deja con la pregunta de cuando mueres y el cerebro se ha extinguido y la actividad eléctrica se ha apagado, ¿desaparece todo?

La otra cara de la moneda, de la que la mayoría de los neurocientíficos no quieren ni hablar, es ¿dónde reside la consciencia?, ¿dónde están los recuerdos? Cuando piensas en el pasado, ¿dónde se almacenan [los recuerdos]? En neurociencia no tenemos respuesta para eso. Les pregunto lo mismo a mis alumnos y a los demás profesores constantemente. Dicen —con todos esos gestos que hacen con la mano—: «Ya lo sabes, está en tu red neuronal». Y yo insisto: «Exactamente, ¿dónde?». «En las sinapsis», me responden. No, las sinapsis se disparan para recolectar el recuerdo, pero ¿dónde está la memoria verdadera? ¿Dónde está el rostro de mi madre si lo veo? ¿Dónde está el lápiz de memoria del cerebro donde se almacena la imagen del rostro de mi madre? No tenemos ni idea.

Entonces la pregunta se convierte en ¿está almacenado aquí [señala a su cabeza], pero no como una masa unificada, lo que necesitas para establecer tu identidad? ¿O es que en realidad confluye una energía global con una masa unificada a la que llamamos identidad? A falta de una mejor, tenemos la palabra *alma*. Así, el alma es la guardiana de la identidad. La consciencia que hayas experimentado en tu vida permanece intacta. Lo creo. Ahora mismo es más una creencia espiritual que científica, pero confío en mi intuición más que en ninguna otra cosa, y mi intuición dice que sí, que ese es el caso, muy probablemente.

Para Tanzi, quiénes seamos nosotros no viene definido por nuestra experiencia física. Puede resultar sorprendente oír esto de alguien que ha forjado su carrera cartografiando las moléculas y los mecanismos de percepción en nuestros cerebros y nuestros cuerpos. A su modo particular, ha encontrado una visión del mundo que ofrece una integración de lo que él sabe por su formación científica y de sus propias vías intuitivas o noéticas para saber. Él, al igual que otros científicos posmaterialistas, propone que lo que somos trasciende nuestro cerebro y el resto de nuestro cuerpo. Esta idea nos señala hacia nuevas relaciones entre la experiencia personal y el alma como guardiana de nuestra identidad. En esta visión del mundo, la muerte es otra fase de nuestra constante transformación. Es una idea convincente la que caracteriza a los científicos del siglo XXI, una idea que brinda un nuevo paradigma emergente para todos nosotros.

LA CONSCIENCIA Y UN UNIVERSO INTERCONECTADO

Tanzi no está solo con sus puntos de vista sobre la consciencia como fuerza fundamental de la naturaleza. Lothar Schafer ve un paisaje de posibilidades parecido. Schafer, jubilado en la actualidad, fue profesor en la Universidad de Arkansas, en la que enseñó fisicoquímica durante cuarenta y tres años. Precursor de una nueva visión del mundo, es optimista sobre que la ciencia llegue a alcanzar una nueva vía para comprender la consciencia. Como Tanzi y otros científicos posmaterialistas, habla de la totalidad como el núcleo de la realidad, en oposición a la visión del mundo materialista y reduccionista, que rebaja el mundo a sus partes constituyentes. Aunque ha hecho toda su carrera en fisicoquímica, midiendo y manipulando el mundo microscópico, ve las bases de la materia como algo inmaterial y considera interconectado al universo: «Todo está conectado, no en el mundo empírico, sino en sus raíces no empíricas».

Este es el argumento: si el universo es una totalidad, todo proviene de él, todo le pertenece, incluso nuestra consciencia. En ese caso, la consciencia es un principio cósmico. La única posibilidad que tienes de que tu consciencia sobreviva cuando mueras es que exista alguna consciencia fuera. A lo mejor lo que está en nosotros no es nuestra consciencia, sino la consciencia cósmica.

Al hablar sobre su propia cosmología, Schafer reconoce que una transformación personal enlaza sus puntos de vista sobre la muerte con su visión científica del mundo. Cuando era más joven, le asustaba la muerte; hoy día no ve nada temible en ella. No es que tenga opiniones claras de lo que sucede después; pero aun así, como científico posmaterialista, basa sus propias creencias e hipótesis en el encuentro entre ciencia y espíritu.

En cierta forma, la dualidad no existe realmente. Eso está como grabado en la mentalidad de la física clásica. Creo que hay diferentes estados de existencia. Es como cuando dejas en paz a una partícula, que vuelve espontáneamente al estado de onda de potencialidad. Por eso podemos ver patrones de interferencia en los experimentos con electrones y ranuras dobles y demás. De modo que realmente no hay dualidad en estados diferentes.

Toma un cubito de hielo, ponlo en tu bebida. De repente, ha desaparecido. Eso es lo que hacen las partículas, excepto que no se transforman en algo material distinto. No, se transforman en ondas de potencialidad. Eso es lo que hacen y, si haces las cosas bien con ello, la partícula brota. No tengo ni idea de adónde se fue o dónde está la masa. Le he preguntado a muchos físicos, y nadie me ha dado una respuesta.

Si el universo fuese lo que dice la física clásica que es, lo que pensó Newton que era [...] el universo sería una máquina. No es más que partículas que corren por ahí siguiendo las leyes de Newton. Está cerrado porque el estado del presente establece el futuro. No puede existir nada inesperado, es como un reloj. En un universo mecánico, la gente tiene un problema con la idea de que nuestra vida sea completamente inútil. Vivimos en el borde de un mundo extraño al que no le preocupan nuestras esperanzas, ni nuestros dolores, ni nuestros crímenes. Es una vida completamente inútil. Es una vida sin dignidad. La única manera de que tengamos dignidad es que el universo no sea una máquina. Es un organismo, lo mismo que nosotros somos organismos. Existe una mente cósmica con la que estamos conectados. Y si existe una mente cósmica, sería muy extraño que no estuviese conectada con la nuestra.

LA VANGUARDIA DEL AHORA

En este paradigma posmaterialista emergente se da una interdependencia mutua entre ciencia y espiritualidad.

No existen divisiones obvias ni lugares donde la separación entre las dos sea algo fácil de establecer. Como observó Thomas Kuhn hace muchos años, aunque los científicos son expertos en trazar el curso de nuestra naturaleza física, acarrean a la vez en sí mismos su propia metafísica. Los psicólogos sociales han establecido que los valores y creencias de todos nosotros, incluso los científicos, conforman nuestras visiones del mundo de manera fundamental por debajo del umbral de nuestra consciencia. Al cambiar el paradigma, cambian también nuestras hipótesis metafísicas.

Para Rick Hanson, la neurociencia cognitiva brinda un camino seguro para comprender nuestro potencial humano. En sus escritos y en su trabajo clínico hace uso de gran cantidad de datos nuevos que señalan al cerebro como la sede de la experiencia. Podemos reprogramar nuestro cerebro por medio de la neurorretroalimentación (neuroterapia) para reducir nuestro sufrimiento. Las tecnologías avanzadas de cartografía cerebral están localizando vías neuroquímicas que suministran mecanismos de acción para comprender nuestras emociones, nuestros sentimientos y nuestras creencias.

Y aun así, reducir la consciencia a meros estados cerebrales podría no ser suficiente para comprender quiénes somos y lo que pueda haber tras la muerte. Las investigaciones sobre la meditación y las prácticas contemplativas, como la oración, ofrecen vislumbres sobre los alcances posteriores de la consciencia. Aun así, la mayor parte de esa investigación se sigue definiendo por el paradigma materialista, para el que los estados ampliados de consciencia no son nada más que correlaciones de estados cerebrales. Para Hansen, así como para otros científicos posmaterialistas, esto no está claro:

Realmente, no lo sé con seguridad. Mi propia experiencia personal y mi convicción son teísticas, así que creo que realmente existe lo trascendente. Lo que pienso sobre eso es que es más bien un punto de vista trascendental inminente trenzado en la naturaleza misma de las cosas para que las cosas emerjan. Dicho de otra manera, si los físicos cuánticos tienen razón y se requiere la consciencia para posibilitar que la potencialidad cuántica se cuaje en una realidad cuántica en la vanguardia del ahora —en la vanguardia emergente del ahora (que es, por supuesto, la vanguardia del ahora eternamente emergente)—, si eso es realmente cierto, sería necesario que se trenzase alguna clase de consciencia en el tejido de la realidad, en un cierto sentido definitivo, para que emerja y se haga sólida momento a momento.

Un punto de vista tan trascendental proporciona un modelo emergente con el que tener en consideración la cuestión de lo que le sucede a la consciencia tras la muerte corporal. Este modelo aúna nuestra naturaleza corporal con las complejidades del universo cuántico. Además, se refiere a una espiritualidad basada en las evidencias que da fundamento a este nuevo paradigma emergente.

EL ALMA CUÁNTICA

Con el fin de desarrollar estas alucinantes y complejas ideas, busqué más esclarecimiento con el doctor Stuart Hameroff, anestesiólogo, catedrático y director del Centro de Estudios de la Consciencia de la Universidad de Arizona. Durante muchos años ha trabajado para comprender la naturaleza de la consciencia y cómo se relaciona esta con el cerebro. Su propia pasión es el potencial que tiene la física cuántica para explicar los alcances más lejanos de la consciencia.

En la unidad quirúrgica de alta tecnología de la Universidad de Arizona, Hameroff me explicó sus puntos de vista personales, un tanto controvertidos. En concreto, ha articulado un modelo que desarrolló en colaboración con sir Roger Penrose, el famoso matemático británico. En el punto de vista de Hameroff, que confía que pueda explicar la supervivencia de la consciencia después de la muerte corporal, los microtúbulos son la clave de la consciencia. Estas estructuras proteínicas son el armazón corporal del que nuestro sistema óseo obtiene su forma. Las estructuras son tubulares y por eso pueden actuar como una especie de conductor para que los sucesos cuánticos ocurran en el cuerpo, y más allá, sostiene Hameroff. Al igual que Hansen, argumenta que la muerte no es un fenómeno de sí o no; en lugar de eso, se ve a la consciencia como «el límite externo del ahora».

Si la consciencia es estrictamente una propiedad emergente de cálculos complejos, cosa en la que están de acuerdo la mayoría de los neurocientíficos y los filósofos, eso significa que tras la muerte no hay lugar para una vida ultraterrena, ni para la consciencia. Su propiedad emergente terminará cuando termine la transformación. Pero si la consciencia se relaciona con lo cuántico –por ejemplo, en los microtúbulos, que creemos que son los ordenadores cuánticos dentro de las neuronas–, la consciencia y esas características cuánticas se derivan del nivel más básico del universo: la geometría espacial. Así pues, la consciencia, en circunstancias normales, es un proceso que tiene lugar en nuestro cerebro, dentro de los microtúbulos que están en el interior de las neuronas y alrededor de ellas. Ese derivarse del nivel más básico del universo –la infinitesimalmente pequeña escala de Planck– puede darse entre los oídos, en el cerebro, en los microtúbulos.[2]

La escala de Planck a la que se refiere Hameroff es un tamaño muy pequeño, o muy grande, en el que los efectos cuánticos de la gravedad pueden producirse. Los físicos cuánticos piensan que conceptos como situación y causalidad se descomponen a ese tamaño. Como tal, la escala de Planck habla de un camino en el que la consciencia puede hacerse con las cualidades cuánticas que trascienden los puntos de vista convencionales del espacio y el tiempo. Durante nuestra entrevista Hameroff siguió diciendo:

Bajo esas circunstancias, cuando la sangre deja de fluir y el cerebro empieza a fallar, la energía metabólica que dirige la coherencia cuántica se pierde. No obstante, la información cuántica, en la geometría del espacio-tiempo, no se pierde necesariamente. Y hay muchísima energía en la escala de Planck (si no tienes que preocuparte por la biología asociada) para que el espacio-tiempo se mantenga entrelazado como una unidad. Puede disiparse por el universo en general, o permanecer entrelazada como alma, si quieres, sin localización concreta, o incluso quizá ser algo distribuido holográficamente, pero permanece aún como una unidad fundamental. Creo que es verosímil que, si está relacionada con la geometría del espacio-tiempo como creo que ocurre, la consciencia puede existir tras la muerte corporal.

A continuación me habló del estudio de un caso que hizo un especialista en cuidados intensivos de la Universidad George Washington, en el distrito de Columbia. Me contó que el doctor Lakhmir Chawla estaba tratando a pacientes agonizantes.[3] Ellos y sus familias habían decidido que se retirasen todos los medios de apoyo vital para que los pacientes muriesen en paz. Todo ese tiempo se los examinaba con monitores cerebrales. Hameroff me contó lo que pasó:

Cuando empezaban, [los pacientes] tenían un nivel de actividad fisiológica que estaba por debajo de lo que en anestesia consideraríamos como consciente; pero había cierta actividad. Cuando el corazón se detenía, la sangre dejaba de fluir y la presión sanguínea caía prácticamente a cero, este número disminuía hasta casi cero y el corazón se paraba definitivamente. Pero entonces, en siete de los siete casos que Chawla había estudiado, se daba un brote súbito de actividad cerebral que resultaba ser sincronía gamma. Eso se correlaciona con la consciencia y duraba entre noventa segundos y veinte minutos, en uno de los casos.

Hameroff citó otro estudio que se llevó a cabo en la Universidad Virginia Mason de Seattle.[4] En ese estudio, a tres pacientes agonizantes que se estaban muriendo de lesiones cerebrales se los llevó a cirugía con el fin de donar sus órganos para trasplantes. El equipo médico que estaba controlando la actividad cerebral de los pacientes observó reacciones parecidas a las que vio Chawla. Hameroff me dijo:

Ellos también vieron los brotes de actividad en el momento de la muerte, cuando se detuvo el corazón. Chawla sugería que esta actividad podría estar relacionada con lo que conocemos como experiencia cercana a la muerte, o incluso quizá con la de fuera del cuerpo. Durante miles de años y en muchas culturas, como sabes, la gente ha hablado del momento de la muerte. Se habla, a veces de manera espontánea, de los fenómenos de la luz blanca, de estar en un túnel, de reunirse con parientes muertos y de las sensaciones de paz, tranquilidad, serenidad y calma. Entonces se los revive y vuelven a la vida, de vuelta a lo normal.

Por supuesto, los pacientes [de los dos estudios] murieron, de modo que no sabemos más. No se dice que estuvieran abandonando su cuerpo realmente, como en las experiencias extracorporales, o que haya un alma que abandone el cuerpo; pero indica que la experiencia cercana a la muerte es algo distinto de una hipoxia mortal. Quizá sea algo que se relacione con su fenomenología, con la claridad, la serenidad y todo eso. Creo que señala en la dirección de que pueda existir algo parecido a una vida de ultratumba, aunque claro está que no lo demuestra.

Para continuar con su descripción de la ciencia de la consciencia, expresó su punto de vista de un nivel de la realidad, por debajo del atómico, donde no hay masa. Aunque es muy cauto con su teoría, Hameroff ve las implicaciones de la geometría del espacio-tiempo para conocer los mecanismos por los que puede producirse la reencarnación:

En la curvatura del espacio-tiempo existe una cierta codificación sobre lo que le ocurre a la masa. Creemos que la consciencia, que los precursores de la consciencia al menos, es uno de los componentes fundamentales e irreducibles del universo. La manera que tengas de organizarlos y juntarlos da origen a la compleja consciencia que tenemos. Cuando desciendes directamente a ella, la geometría del espacio-tiempo no tiene localización, lo sabemos por la teoría y el entrelazamiento cuánticos. La consciencia puede ser un fenómeno que se repite a escalas diferentes, que no tiene localización y es potencialmente holográfica. Podría bien ser que toda esta información cuántica, en el caso de la reencarnación, regresase en otro embrión o zigoto, en otro conjunto de microtúbulos que creemos que son los que transmiten toda esta información cuántica, o bien que exista indefinidamente suelta por el universo.

Hameroff especulaba con la idea de cómo podría conformar su visión del mundo a una nueva visión emergente que aúne el mundo interior del espíritu con el mundo exterior de la ciencia:

Si resulta que todo esto es cierto, que la consciencia puede sobrevivir a la muerte (y creo que lo hace, hasta cierto punto), eso va a hacer que la ciencia complete el círculo y regrese a las antiguas tradiciones, que han venido diciendo lo mismo durante miles de años. Más que un dualismo entre ciencia y religión, podría darse una cierta síntesis y algo de mezcla. Creo que eso sería bueno; creo que sería muy satisfactorio saber que existen esas posibilidades. No pienso que yo descartase la religión, porque creo que seguirá siendo importante vivir una buena vida; eso aportaría una especie de unidad entre ciencia y religión.

HOLOGRAFÍA CUÁNTICA

Edgar Mitchell ha examinado el enigma de la consciencia aunando ciencia y percepciones noéticas. Mitchell es uno de los astronautas de la misión Apolo XIV y fundador del Instituto de Ciencias Noéticas. Se hizo piloto muy joven y estuvo volando para la marina de los Estados Unidos en la guerra de Corea. Luego estudió ingeniería en el MIT (Instituto Tecnológico de Massachussetts, por sus siglas en inglés) antes de llegar a ser uno de los pocos hombres que han caminado sobre la Luna. Cuando aterrizó a salvo en su vuelta a la Tierra, empezó a plantearse grandes preguntas sobre la vida y la naturaleza de la realidad.

Según él, las preguntas sobre la muerte y una posible vida posterior son fundamentales para conocer la realidad. Datos nuevos llegan desde fuentes como el telescopio *Hubble*, y Mitchell nos dice que estamos llegando a un conocimiento totalmente nuevo del universo y de lo que la vida es en el sentido más amplio. Como otros científicos posmaterialistas, el antiguo astronauta busca en la física cuántica y en la holografía ayudas para explicar conceptos tan enigmáticos como la reencarnación.

Para iluminar la vinculación, lo primero que hizo fue describir cómo descubrió el científico alemán Max Planck, que ganó el Premio Nobel de Física en 1918, que toda materia física emite radiación. Cierta parte de esa radiación tiene una carga asociada, un área electromagnética. Algo de esa radiación está formada simplemente por fotones, que no tienen carga. Y en 1990, otro científico alemán, Walter Schempp, utilizó matemáticas complejas para describir fotónicamente las emisiones radioactivas de todos los cuerpos físicos. Llamó *holograma* a esta descripción fotónica de las emisiones, o imágenes tridimensionales creadas por luz coherente (láser). Este concepto ha llevado al desarrollo de la tecnología médica moderna, como el fMRI.

Trabajando en conjunto con Schempp y otros, Mitchell ha construido un modelo que aplica la información holográfica a nuestro conocimiento de la consciencia. Argumenta que en un campo holográfico existe un registro de nuestros pensamientos y sentimientos. Al igual que Tanzi, Mitchell argumenta que existe un registro real de información almacenada. Una hipótesis así podría revelar un mecanismo que explicase conceptos como consciencia sin localización y reencarnación. Para equiparar la holografía cuántica con la antigua idea de los registros akásicos, ofrece el argumento de que «la naturaleza no pierde su experiencia»:

> Eso querría decir que la experiencia de cada vida se conserva en el registro, de alguna manera. Y presuntamente es evocable [...] Así que, por ejemplo, si fuera posible que alguien utilizase el registro cuántico holográfico de una persona anterior, si fuera posible descargarla en su mente del mismo modo que uno cargaría un programa informático en un ordenador nuevo, si eso fuera cierto, el receptor emularía así la vida de la persona, sus pensamientos y su realidad.

Siguió detallando su teoría para conocer la naturaleza de la identidad personal, mientras reconocía con la precaución pertinente que hasta el momento todavía es una especulación.

De alguna manera, nuestra identidad podría estar almacenada como fotones en un holograma cuántico. ¿Es eso una declaración definitiva? Todavía no. Sin embargo, es una declaración correcta. Queda por verse cuántas comprobaciones más, exactamente, o qué otras comprobaciones más saldrán de ello, o de otros experimentos de laboratorio que se nos podrían ocurrir, bien para autentificar o bien para encontrar las limitaciones de esas aplicaciones. Ahora estamos justo en la frontera.

En definitiva, Mitchell ve la cuestión de la muerte y lo que haya después como algo que conforma cómo vivimos nuestras vidas. Teniendo en consideración su propia mortalidad, manifestó su visión del mundo sobre la supervivencia de la consciencia tras la muerte corporal, y por qué es importante eso para nuestra manera de vivir la vida:

Creo que lo más importante que podemos hacer los seres humanos es aprender a sentirnos placenteros, felices, con éxito en lo que hacemos en esta vida; sentir que somos productivos, cuidadosos, y que nos ayudamos unos a otros y a nuestras familias. Eso es mucho más importante que saber si tenemos realmente todas las respuestas a lo que suceda tras esta vida. Para mí es mucho más fundamental vivir esta vida al máximo, correcta y felizmente.

RECOPILACIONES

Vivimos en una época de enormes cambios. La nueva ciencia de la consciencia habla del surgimiento de un paradigma nuevo que se enfoca en los poderes y potencialidades de nuestra mente. Los científicos posmaterialistas tienen ideas innovadoras sobre la naturaleza de la realidad. Estas ideas están conformadas por su formación científica y por sus propias creencias y prácticas espirituales. Vivir con los nuevos descubrimientos de que nuestra identidad pudiera existir independientemente del espacio y del tiempo puede darnos un conocimiento nuevo de quién somos y de aquello en lo que podemos convertirnos más allá de la muerte. De hecho, si somos patrones de información, podríamos ser entonces más o menos que nuestra identidad personal.

Esta nueva visión del mundo ofrece un conocimiento ampliado del yo que aúna nuestras creencias físicas y metafísicas. Estamos encontrando nuevas vías de conocer la vida como parte de un universo no situable e interconectado que existe fuera del espacio-tiempo lineal. La realidad que surge en el siglo XXI es dinámica, integradora y está, de alguna manera, más allá de las palabras. En el capítulo siguiente veremos que a la vez que este paradigma tiene una repercusión en la ciencia, también la tiene sobre la sociedad en su conjunto. En concreto, una nueva visión del mundo sobre la muerte y la vida ultraterrena está afectando a nuestro sistema sanitario, en el que frecuentemente se ve la muerte como un enemigo que hay que derrotar. Conforme vayamos accediendo a la nueva visión del mundo que invita a la plenitud de la vida, con todas sus brillantes facetas, podremos ir creando una nueva visión para nuestra naturaleza humana. Y, al hacerlo, podremos encontrar nuevos caminos para sanar nuestra denegación cultural de la muerte.

◆ PRÁCTICA ◆

Concienciación en la naturaleza

Según vayamos incorporando las percepciones de este capítulo, podríamos querer reflexionar sobre la naturaleza de nuestra interdependencia con todo en la vida. En esta práctica nos tomaremos un rato para estar en medio de la naturaleza. Cuando estés listo, sumérgete en ella y da un paseo por un parque, por un bosque o por un jardín. Date cuenta de la belleza que te rodea. Concentra tu consciencia en tu cuerpo sumergido en tu entorno natural. Nota que tu consciencia se mueve a lo largo del camino bajo tus pies. Huele el aire, siente la brisa en la cara. Detente al lado de un árbol. Levanta la mano y toca su corteza, experimenta la textura bajo tus dedos y siente el contacto con el árbol como sistema viviente.

Haz tres inspiraciones profundas, cierra los ojos y desplaza tu consciencia hacia dentro. Percibe los sentimientos de tu mente y de tu cuerpo cuando te conectas con el árbol. Con cada inspiración date cuenta de que te relajas cada vez más. Fíjate atentamente en cada respiración, dentro, fuera. Concéntrate en el momento de cada respiración, experimenta solamente una sensación del ahora en contacto con otro sistema vivo. No existen ni el pasado ni el futuro, tan solo este preciado momento, en el que estás profundamente en la naturaleza y dentro de tu cuerpo, y entre tu cuerpo y el árbol, y dentro de la respiración que da vida a este momento. Siente agradecimiento por el espacio en tu interior que está plenamente en el presente.

Cuando estés listo, vuelve tu atención al lugar en el que te encuentras. Conforme vayas volviendo a casa, sigue manteniendo esta experiencia de estar plenamente en el momento presente en el que te sientes uno con la naturaleza a cada paso.

Después tómate diez minutos para escribir en tu diario sobre la experiencia, examina tu propio conocimiento de la naturaleza del tiempo y de la eternidad, de la independencia y de la interdependencia, de la consciencia del interior y del exterior. Sigue examinando este tema durante los días siguientes y toma nota de las maneras en las que puedes estar plenamente presente en el momento y ser consciente de tu lugar en el mundo natural.

CAPÍTULO 11

SANARSE A UNO MISMO Y SANAR A LA SOCIEDAD

La conducta humana no se cambia por medio de un imperativo moral, sino por una imaginación transformada.

PAUL RICOEUR

Como médico y dirigente comunitario, el objetivo de Karen Wyatt es contribuir a que la sociedad se despierte de lo que ella llama «adormecimiento cultural». Basándose en sus años como médico en un hospital con pacientes terminales, nos intima a cada uno de nosotros a encontrar el don en cada momento. En su trabajo utiliza el acrónimo DDC,* que significa «despiertos, dispuestos y comprometidos». Al acoger nuestros propios potenciales podremos recibir voluntariamente la vida con el mismo sentido reverencial que tienen los pacientes agonizantes de Wyatt, pero antes de que lleguemos a nuestra hora final. Como ella misma explicaba: «Tenemos que enfrentarnos a nuestro sufrimiento para aprender a amar tan profundamente como tengamos que hacerlo en esta vida». Su transformación personal, que es coherente con el modelo de transformación de la visión del mundo, la ha conducido a una vida en la que intenta catalizar un cambio

---

* N. del T.: en inglés, este acrónimo es AWE, que también significa «asombro».

241

de paradigma, tanto en la atención sanitaria organizada como en las vidas de sus pacientes.

Afirma Wyatt que nuestro sistema sanitario trata la muerte como una tragedia científica, moral y financiera. Deja solo ante el peligro a aquellos que se encuentran al final de sus vidas. En el modelo médico actual se ve la muerte como un fracaso. Wyatt y otros profesionales sanitarios en número creciente, intentan cambiar esta perspectiva. Aportar el sistema DDC a la atención sanitaria puede ser una práctica transformativa que ayude a la gente a *ser*, tanto a nivel individual como colectivo. Esto es un paso del modelo de transformación de la visión del mundo en acción, paso que utiliza percepciones noéticas sobre la muerte para aportar sentido y propósito a nuestras vidas y nuestras organizaciones.

ADHERIRSE A LA IMAGINACIÓN HEROICA

Nuestros intentos de transformar el miedo a la muerte nos llevan otra vez al trabajo de Ernest Becker, del que hemos hablado en el capítulo 2. Becker, en su libro *La negación de la muerte*, argumenta que nuestro miedo inconsciente a la muerte nos lleva a realizar esfuerzos heroicos para vencerla. A su vez, esta «imaginación heroica» conduce a profundas patologías psicológicas y sociales. Sam Kean, uno de sus alumnos, lo explicaba de esta manera:

> Con la revolución industrial nos transformamos en *Homo faber* (el hombre que hace), en los fabricantes del mundo. El mundo estaba ahí para que lo hiciéramos, era algo para [lo que] idear un sentido. El sentido no nos fue dado, es algo que hicimos nosotros. La muerte no se veía como parte de un ritmo natural, del ciclo regenerativo de la naturaleza; se la veía cada vez más como un enemigo que debe ser vencido por nuestro ingenio, especialmente por nuestra medicina moderna.

Becker hablaba también de otra clase de heroísmo, el heroísmo que puede contribuir a transformar nuestro terror existencial y que ocasiona nuestra sanación individual y colectiva. Este heroísmo implica convertirse en peregrinos conscientes en la tierra de la muerte. Atravesar nuestra «armadura del carácter» (los profundos mecanismos de defensa que deniegan la muerte) permite que nos enfrentemos a nuestros miedos más profundos. Kean seguía, diciendo: «Todo heroísmo ocurre en el ambiente de la consciencia de la muerte o en el de la represión de la realización de la muerte». Enfrentarse a la muerte de cabeza nos permite transformar nuestra visión del mundo sobre la vida y sobre cómo nos comprometemos con ella. Según él, eso nos prepara para «participar en la dirección significativa de la historia humana». Al igual que Wyatt, Kean encuentra esperanza en el cultivo del asombro y de la maravilla.

No existen los milagros esporádicos, el campeonato entero es un milagro [...] y de todo eso fluyen la gratitud, el reconocimiento y la compasión. Todas esas virtudes fluyen de un esfuerzo de vivir en el mundo de tal manera que se sea reverente con él. No es nada esotérico.

TRANSFORMAR NUESTRAS IMÁGENES DE LA MUERTE

Las historias de nuestra cultura –y las imágenes que tiene nuestra sociedad sobre la muerte– moldean el camino colectivo que llevamos adelante. Hace muchos años que Willis Harman se dio cuenta de ello. En un informe llamado «Las cambiantes imágenes del hombre», él y su equipo de futurólogos enunciaron el cambio de paradigma que podemos estar viviendo en esta época:

Las imágenes de la humanidad que dominan en una cultura tienen una importancia fundamental, porque subyacen en las formas en que la sociedad moldea sus instituciones, educa a sus jóvenes y se encamina hacia dondequiera que perciba que es su terreno. En el momento actual, los cambios de esas imágenes son particularmente interesantes porque es posible que nuestra sociedad industrial se halle en el umbral de una transformación tan profunda como la que ocurrió en Europa, cuando la Edad Media cedió el paso al ascenso de la ciencia y de la revolución industrial.[1]

Harman y sus colegas hablaron de la imagen predominante que dirige nuestras instituciones y nuestros esfuerzos para controlar las fuerzas de un mundo objetivo que está «ahí fuera», como los esfuerzos que hacemos para controlar nuestra propia mortalidad. Si en nuestra mitología común, definida por el modelo biomédico, somos víctimas de la muerte, seguiremos sufriendo por nuestra denegación de ella. Sucesos como los tsunamis, los terremotos, el genocidio o el terrorismo hacen que tiemble nuestra certeza; las crisis originadas por la muerte inundan las orillas de nuestros mundos económico y social. Nos vemos forzados a examinar las hipótesis más profundas que tenemos sobre lo que es real y verdadero.

En esta evolución surgen imágenes nuevas para guiarnos. Como hemos visto en este libro, el modelo de transformación de la visión del mundo establece que las crisis son grandes catalizadoras de la transformación positiva. Incluso cuando estamos sumergidos en el dolor, tenemos la capacidad de hacer cambios en nuestra visión del mundo y de calibrar lo que nos aporta sentido y propósito. Este punto de vista holístico nos sitúa dentro de un sistema viviente, en el que nos movemos con el flujo de la evolución. En este nuevo modelo participativo nosotros somos colaboradores, no dominadores. Al vivir en la nueva era de la información, de la globalización y de las interrelaciones cuánticas, la imagen dominante ha comenzado a ser borrosa y el discurso cultural está cambiando.

UN PUNTO DE INFLEXIÓN

Nuestra sociedad global se halla ante un punto de inflexión, solo que no está claro hacia dónde nos dirigimos. Por un lado, podríamos está al límite del colapso de todos los sistemas. Cada día los noticiarios nos recuerdan las muchas formas en que estamos en peligro. Nuestro miedo colectivo a la muerte nos empuja hacia la intolerancia y el conflicto. Por otra parte, si la sociedad se mueve hacia delante como predice el modelo de transformación de la visión del mundo, podríamos estar encaminados hacia el renacimiento de una sociedad sostenible. Para encontrar las opciones que afirmen la vida, nos iría bien seguir el consejo del antiguo escritor y maestro de aikido George Leonard: «Tómate los golpes como regalos». La adversidad es nuestra oportunidad.

Una conciencia ampliada de la muerte enriquece nuestras vidas. Somos llamados a sanar una visión del mundo que define la realidad como si no fuese nada más que nuestra naturaleza física. Para Jean Watson, la clave de la transformación está en sanar las relaciones. Como jefa de enfermería, trabaja para reformar la atención sanitaria. Su objetivo es transformar el sufrimiento humano en cuidados profundos. Ella relaciona esta percepción de la parte relativa a los cuidados de la atención sanitaria con la forma en que tratamos la muerte:

Estamos comprometidos en colaborar para conocer la diferencia entre tener un dolor con sufrimiento y tenerlo sin sufrimiento. Estamos abriendo una invitación para que tengamos un significado diferente, o más significado, del propósito de la vida; para que tengamos otra interpretación de la muerte y de la preparación para la nuestra, lo que en definitiva nos lleva a que morir conscientemente sea una posibilidad para nosotros.

Creo que todos tenemos una imagen más alta y una visión superior del otro lado, del que no nos hemos permitido participar, ni examinar, o ni siquiera conversar sobre ello. Por eso los que mueren tienen tanto que enseñarnos. La humanidad de una persona se refleja en la otra, de modo que si estamos apagando la experiencia de morir, estamos apagando nuestra propia experiencia de vivir [...] Como individuos, o como profesionales de la salud, o como público en general, tenemos la ocasión de participar en esas conversaciones como oportunidades de hacer preguntas nuevas y de averiguar mucho más lo que hacemos tú y yo aquí.

Watson, como los demás líderes visionarios de la atención sanitaria, aboga por un nuevo modelo de medicina que vea la muerte como una parte natural del vivir. En este libro hemos oído a gente que representa muchas de las diversas voces que mantienen que la muerte no debe verse bajo los términos extremos de la gestión de las crisis. Hacer las paces con la muerte nos concede entregarnos al ciclo natural de la vida del que formamos parte. El cambio en nuestro punto de vista sobre la muerte podría significar un final para las medidas heroicas que caracterizan a la medicina moderna y a los cuidados para el final de la vida. Cada una de las muchas personas que hemos conocido clama por un modelo de la muerte que sea orgánico y esté libre de miedo. Por medio de la convergencia de las diferentes afirmaciones de la verdad podemos trazar nuestro bienestar espiritual. Colaborar con la naturaleza, y no ejercer control sobre nuestro ser mortal, hace que estemos en armonía con un universo de posibilidades en evolución.

PROFUNDIZAR NUESTRO DIÁLOGO COLECTIVO SOBRE LA MUERTE

Las conversaciones sobre la muerte pueden ser aterradoras, porque nos toca a cada uno de una manera única y personal en todos los niveles emocionales de la experiencia. Pero también pueden ser profundas y transformadoras.

La doctora Betsy MacGregor es especialmente sensible a las complejidades de nuestros pensamientos y de nuestro diálogo sobre la muerte. Trabajó en un hospital muy activo durante treinta años llevando los cuidados de enfermos graves. En concreto, se ha concentrado en la manera en que las profesiones de sus pacientes se relacionan con problemas al final de su vida. «Hasta que la gente de las profesiones dedicadas a la atención sanitaria empiece a considerar de veras su relación con la muerte y con los agonizantes, no se va a motivar a sí misma a cuidar plenamente de los pacientes que se enfrentan a esa situación vital», me dijo.

Al igual que Wyatt, MacGregor utiliza el asombro para contribuir con la sanación de los sanadores, que se esfuerzan en acoger sus propias necesidades emocionales y espirituales. A su vez, confía en mejorar la calidad de los cuidados para los pacientes agonizantes. Intima a sus colegas en la medicina organizada a que se abran a todas sus dimensiones humanas.

Si hemos cerrado esa parte de nuestra experiencia —acaso porque hayamos tenido una experiencia difícil con un pariente agonizante, o hayamos sentido duelo por la muerte de un paciente, y no hemos hecho realmente el trabajo de estar con esa experiencia y permitirle que profundice en nosotros y nos cure—, lo que tenemos en nosotros es una puerta cerrada para cuidar de la gente que se aproxima al final de su vida.

MacGregor anima a los profesionales de la atención sanitaria y a todos los cuidadores a que compartan sus experiencias y sus historias personales con los demás. Dice que cuando manifestamos nuestras historias podemos ejercitar la práctica de la escucha profunda, que nos concede honrarnos unos a otros y a aquellos que queremos y que cuidamos:

> Creo que pasa algo cuando los profesionales sanitarios cuentan esas historias. A la gente de nuestra profesión no le resulta fácil hablar de los sentimientos. De hecho, en nuestra formación nos dan a menudo el mensaje de que los sentimientos no cuentan, que tenemos que quitarlos de en medio porque interfieren en la objetividad profesional y en nuestra capacidad de tomar decisiones de manera nítida [...] Como resultado de ello, creo que nos guardamos mucho dentro que no se incorpora nunca a la experiencia de nuestra vida, y eso se queda en un lugar aislado.

Cuando contemplamos nuestra propia muerte o la de un ser querido, desplazarse fuera de un lugar aislado así no resulta sencillo para ninguno de nosotros. El miedo profundo a la muerte limita nuestra capacidad de abordar estas cuestiones directamente. Para MacGregor, que es una superviviente del cáncer de pecho, las percepciones noéticas nos ayudan a desplazarnos más allá del miedo.

Creo de veras que vivir con la muerte está en nuestra naturaleza humana. La muerte no es lo opuesto a la vida, es parte de ella. Si no reconocemos esta realidad, si no vemos su presencia con nosotros en todo momento, nos estamos quedando verdaderamente cortos, nos estamos cerrando a todo un aspecto de la vida. Si decidimos examinar esta realidad, tenemos algo que nos ayudará, porque tenemos la sabiduría interior de quiénes somos.

Pensar en morir y en la muerte nos ayuda a empezar a formular las preguntas: de verdad, ¿quién soy yo como ser humano?, ¿cómo he llegado aquí, ¿por qué estoy aquí?, ¿para qué sirve esta vida?, ¿cómo quiero utilizarla? Todas estas preguntas vienen en compañía de otras: ¿qué es la muerte?, ¿qué es morir? Creo que son preguntas muy fructíferas [...] Al principio la gente puede experimentar miedo, pero creo que hay algo en nosotros que quiere hacer esas preguntas y que se empobrece si no las hacemos.

MacGregor es optimista, aunque reconoce los infinitos retos a los que se enfrenta la atención sanitaria moderna. Observa una transformación fundamental en la cultura norteamericana con respecto a la muerte y al hecho de morir. Recuerda la época, de hace veinte o treinta años, en la que nuestra relación con los nacimientos empezó a cambiar. Por aquel entonces comenzó a darse un alejamiento de pensar en el embarazo y el parto como una crisis médica patológica para pasar a verlos como una parte normal y gozosa de la vida. De la misma manera, la muerte se está normalizando cada vez más. Dice MacGregor:

En nuestra cultura empezamos a decir, cada día más: «Quiero morir en mi casa, no quiero morir en un hospital; no deseo que mi vida se prolongue más allá de lo que yo quiera; tengo derecho a decir algo sobre cómo quiero morir». El derecho a morir de la manera que escoja la gente es algo que empieza a reconocerse en los ambientes hospitalarios, y está iniciando un cambio en la manera de entender los derechos de los pacientes en la práctica de la atención sanitaria.

Traer de nuevo la muerte a nuestros hogares, ser testigos de ella y aprender a pasar el duelo en familia y en comunidad son los pasos que

MacGregor siente que van a cambiar el estigma que existe alrededor de la muerte. Se hace eco de los puntos de vista de Ernest Becker sobre las implicaciones sociales.

Cuanto menos temamos a la muerte, tantos menos problemas tendremos en nuestra cultura. Creo que la avaricia materialista de nuestra cultura se alimenta en gran medida de nuestro miedo a la muerte, de nuestra negación de la muerte, de nuestros esfuerzos para mantener a la muerte de manera que no pueda agarrarnos, y de nuestra [...] tendencia a luchar los unos contra los otros. Creo que debemos vernos a nosotros mismos como seres que tienen la misma experiencia humana de venir a la vida, de vivir una vida que tiene un propósito y de acabarla [...] Quizá eso se desgaje de la sensación de separarnos entre nosotros y considerar al otro como un enemigo. Creo de veras que todo está relacionado.

LA CONSCIENCIA EN ACCIÓN

En este libro he hecho hincapié en que la consciencia de la muerte nos sirve de catalizador fundamental para nuestra transformación individual y colectiva. Tenemos los medios de emplear nuestra intención y nuestra atención compartidas, y de utilizarlas para cambiar el terror y el miedo generalizados asociados a la muerte. En esta evolución podemos despertar del estupor cultural que nos ha enajenado de nuestra relación natural con la mortalidad. Confeccionar una historia nueva para la humanidad nos ayuda a localizar un juego más amplio de posibilidades para nuestras vidas y las de generaciones futuras.

Como vimos en el capítulo 4, los pueblos indígenas de la Amazonía ecuatoriana sueñan para la colectividad. Es posible que, como esos pueblos tradicionales, tengamos la responsabilidad social de compartir nuestros sueños. Al hacerlo, podemos empezar a trenzar entre sí los elementos, los conocimientos y las percepciones que aparecen cuando tenemos ese tipo de viajes del alma en la consciencia colectiva. Encontrar el lenguaje para compartir nuestra vocación más profunda nos ayuda a crear una voz común para la sanación individual y social en torno a la muerte.

Hoy día, el movimiento ya está en marcha. Hay reuniones de gentes en cafés, restaurantes, teatros, salas de reunión e Internet para hablar de la muerte y las implicaciones que tiene para el modo de vivir nuestras vidas. Por medio de diálogos sentidos y auténticos, se está empezando a cambiar el discurso compartido sobre la muerte. Existe una sanación que llega por medio de la conversación y de compartir íntimamente las historias y las visiones del mundo. Según vamos poniendo nuestra humildad sobre la mesa y un espíritu de no saber en nuestras salas de juntas y en las cabeceras de nuestras camas, podríamos ser conducidos a una sabiduría interior ampliada y a percepciones compartidas. Las visiones del mundo que tengamos sobre la muerte establecen la diferencia en cómo vivimos nuestras vidas. La ciencia posmaterialista y la espiritualidad nos invitan a considerarnos a nosotros mismos como parte de una red vital interconectada y mutuamente dependiente. Partir de un punto de vista integral nos permite encontrar nuestro lugar en el orden natural con donaire y dignidad. Hallar dentro de nosotros el punto común de las percepciones noéticas y del conocimiento racional nos lleva a un descubrimiento mayor de nosotros mismos y a un compromiso intencionado con el mundo. Conforme vayamos cambiando nuestro punto de vista sobre la vida, la muerte y lo que pueda venir después, podremos darnos cuenta mejor de nuestro potencial humano completo, individual y colectivamente.

Como nos recuerda Dean Ornish:

Todos vamos a morir. La tasa de mortalidad es aún del 100%. Todavía sigue habiendo una muerte por persona. Para mí no es el mucho tiempo que vivamos, es cómo de bien vivimos nuestro tiempo. Cuando acogemos la muerte, podemos vivir la vida mucho más plena y alegremente, porque nos damos cuenta constantemente de que no tenemos todo el tiempo del mundo. No podemos decir: «Bueno, eso lo haré mañana». Yo quiero acogerlo y hacerlo hoy, cuando sea posible.

Aunque no existen respuestas definitivas sobre lo que ocurre tras la muerte, simplemente con preguntar con una mente abierta y un corazón cálido se abrirá nuestra percepción a un nuevo paradigma. Es un modelo de realidad «metagrande», lo bastante amplio como para acoger diversas perspectivas y visiones del mundo. Esta nueva metavisión nos deja pensar en caminos alternativos para reinventarnos a nosotros mismos como especie. Podemos tener en consideración las maneras en que nuestra consciencia nos ha limitado. Podemos ponderar la forma en que un paradigma basado en el miedo nos ha conducido a comportamientos inadaptados. En definitiva, podemos empezar a crear una historia juntos, con una voz compartida que ofrezca posibilidad y esperanza. Uno de nuestros derechos de nacimiento es vivir con el conocimiento de la muerte. Y podemos elegir cómo queremos comprometernos con esta parte fundamental de quienes somos.

Si adoptamos la estrategia de sistemas completos, tenemos la oportunidad de vernos a nosotros mismos como parte de un ecosistema que se define no solamente por nuestra existencia aquí, en el planeta Tierra, sino también por el papel que los seres humanos desempeñamos en la historia evolutiva del universo. Según vayamos cambiando nuestras visiones sobre la muerte, estaremos alabando la vida. Cuando dejemos de barrer la muerte bajo la alfombra y de tratarla como un gran tema tabú, podremos encontrarnos con una verdad nueva. Nuestro modelo de realidad se convierte en una relación entre las relaciones, y esas relaciones se basan en la consciencia. Como compartió Satish Kumar conmigo:

La relación es intangible, no es nada que puedas medir, no es algo que puedas analizar, no es algo que puedas contar o pesar. La relación está en la consciencia. Si quieres comprender la consciencia, tienes que comprender la relación. Y cuando comprendes la relación y la consciencia juntas, te das cuenta de que eso es la realidad primordial.

De esta realidad primordial es el amor lo que perdura. El amor es eterno, no muere nunca. El espíritu no muere jamás, es eterno y también dinámico. Evoluciona, se despliega, surge, cambia. El amor se expresa a sí mismo de diferentes formas, de maneras distintas y en momentos variados, pero la esencia del amor, su cualidad, no muere nunca.

RECOPILACIONES

Cada uno de nosotros se dedica a un proceso de transformación individual. Cuando comencemos a compartir nuestras visiones unos con otros, contribuiremos a cambiar nuestra visión común por otra con la que superemos nuestro miedo a la muerte y con la que vivamos con un propósito, un equilibrio y una armonía mayores.

Reconocer la muerte como parte de la vida nos deja «participar en la dirección significativa de la historia», como dice Sam Kean. Hacer que resuene en la percepción consciente la profunda ansiedad que compartimos ante la muerte, nos conducirá a un nuevo paradigma. Conforme cada uno de nosotros vaya encontrando individualmente su camino transformativo, así también podremos revisar las imágenes con las que nuestras instituciones sociales, en especial la atención sanitaria, tratan la muerte. Podremos cambiar nuestro discurso colectivo de uno basado en el miedo, a otro basado en el asombro y la maravilla. De esta manera podremos sanarnos a nosotros mismos, sanar nuestras relaciones y el mundo social que compartimos.

◆ PRÁCTICA ◆

Imagínate a tu ser querido

La imaginería guiada te ayuda a sentirte conectado con tus seres queridos, tanto vivos como fallecidos. Las prácticas sencillas de meditación te sirven de apoyo durante el duelo.

Cierra suavemente los ojos y empieza a respirar profundamente. Comienza a pensar en la gente que quieres, aquellos que han aportado significado a tu vida. Siente agradecimiento en tu cuerpo. Siéntelo en el pecho, el estómago, la espalda. Sigue respirando profundamente.

Ahora piensa en un lugar en el que te encante estar, un lugar que te aporte paz. Sitúate a ti mismo en ese lugar.

A continuación, la persona que has perdido se reúne contigo en ese lugar. Deja que se siente a tu lado. Mírala a la cara. Dile mentalmente cómo te sientes respecto a ella. Siente el contacto con esa persona. Sabe en tu cuerpo y en tu mente que tu amor por ella nunca muere; que, sencillamente, se expresa de manera diferente. Deja que te inunde ese sentimiento de amor y de vinculación, y que te brinde una sensación profunda de paz. Sabe que eres parte de un todo interconectado, que no tiene límites y no se acaba nunca.

Cuando estés listo, dale gracias a tu ser querido por todo lo que aportó a tu vida. Percibe otra vez el lugar en el que estabas sentado. Reflexionas sobre tus sentimientos, pensamientos y emociones. Deja que te cale una sensación de paz y buena voluntad. Cuando estés listo, tómate diez minutos para apuntar tus sentimientos en el diario.

CONCLUSIONES

En este trabajo hemos escuchado a gente notable que nos ha invitado a formular las antiguas preguntas de formas nuevas: ¿quiénes somos?, ¿qué queremos decir con *muerte*?, ¿qué creemos que ocurre después? y ¿por qué importa eso?

Ocuparse en esos temas nos ofrece muchas puertas para considerar nuevas posibilidades. Tenemos una oportunidad nueva de pensar en nuestra propia mortalidad de manera original, que se expande más allá de los límites del diálogo predominante en nuestros días. Si nos enfrentamos con la negación de la muerte, nos liberaremos a nosotros mismos y a la sociedad del miedo; podremos proyectarnos hacia delante con formas culturales nuevas que apoyen la plenitud de nuestra vida (y nuestra muerte). Yendo más allá de los hábitos que niegan la muerte, existe la posibilidad de que podamos volver a definir la empresa humana como algo basado en la vinculación, y no en la separación. Podemos empezar a cambiar el paradigma social por medio de la colaboración. Estamos vivos en el centro del enorme mar de cambio que sacude a nuestro mundo. Ese cambio puede ser desestabilizador, y también transformativo. Cada uno de nosotros tenemos un papel a la hora de darle forma a ese futuro. Con la imaginación compartida, nuestras prácticas transformativas y nuestros actos conscientes, estamos forjando un nuevo modelo para vivir y para morir como una parte sin costuras de nuestra metamorfosis compartida.

Conforme intentamos definir este momento en la historia humana, se hace claro que no disponemos de respuestas para todas esas notables preguntas. Es posible que ni siquiera podamos estar seguros de qué preguntas deberíamos formular. Problemas centrales se alzan para cada uno de nosotros cuando pensamos en las posibilidades que surgen de dedicar nuestro conocimiento sobre la muerte y sobre que es posible que sobreviva al cuerpo. Con la convergencia de la nueva ciencia posmaterialista y el acceso a las tradiciones religiosas y espirituales del mundo, solamente estamos empezando a desarrollar conocimientos nuevos sobre nuestra esencia y nuestra identidad, sobre quiénes somos y en qué somos capaces de convertirnos.

A través de mi trabajo y de mis experiencias vitales he visto que el proceso transformativo es un camino que vale la pena tomar. Los cambios en nuestra visión del mundo significan cambios en nuestra realidad exterior, así como en la interior. Los cambios vinculan nuestras experiencias personales directas y nuestra forma de estar en el mundo por medio de la acción y el servicio; pueden llevarnos a una sensación mayor de alegría, amor y significado. Aunar nuestro conocimiento noético y nuestro intelecto racional permite que cada uno de nosotros desarrolle un sentido más profundo y rico de la relación con uno mismo, con la familia, con la comunidad, con el entorno y con el espíritu. En esta evolución ampliaremos nuestra percatación y nuestra valoración por lo sagrado en cada aspecto de la vida. El psicólogo social Daryl Bem lo explicaba muy bien cuando dijo:

La pregunta es: ¿puede uno mitigar de alguna manera el miedo a la muerte? Eso no tiene por qué significar que uno tenga una creencia concreta en la vida ultraterrena, sino ser capaz de estar cómodo con lo que hayas hecho y tener amigos y relaciones. Uno no necesita lo que sea que se piense de la vida de ultratumba en un punto de vista tradicional para consolarse con el hecho de que puedes partir de aquí contando con amigos que te quieren, que de un modo u otro has disfrutado de la vida y le has sacado todo el partido posible.

Frente a las imágenes de la muerte basadas en el miedo, necesitamos un sentido de perspectiva ampliado, fundamentado en la esperanza pragmática. Al crear nuevas imágenes que señalen un nuevo principio, encontraremos al héroe DDC —un héroe despierto, dispuesto y comprometido— en cada uno de nosotros. Aprovechando nuestras capacidades interiores —por medio de la autorreflexión, de la meditación, de la contemplación, de la oración, de pasar tiempo en la naturaleza, de diálogos directos y auténticos y de relaciones valiosas— podremos cultivar fortaleza para enfrentarnos a los desafíos que encontramos cuando consideramos nuestra mortalidad y la de nuestros seres queridos. De la catástrofe sale la renovación de la civilización. Alejarse de lo reaccionario, del miedo y del pánico, y encaminarse hacia el equilibrio emocional y las acciones colectivas positivas hace que apliquemos las herramientas, comprobadas con el tiempo, para mantener nuestro bienestar colectivo, incluso frente a la muerte. Así podremos fomentar la sanación profunda, tanto la individual como la de nuestra humanidad compartida.

Una consciencia natural está al alcance de la mano para cada uno de nosotros. No es tanto una consciencia sobrenatural como una consciencia de estar presentes en el mundo. Podremos abrirnos a nosotros mismos, con asombro y reverencia, a las interrelaciones e intervinculaciones de la vida, tanto vistas como no vistas. Podremos pensar en términos de patrones y relaciones, más que en vernos a nosotros mismos como objetos separados y aislados. Como se hizo destacar en un artículo publicado por los psicólogos sociales, preocupados por las posibles trayectorias de la teoría de la gestión del terror, «el baile con la muerte puede ser un gran paso, delicado pero potencialmente elegante, hacia tener una buena vida».[1] Saquémosle pues brillo a nuestros zapatos de baile y comprometámonos unos con otros plenamente en esta preciosa actuación de la vida. Verdaderamente, la muerte hace posible la vida.

AGRADECIMIENTOS

Este libro ha sido en gran parte un trabajo de equipo. He recibido el apoyo de mucha gente maravillosa por el camino, más de la que me es posible enumerar aquí. Este trabajo es el producto de más de treinta años de investigación sobre la consciencia, la transformación y la sanación. Por el camino se han acumulado entrevistas profundas, y a menudo exhaustivas, con maestros de las tradiciones mundiales, con sanadores culturales, con profesionales de la salud y con científicos que representan muchas materias diferentes. En particular, quiero agradecer los ánimos y el apoyo que he recibido del personal, de la dirección y de los generosos mecenas del Instituto de Ciencias Noéticas, que me ofreció un lugar seguro para examinar ideas audaces durante muchos años. Asimismo, quiero agradecer al Centro para la Teoría y la Investigación del Instituto Esalen, donde fui capaz de vivificar mis ideas sobre la concienciación de la muerte y la ciencia del más allá en el contexto de la belleza, de la cordialidad y del legado de grandes pensadores que han inspirado la transformación de la visión del mundo.

Este volumen se ha construido sobre la hermosa colaboración que llevó a la publicación del libro *Vivir profundamente: el arte y la ciencia de la transformación en la vida diaria*. Mis colegas de equipo, como Cassandra Vieten, Tina Amorok y Moira Killoran, me han ayudado a sentar las bases para este trabajo sobre la transformación y la concienciación de la muerte con su genialidad, su valor y su tenacidad. Varias de las entrevistas incluidas aquí provienen de esa etapa del trabajo. El modelo de transformación de la visión del mundo surgió de horas de análisis de datos y de intercambios creativos. Asimismo, quiero dar las gracias a Katia Peterson, una magnífica abanderada del proyecto de transformación de la visión del mundo, siempre llena de elegancia, de aplomo y de un entusiasmo sin límites.

El compañero de este libro es un largometraje documental que lleva el mismo título. Haber creado una película sobre la vida y la muerte abrió muchos rumbos nuevos para mi trabajo y contribuyó a moldear mis ideas para el libro. Agradezco a la Fundación Chopra por haber visto las posibilidades de este proyecto y a Deepak Chopra por animarme de muchas maneras, por ejemplo la de darme el título *La muerte hace posible la vida*, y por el fascinante prólogo que escribió para él.

Para las entrevistas me apoyaron el director de cine Mark Krigbaum y la productora cinematográfica Angela Murphy. Nos pasamos juntos muchas horas creativas, a veces robándole al sueño, para capturar un tema complejo a través de la lente de una cámara. Quiero agradecer también a aquellos que nos ayudaron a grabar las entrevistas: Mario Ayala, Phil Bissada, John Chater, Bill Cote, David Drewry, Kelly Durkin, Michael Heumann, Joelle Jaffe, Brett Junvik, Martin Redfern, Dane Sawyer, Jose Vergelin y 4SP Films. Gracias también a Felicia Chávez y Davina Rubin por la transcripción. Una fuerte aclamación para Alan Pearce, que me ayudó en muchos aspectos de este trabajo, siempre con una agudeza alegre e impresionante. Charlene Farrell sigue siendo una fuente de apoyo y compromiso con la calidad. Jenny Mathews, mi compañera de armas, coordinó la campaña Kickstarter, que contribuyó a financiar la grabación de las muchas entrevistas que hay en el libro (y en la película). Quiero agradecer también a toda la gente generosa que invirtió en este trabajo a través de la campaña Kickstarter. He hecho una lista con sus nombres en la película y en la página web de *La muerte hace posible la vida* (www.death-makeslifepossible.com).

Preparar un libro hasta su publicación no es tarea sencilla. Quiero agradecer por ello a mi editora, Amy Rost, y al equipo de Sounds True; ha sido un trabajo muy satisfactorio. También quiero agradecer a las gentes de Specialty Studios, que me han ayudado a desarrollar este trabajo.

Sería negligente por mi parte si no hiciera mención de mi maravillosa familia, que me ha ayudado a hacerme fuerte ante la pérdida y agradecida ante la risa y el deleite. Debo incluir a mi mejor amiga, Linda Mendoza, que me enseñó mucho de las bendiciones de la vida. Estoy agradecida a mi esposo, Giovanni Mandala, que llena mi trabajo de música y de caballerosidad y que me ayudó a encontrar el espacio donde escribir este libro. Y a mi querido hijo, Skyler, que es mi mejor maestro y una fuente de esperanza para el futuro.

Creo firmemente que a través de la cordialidad y del bien contribuimos a transformar el miedo a la muerte en una inspiración para vivir.

Para el glosario del final he confiado en varias fuentes a la hora de poner por escrito las definiciones. Quiero agradecer a todos los que me han ayudado a refinar esas definiciones para que fueran precisas: Dick Bierman, Steve Braude, Larry Dossey, Brian Josephson, Stan Krippner, James Matlock, Vernon Neppe, Dean Radin, Charles Tart y especialmente Catherine Poloynis y Christina Hardy. Los errores son todos míos.

PARTICIPANTES EN LAS ENTREVISTAS

Le estoy agradecida a los depositarios de la sabiduría que consintieron en que los entrevistase y cuyas percepciones proveen las bases de este libro y de su compañero, el largometraje documental *La muerte hace posible la vida*:

Aizenstat, Stephen, 6 de junio de 2014
Alexander III, Eben, 12 de diciembre de 2012

Artress, Lauren, 5 de octubre de 2012

Ávila, Elena, 22 de julio de 2009

Baker, Breese, 28 de mayo de 2012

Beckwith, Michael, 29 de ulio de 2014 (entrevista realizada por Angela Murphy y Mark Krigbaum)

Bem, Daryl J., 22 de julio de 2011

Beischel, Julie, septiembre de 2012

Bobaroglu, Metin, 18 de mayo de 2012 (entrevista realizada por Michael Heumann)

Brinkley, Dannion, 12 de noviembre de 2012

Bogzaran, Fariba, 5 de octubre de 2012

Chadly, Yassir, 14 de octubre de 2012

Chang-Lipsenthal, Kathy, 30 de octubre de 2013

Delorme, Arnaud, 30 de agosto de 2012

Fenwick, Peter, 10 de julio de 2012

Gignoux, Jane, 4 de diciembre de 2012

Greenberg, Jeff, 5 de febrero de 2014

Gu, Mingtong, 24 de julio de 2011

Hameroff, Stuart, 3 de marzo de 2012

Hanson, Rick, 24 de julio de 2011

Hufford, David, 3 de junio de 2014

Jampolsky, Gerald, 6 de abril de 2007 (entrevista realizada por Cassandra Vieten y Tina Amorok)

Kawarim, Santiago, marzo de 2004

Kean, Sam, 18 de febrero de 2014

Kumar, Satish, 3 de marzo de 2012

Levine, Noah, 2005 (entrevista realizada por Tina Amorok y Cassandra Vieten)

Lewis, Simon, 2012

Lipsenthal, Lee, 21 de julio de 2011

MacAllister, Gloria, 1 de noviembre de 2011 y 2 de noviembre de 2013

MacGregor, Betsy, julio de 2004

Malkin, Gary, 4 de septiembre de 2012

Mathews, Jennifer, julio de 2014

McMoneagle, Joseph, agosto de 2014

Mills, Paul, 3 de marzo de 2012

Omer-Man, Jonathan, 2007 (entrevista realizada por Tina Amorok y Cassandra Vieten)

Ornish, Dean, 30 de diciembre de 2013

Pilcher, Josh, diciembre de 2011

Radin, Dean, 10 de enero de 2014

Rambo, Lewis, 16 de mayo de 2006 (entrevista realizada por Cassandra Vieten)

Redhouse, Tony, 24 de mayo de 2012 y 22 de noviembre de 2012

Rousser, Margaret, 17 de mayo de 2012

Schafer, Lothar, 2 de marzo de 2012

Sheldrake, Rupert, 22 de julio de 2011

Shermer, Michael, 5 de marzo de 2012

Smith, Huston, 18 de julio de 2006

Steindl-Rast, David, 17 de septiembre de 2006

Tanzi, Rudolph, 3 de marzo de 2012

Teish, Luisah, 24 de julio de 2011

Tucker, Jim B., 4 de marzo de 2012

Walking Bull, Gilbert, 27 de marzo de 2006 (entrevista realizada por Tina Amorok)

Watson, Jean, 22 de julio de 2011

Wyatt, Karen, 20 de mayo de 2014

Vieten, Cassandra, julio de 2011

Yei, Lily, junio de 2014

NOTAS

Introducción

1. Marilyn Schlitz y William Braud, «Distant Intentionality and Healing: Assessing the Evidence», *Alternative Therapies in Health and Medicine* 3, n.º 6 (1997): 62-73. Marilyn Schlitz, «Intentional Healing: Exploring the Extended Reaches of Consciousness», *Subtle Energies & Energy Medicine Journal Archives* 14, número. 1 (2003).
2. Marilyn Mandala Schlitz, Cassandra Vieten y Tina Amorok. *Living Deeply: The Art and Science of Transformation in Everyday Life* (Oakland, California: New Harbinger Publications, 2008).
3. Centro de Investigación Pew, «Daily Number: Baby Boomers Retire», 29 de diciembre de 2010, artículo online. Disponible en pewresearch.org/daily-number/baby-boomers-retire/. Consultado el 7 de febrero de 2014.
4. Marilyn Schlitz, «Nine Practices for Conscious Aging», *Spirituality and Health,* 1 de enero de 2012. Marilyn Schlitz, Cassandra Vieten, Kathleen Erickson-Freeman, «Conscious Aging and Worldview Transformation», *Journal of Transpersonal Psychology* 43, n.º 2 (2011), 223-239.
5. Fundación para la Atención Sanitaria de California, Último capítulo. «Californians' Attitudes and Experiences with Death and Dying», artículo online (febrero de 2012). Disponible en pdf a través de la página web de la Fundación para la Atención Sanitaria de California (chcf.org). Accedida el 7 de febrero de 2014.
6. David C. Goodman, Elliott S. Fisher, C. Chang, N. E. Morden, J. O. Jacobson, Kimberly Murray y Susan Miesfeldt, «Quality of End-of-Life Cancer Care for Medicare Beneficiaries: Regional and Hospital-Specific Analyses». *A Report of the Dartmouth Atlas Project* (2010).

7. Victoria Y. Yung, Anne M. Walling, Lillian Min, Neil S. Wenger y David A. Ganz, «Documentation of Advance Care Planning for Community-Dwelling Elders», *Journal of Palliative Medicine* 13, n.º 7 (2010): 861-867.

8. Barbara L. Kass-Bartelmes y Ronda Hughes, «Advance Care Planning: Preferences for Care at the End of Life», *Journal of Pain and Palliative Care Pharmacotherapy* 18, n.º 1 (2004): 87-109.

9. Facultad de Medicina Mount Sinai, «Health Care Spending in Last Five Years of Life Exceeds Total Assets for One Quarter of Medicare Population», nota de prensa del Hospital Mount Sinai, 10 de febrero de 2012. Disponible en la página web del hospital Mount Sinai Hospital (mountsinai.org/about-us/newsroom/press-releases/health-care-spending-in-last-five-years-of-lifeexceeds-total-assets-for-one-quarter-of-medicare-population). Consultada el 8 de febrero de 2014.

Capítulo 1: Transformar nuestra visión del mundo

1. Proyecto de Investigación del Centro Pew sobre religión y vida pública, «U.S. Religious Landscape Survey: Summary of Key Findings», *Report 2: Religious Beliefs & Practices/Social & Political Views* (Washington, DC: Centro Pew de Investigación, 2008). Disponible a través de la página web del Proyecto de Investigación del Centro Pew sobre la religión y la vida pública (religions.pewforum.org, «Full Reports»). Consultada el 20 de febrero de 2014.

2. George Bishop, «What Americans Really Believe» *Free Inquiry* 19, n.º 3 (1999): 38-42.

3. Marilyn Mandala Schlitz, Cassandra Vieten y Elizabeth M. Miller, «Worldview Transformation and the Development of Social Consciousness», *Journal of Consciousness Studies 17*, n.º 7-8 (2010): 18-36.

4. Marilyn Mandala Schlitz, Cassandra Vieten, Elizabeth Miller, Ken Homer, Katia Petersen y Kathleen Erickson-Freeman, «The Worldview Literacy Project: Exploring New Capacities for the 21st Century Student», *New Horizons for Learning* 9, n.º 1 (2011).

5. Frances Vaughan, citada en Schlitz, Vieten y Amorok, *Living Deeply.*

6. Rachel Naomi Remen, *My Grandfather's Blessings* (San Francisco, Riverhead, 2001).

7. William R. Miller y Janet C'de Baca, *Quantum Change: When Epiphanies and Sudden Insights Transform Ordinary Lives* (Nueva York: Guilford Press, 2001).

8. Rhea A. White, «Dissociation, Narrative, and Exceptional Human Experience», en Stanley Krippner y Susan Marie Powers, editores, *Broken Images, Broken Selves: Dissociative Narratives in Clinical Practice* (Washington, DC: Brunner/Mazel, 1997): 88-121.

9. Schlitz, Vieten y Amorok, 135-136.

10. Cassandra Vieten, Tina Amorok y Marilyn Schlitz, «I to We: The Role of Consciousness Transformation in Compassion and Altruism», *Zygon* 41, n.º 4 (diciembre de 2006), 915-931.

11. Adaptado de Katia Petersen, Marilyn Schlitz y Cassandra Vieten, «My Worldview», *Worldview Explorations Facilitator Guide,* (Petaluma, California: Instituto de Ciencias Noéticas, 2012), 12.

Capítulo 2: Enfrentarse al miedo a la muerte

1. Ernest Becker, *The Denial of Death* (Nuev a York: Free Press, 1973).
2. Ibid, 87.
3. Abram Rosenblatt, Jeff Greenberg, Sheldon Solomon, Tom Pyszczynski y Deborah Lyon, «Evidence for Terror Management Theory: I. The Effects of Mortality Salience on Reactions to Those Who Violate or Uphold Cultural Values». *Journal of Personality and Social Psychology* 57, n.º 4 (1989): 681.
4. Jeff, Greenberg, Sheldon Solomon, Tom Pyszczynski, Abram Rosenblatt, John Burling, Deborah Lyon, Linda Simon y Elizabeth Pinel, «Why Do People Need Self-Esteem? Converging Evidence that Self-Esteem Serves an Anxiety-Buffering Function», *Journal of Personality and Social Psychology* 63, n.º 6 (1992): 913.
5. Ibid.
6. Holly A. McGregor, Joel D. Lieberman, Jeff Greenberg, Sheldon Solomon, Jamie Arndt, Linda Simon y Tom Pyszczynski, «Terror Management and Aggression: Evidence that Mortality Salience Motivates Aggression Against Worldview-Threatening Others», *Journal of Personality and Social Psychologyl* 74, n.º 3 (1998): 590.
7. Tom Pyszczynski, Abdolhossein Abdollahi, Sheldon Solomon, Jeff Greenberg, Florette Cohen y David Weise, «Mortality Salience, Martyrdom, and Military Might: The Great Satan Versus the Axis of Evil», *Personality and Social Psychology Bulletin* 32, n.º 4 (2006): 525-537.
8. Ibid.
9. Becker, xiii.
10. Kenneth E. Vail, Jacob Juhl, Jamie Arndt, Matthew Vess, Clay Routledge y Bastiaan T. Rutjens, «When Death Is Good for Life: Considering the Positive Trajectories of Terror Management». *Personality and Social Psychology Review* 16, n.º 4 (2012): 303-329.
11. Vieten, Amorok y Schlitz, «I to We».
12. «Death Makes Life Possible: Mapping Worldviews on the Afterlife», telecurso online, 23 enero de 2013. Marilyn Schlitz, Jonathan Schooler, Alan Pierce, Angela Murphy y Arnaud Delorme. «Gaining Perspective on Death», *Journal of Spirituality and Clinical Practice* 1, n.º 3 (2014): 169-180.
13. «What is Attitudinal Healing?», página web del Centro hawaiano de sanación actitudinal (ahhawaii.org). Consultado el 26 de septiembre de 2014.

Capítulo 3: Vislumbres de más allá de la muerte y del mundo físico

1. Joseph McMoneagle, *The Stargate Chronicles: Memoirs of a Psychic Spy* (Charlottesville, Virginia: Hampton Roads Publishing Company, 2002).

Capítulo 4: Cosmologías de la vida, la muerte y el más allá

1. Diana Eck, «The Age of Pluralism», serie de conferencias Gifford de la Universidad de Edimburgo, enero de 2009.

Capítulo 5: La ciencia del más allá

1. Dean Mobbs y Caroline Watt, «There Is Nothing Paranormal About Near-Death Experiences: How Neuroscience Can Explain Seeing Bright Lights, Meeting the

Dead, or Being Convinced You Are One of Them», *Trends in Cognitive Sciences* 15, n.º 10 (2011): 447-449.

2. Dirk De Ridder, Koen Van Laere, Patrick Dupont, Tomas Menovsky y Paul Van de Heyning, «Visualizing Outof-Body Experience in the Brain», *New England Journal of Medicine* 357, n.º 18 (2007): 1829-1833.

3. Daryl J. Bem, «Feeling the Future: Experimental Evidence for Anomalous Retroactive Influences on Cognition and Affect», *Journal of Personality and Social Psychology* 100, n.º3 (2011): 407.

4. Ian Stevenson, *Reincarnation and Biology: A Contribution to the Etiology of Birthmarks and Birth Defects* (Westport, CT: Praeger, 1997).

Capítulo 6: La práctica de morir

1. David Phillips, Gwendolyn E. Barker y Kimberly M. Brewer, «Christmas and New Year as Risk Factors for Death», *Social Science & Medicine* 71, n.º 8 (2010): 1463-1471.

2. Christine Evans, James Chalmers, Simon Capewell, Adam Redpath, Alan Finlayson, James Boyd, Jill Pell, John McMurray, Kate Macintyre y Lesley Graham, «"I Don't Like Mondays" – Day of the Week of Coronary Heart Disease Deaths in Scotland: Study of Routinely Collected Data», *The BMJ* 320, n.º 7229 (2000): 218-219.

Capítulo 7: El duelo como sendero de transformación

1. Elisabeth Kubler-Ross, *On Death and Dying* (Nueva York: Macmillan, 1969).

2. George A. Bonanno, *The Other Side of Sadness: What the New Science of Bereavement Tells Us about Life after Loss* (Nueva York: Basic Books, 2009).

3. John Schneider, «The Transformative Power of Grief», *Institute of Noetic Sciences* 12 (1989): 26-31.

4. Karen M. Wyatt, *What Really Matters: 7 Lessons for Living from the Stories of the Dying* (Nueva York: SelectBooks, 2011).

5. Lauren Artress, *Walking a Sacred Path: Rediscovering the Labyrinth as a Spiritual Tool* (Nueva York: Riverhead Books, 1995).

Capítulo 8: Soñar y la transformación de la muerte

1. William James, *Principles of Psychology, Volumen II.* (Londres: MacMillon and Co., 1891), 296.

Capítulo 10: La vida, la muerte y el alma cuántica

1. Thomas S. Kuhn, *The Structure of Scientific Revolutions,* 2ª edición. (Chicago: University of Chicago Press, 1970).

2. Stuart Hameroff y Roger Penrose, «Orchestrated Reduction of Quantum Coherence in Brain Microtubules: A Model for Consciousness», *Mathematics and Computers in Simulation* 40, n.º 3 (1996): 453-480.

3. Lakhmir S. Chawla, Seth Akst, Christopher Junker, Barbara Jacobs y Michael G. Seneff, «Surges of Electroencephalogram Activity at the Time of Death: A Case Series», *Journal of Palliative Medicine* 12, n.º 12 (2009): 1095-1100.

4. David B. Auyong, Stephen M. Klein, Tong J. Gan, Anthony M. Roche, DaiWai Olson y Ashraf S. Habib, «Processed Electroencephalogram During Donation after Cardiac Death». *Anesthesia & Analgesia* 110, n.º 5 (2010): 1428-1432.

Capítulo 11: Sanarse a uno mismo y sanar a la sociedad

1. O.W. Markley y Willis Harman, editores., *Changing Images of Man: Prepared by the Center for the Study of Social Policy/SRI International* (Oxford, U.K.: Pergamon Press, 1982).

Conclusión

1. Kenneth E. Vail III, Jacob Juhl, Jamie Arndt, Matthew Vess, Clay Routledge y Bastiaan T. Rutjens, «When Death is Good for Life: Considering the Positive Trajectories of Terror Management». *Personality and Social Psychology Review* 16, n.º 4 (2012): 303-329.

GLOSARIO

Atención sanitaria humanística: campo interdisciplinario que intenta aportar valores y principios humanísticos a la atención sanitaria organizada, como la comunicación abierta, el respeto mutuo y la vinculación emocional entre los pacientes y los profesionales sanitarios.

Atender los sueños: método de trabajo con los sueños que tiene en consideración las imágenes de los sueños como imágenes vivas, de cara a conseguir percepciones del inconsciente. Se basa en la psicología profunda y ha sido desarrollado por Stephen Aizenstat.

Ayahuasca: bebida psicodélica obtenida de la enredadera *Banisteriopsis caapi,* tanto sola como con las hojas de los arbustos del género *Psychotria.* Los pueblos nativos de la Amazonía la utilizan para reconectar con el yo profundo y para propósitos adivinatorios y sanitarios.

Budismo Mahayana: una de las tres ramas que existen en el budismo, en concreto la del Tíbet y la del norte de la India. El sendero del *bodhisattva* que busca la iluminación completa para beneficio de todos los seres sintientes se conoce como «Mahayana».

Budismo Theravada: la más antigua de las ramas supervivientes del budismo. Significa «enseñanzas de los ancianos».

Chi: principio central subyacente en la medicina tradicional china y en las artes marciales. *Chi* se traduce frecuentemente como «fuerza vital» o «flujo de energía».

Chi kung: práctica de la medicina china tradicional que consiste en alinear el cuerpo, la respiración y la mente con el *chi* para la salud y el bienestar.

Consciencia no localizada: se refiere a los aspectos de nuestra consciencia, y procesa lo que parece trascender las limitaciones del espacio y del tiempo.

Crónica akáshica: del concepto hindú de *akasha*, o creencia en un campo inmaterial de posibilidades que está codificado con la información de todos los seres y las cosas.

Curanderismo: este método tradicional latinoamericano de curación incluye al *yerbero,* a la *partera* y al *sobador*. En algunos planes regionales de atención sanitaria de los Estados Unidos se incluyen servicios de *curanderos.*

Electroencefalograma avanzado multicanal: un «canal» de EEG (electroencefalograma) es una señal representada por la diferencia de voltaje entre dos electrodos. Se utiliza para medir los cambios en la actividad eléctrica del cerebro.

Empirismo: la teoría de que el conocimiento proviene de la experiencia sensorial. Es la base de la ciencia experimental.

Empirismo radical: doctrina filosófica propuesta por William James que arguye que cualquier ámbito de la experiencia humana es un terreno válido para la ciencia, lo que está en desacuerdo con el materialismo científico, que se enfoca solamente en las dimensiones físicas de la realidad.

Entrelazamiento cuántico: fenómeno mecánico cuántico en el que los estados cuánticos de dos objetos o más tienen que describirse conectados uno con el otro, aunque los objetos individuales estén separados en el espacio. Como resultado, las medidas llevadas a cabo en uno de los sistemas parecen influir instantáneamente a los demás sistemas entrelazados con él —como se ha demostrado por los experimentos de la paradoja de EPR (Einstein-Podolsky-Rosen)–. Se ha ampliado para significar cualquier proceso que funcione más allá de las limitaciones del espacio y el tiempo.

Escala de Planck: la escala en la que la constante de Planck es efectiva (en cosmología y en física). Implica la cantidad más pequeña de energía (un cuanto) y de tiempo (de una magnitud de 1 dividido por 10 elevado a 44 del primer segundo de nuestro universo), en que las partículas, el espacio y el tiempo (por consiguiente, la materia) pueden llegar a existir. La escala de Planck es un tiempo inmenso antes del *Big Bang*, o fase de inflación (de entre 1 segundo dividido por 10 elevado a 36 y 1 dividido por 10 elevado a 34).

Espacio-tiempo: 1. La fusión de las tres dimensiones del espacio y de la dimensión del tiempo en la teoría de la relatividad de Einstein. 2. La geometría o el tejido del espacio-tiempo en diferentes teorías, por ejemplo, la de Einstein, que lo ve curvado y como almacén de energía en sí mismo.

Espiritualidad basada en la evidencia: una forma de espiritualidad en la que se utilizan métodos y descubrimientos científicos para conocer y explicar asuntos de naturaleza religiosa, como los misterios de la vida y la naturaleza evolutiva del universo.

Experiencia cercana a la muerte: experiencia personal ampliamente documentada y asociada con la muerte física clínica. A veces incluye la impresión de estar fuera del propio cuerpo físico, la visión de parientes fallecidos o de figuras religiosas, una sensación de paz y bienestar, un túnel de luz y el sentimiento de amor y aceptación.

Experiencia noética: estado de percepción que implica sentimientos de «saber interior» que no están asociados con el pensamiento racional ni con el intelecto discursivo y que tienen potencial transformativo para la persona.

Filosofía social: el estudio de las cuestiones y valores éticos sobre el comportamiento social y las interpretaciones de la sociedad y sus instituciones.

Hipótesis de la accesibilidad de los pensamientos sobre la muerte: esta hipótesis predice que si las personas evitan pensamientos sobre la muerte creando una visión del mundo que proteja su autoestima, cuando se sienten amenazadas, deben de tener más pensamientos relacionados con la muerte que cuando no es así. Es una prolongación de la hipótesis de la gestión del terror de Jeff Greenberg y sus colegas.

Hipótesis de la barrera de protección contra la ansiedad: afirma que fortalecer la autoestima debe de reducir la ansiedad producida en respuesta a la percatación de la propia mortalidad. Fue formulada por psicólogos sociales, como Jeff Greenberg, que se basaban en el trabajo de Ernest Becker sobre la negación de la muerte.

Hipótesis superpsi: establece que los resultados de las comunicaciones con los muertos que impliquen una información ostensiblemente acertada (como un lectura de espíritus con un médium) pueden reflejar una telepatía entre los vivos comparable a la comunicación con los fallecidos.

Holograma: imagen tridimensional formada por la interferencia de rayos de luz de un láser o de otra fuente de luz coherente.

Holograma cuántico: en *El holograma cuántico y la naturaleza de la consciencia*, Edgar D. Mitchell y Robert Staretz proponen un nuevo modelo de procesamiento de la información en la naturaleza que trate de explicar cómo conocen los organismos vivos la información y cómo la utilizan, de forma que implique la propiedad cuántica de la no localización.

Imagen por resonancia magnética (MRI): tecnología que utiliza un campo magnético y ondas de radio para crear imágenes detalladas de órganos y tejidos corporales.

Imagen por resonancia magnética funcional (fMRI): procedimiento de neuroimagen funcional que utiliza las imágenes por resonancia magnética (MRI) para medir la actividad cerebral por medio de la detección de los cambios asociados en el flujo sanguíneo.

Internacional de Sanación Actitudinal: esta red global, fundada por Jerry Jampolsky, fomenta la sanación para ayudar a eliminar bloqueos autoimpuestos, como los juicios, la culpa, la vergüenza y la autocondena, que limitan la capacidad de la gente para experimentar amor, paz y felicidad duraderos.

Ip'ori (de la tradición Yoruba Lucumi): la parte de una persona que está conectada con el espíritu, que siempre ha sido y siempre será.

Jainismo: religión hindú que prescribe la no violencia y hace hincapié en la igualdad espiritual de todas las formas de vida.

Magnetoencefalografía: técnica no invasiva que detecta y registra el campo magnético asociado a la actividad eléctrica del cerebro.

Materialismo científico: el marco científico occidental que define la realidad por su naturaleza material y que sostiene que los fenómenos mentales son epifenómenos o productos secundarios del cerebro que se derivan de los procesos neurofisiológicos.

Microtúbulos: componentes del citoesqueleto, que se pueden encontrar por todo el citoplasma y que funcionan en base binaria. Los formularon Stuart Hameroff y Roger Penrose como algo con una inmensa capacidad de procesamiento de tipo digital, en un nivel subcelular, que podría contribuir a aislar sucesos cuánticos en el cuerpo.

Mito del héroe: Joseph Campbell definió la secuencia típica de acciones que se encuentran en muchas historias y mitos que comparten tres etapas: partida, iniciación y retorno. Campbell presentó esta teoría en su libro *El héroe de las mil caras*.

Modelo de la transformación de la visión del mundo: establece que las transformaciones de la visión del mundo empiezan con experiencias noéticas que instigan un proceso de exploración, de práctica transformativa y de cambios beneficiosos en la percepción, la conducta y la salud. Se basa en la investigación resumida en *Vivir profundamente: el arte y la ciencia de la transformación en la vida diaria*, de Schlitz, Vieten y Amorok.

Movimiento Laberinto: un laberinto es un camino tortuoso sobre el que se camina con propósitos meditativos. Los laberintos se han usado durante miles de años en todo el mundo. El Movimiento Laberinto moderno empezó en 1990, cuando la reverenda Lauren Artress, canóniga de la

274

catedral episcopaliana de la Gracia, publicó su libro *Caminar por el sendero sagrado*.

Naqshbandi: orden espiritual mayor del sufismo sunní del islam que rastrea sus raíces espirituales hasta el profeta islámico Mahoma

Neuroimagen: la utilización de diferentes tecnologías para crear la imagen de la estructura del sistema nervioso, abarcando las dimensiones estructurales y dimensionales.

Neuropsicología evolutiva: este enfoque transdisciplinario aúna las ciencias sociales y naturales para examinar rasgos psicológicos como la memoria, la percepción y el lenguaje desde una perspectiva evolutiva moderna.

Neuropsiquiatría: rama de la medicina que se especializa en trastornos mentales provocados por enfermedades del sistema nervioso.

No localización: en física cuántica, correlación e interinfluencia entre partículas que transcienden las limitaciones de las cuatro dimensiones del espacio, el tiempo y la causalidad local.

Olam ha-ba: el concepto hebreo del más allá, o el mundo que vendrá.

Paradigma de la salsa picante: diferentes cantidades de salsa picante se utilizaron para medir la hostilidad en los experimentos sobre la teoría de la gestión del terror que llevaron a cabo en 1999 Jeff Greenberg y sus adjuntos. El método demostró la hostilidad de los participantes contra un objetivo, sin provocar daños reales en la persona que comía la salsa picante.

Pensamiento Nuevo-Sabiduría Eterna: tradición espiritual que se fundamenta sobre el principio de ser una presencia compasiva y beneficiosa para el planeta. La enseña Michael Bernard Beckwith, fundador del Centro Espiritual Internacional Agape.

Posmaterialismo: transformación desde los valores individuales materialistas, físicos y económicos hasta los valores que acogen cualidades humanísticas y transpersonales, múltiples vías al conocimiento, interrelación y pensamiento de sistemas integrales.

Prácticas transformativas: prácticas formales e informales que suponen un cambio en la perspectiva o visión del mundo. Incluyen tres componentes: psicológico (modificaciones en el conocimiento del yo), de convicciones (revisión del sistema de creencias) y de conducta (transformaciones en el estilo de vida).

Procesos cuánticos: en física cuántica, un proceso cuántico describe cualquier suceso y cualquier comportamiento de las ondas-partículas en la escala cuántica (la escala onda-partícula).

Prominencia de la mortalidad: según la teoría de la gestión del terror, cuando los seres humanos meditan sobre la mortalidad y la vulnerabilidad ante la muerte, surgen sentimientos de terror, a menos que se lleven esos sentimientos a la percatación consciente bajo circunstancias que refuercen la autoestima.

Proyecto de examen de la visión del mundo: programa educativo basado en la investigación y la transformación de la alfabetización de la visión del mundo de Marilyn Schlitz y sus colegas, para aumentar la concienciación de las visiones del mundo a través de Instituto de Ciencias Noéticas.

Proyecto Imaginación Heroica: fundado por el psicólogo social Philip Zimbardo para enseñar a la gente a acoger sus impulsos heroicos con objeto de emprender acciones eficaces en situaciones desafiantes.

Psi: término que se utiliza para describir la telepatía, la clarividencia, la precognición y la psicoquinesis. Es el objetivo de las investigaciones parapsicológicas.

Psicofisiología: rama de la psicología que se especializa en los aspectos fisiológicos de los procesos psicológicos.

Psicología profunda (también llamada psicología jungiana): técnicas psicoanalíticas de Carl Gustav Jung, que postulaba un sujeto al inconsciente personal (el Yo), que tiene un impulso de autorrealización espiritual, y al «inconsciente colectivo», como profunda interrelación entre todos los seres humanos y el planeta.

Psicología social: estudio científico de cómo se ven impactados los comportamientos, pensamientos y sentimientos de la gente en presencia de otros, ya sean reales, ya sean implícitos o imaginarios.

Psicología transpersonal: escuela de psicología, iniciada por Abraham Maslow y sus colegas, que incorpora los aspectos espirituales y trascendentes de la experiencia humana.

Sesgo grupal: patrón por el que los miembros de un grupo social favorecen a otros miembros con quienes comparten valores, en detrimento de otros de «fuera del grupo» que pueden representar un sistema de valores o unos antecedentes culturales diferentes.

Sistema noradrenalina-locus cerúleo: el asiento principal de la síntesis cerebral de la norepinefrina, sustancia química que se libera como respuesta al estrés. Esta área del cerebro, y las zonas del cuerpo afectadas por las hormonas del estrés, se denominan colectivamente sistema noradrenérgico-locus cerúleo.

Teoría de la gestión del terror: establece la hipótesis de que el terror a la mortalidad motiva gran parte de la conducta humana y que al conocer y mitigar este terror los seres humanos pueden evitar los comportamientos perjudiciales. Se basa en el trabajo de Ernest Becker y la desarrollaron en la psicología social Jeff Greenberg y sus colegas.

Tomografía por emisión de positrones (TEP): en medicina nuclear, técnica que produce una imagen tridimensional de los procesos funcionales del cuerpo.

Visión animista del mundo: abarca todas las entidades no humanas (animales, plantas, montañas, clima) como poseedoras de una esencia espiritual. La palabra viene del latín *anima*, o «alma».

Visión del mundo: marco de las ideas, las creencias y las perspectivas sobre nosotros mismos, los demás y el mundo que sostienen individuos y grupos de personas. Son en gran medida inconscientes.

Yoruba Lucumi: culto animista tradicional (del suroeste de África) basado en el «trance de posesión» (en contraste con el trance chamánico) que dio origen al vudú caribeño y a varias sectas brasileñas. En la época colonial y esclavista, el Yoruba Lucumi incorporaba rasgos del catolicismo.

SOBRE LA AUTORA

Marilyn Schlitz es una escritora premiada, conferenciante carismática, investigadora pionera y una voz importante en los estudios sobre la consciencia y la salud cuerpo-mente. Obtuvo el doctorado en antropología social en la Universidad de Texas, en Austin, y fue premiada con una beca de posdoctorado en psicología social por la Universidad de Stanford. Fue presidenta y directora ejecutiva del Instituto de Ciencias Noéticas, y es la fundadora de Worldview Enterprises, donde crea programas culturales informativos y educativos sobre la consciencia, la sanación y la transformación de la visión del mundo.

Marilyn es una escritora prolífica que ha publicado cientos de artículos en revistas científicas y en publicaciones populares. Anteriormente mantenía columnas en *Spirituality and Health Magazine, The Noetic Review* y *Shift Magazine*. Trabaja en las juntas editoriales de *Explore* y *Permanente Journal*. Otros libros suyos son *Consciencia y sanación: estrategia integral para la medicina cuerpo-mente* (con Tina Amorok y Marc Micozzi) y *Vivir profundamente: el arte y la ciencia de la transformación en la vida diaria* (con Cassandra Vieten y Tina Amorok). Su aplaudido largometraje documental (con Deepak Chopra), titulado *La muerte hace posible la vida*, es el compañero de este libro.

Actualmente, Marilyn es miembro del Instituto de Ciencias Noéticas, científica del Instituto de Investigación del Centro Médico de California-Pacífico, y miembro de la Academia de Aprendizaje Transdisciplinar y Estudios Avanzados (ATLAS, por sus siglas en inglés), y tiene un puesto en la junta directiva del *Pacifica Graduate Institute*. Con frecuencia imparte conferencias por todo el mundo. Sus descubrimientos científicos han sido presentados en *The New York Times*, el *Huffington Post*, la Radio Pública Nacional, la cadena Sistema de Radiodifusión Pública y muchas otras. Vive en el norte de California con su marido, su hijo adolescente y sus dos perros. Para saber más acerca de su trabajo, su blog y sus charlas públicas, visita su página web www.marilynschlitz.com.

ÍNDICE